Großkommentare der Praxis

Das
Sachschadenhaftpflichtgesetz

Erläutert von

Emil Böhmer

Senatspräsident in Stuttgart

BERLIN 1954

WALTER DE GRUYTER & CO.

vormals G. J. Göschen'sche Verlagshandlung — J. Guttentag, Verlagsbuchhandlung
Georg Reimer — Karl J. Trübner — Veit & Comp,

Archiv-Nr. 22 46 54
Satz: Walter de Gruyter & Co., Berlin W 35. Druck: A. W. Hayn's Erben, Berlin-West

„Jus enim semper quaesitum est aequabile: neque enim aliter esset ius"

Cicero „De officiis" II 71

Den lieben Freunden

HELMUT UND ELSBETH SÜSKIND

in herzlicher Verbundenheit gewidmet

Vorbemerkung

Dem im Jahre 1950 erschienenen Kommentar zum RHpflG läßt der Verfasser nunmehr ein Erläuterungswerk zu dem Gesetz über die Haftpflicht der Eisenbahnen und Straßenbahnen für Sachschaden vom 29. April 1940 folgen. Auch hier sind ihm die reichen Erfahrungen von Nutzen gewesen, die er in den Jahren 1937 bis 1945 als Reichsgerichtsrat in Leipzig hat machen dürfen. Er hat in jener Zeit dem VI. (später als V. bezeichnet) Zivilsenat des Reichsgerichts angehört, der — unter dem bewährten Vorsitz des Senatspräsidenten Dr. Ernst Brandis — hauptsächlich die Schadensersatzansprüche aus dem RHpflG, dem SHG, dem KFG und aus den §§ 823ff. BGB zu behandeln hatte. Dabei ist er mit den durch diesen Senat entwickelten Rechtsgrundsätzen völlig vertraut geworden und hat bei ihrer Befestigung und Fortbildung bis zum April 1945 mitwirken dürfen. Er hat mit Befriedigung feststellen können, daß der Bundesgerichtshof die bewährte Rechtsprechung des VI. (V.) Zivilsenats des Reichsgerichts auf diesem Gebiet gebilligt und fortgeführt hat.

Der Verfasser ist keineswegs „eisenbahnfeindlich" — auch das Reichsgericht ist dies niemals gewesen — und vertritt nicht einseitig die Interessen der Verkehrsopfer. Er ist mit dem Reichsgericht der Meinung, daß in allen Fällen, in denen ein erhebliches eigenes Verschulden des Geschädigten nachgewiesen ist, die Abwägung nach § 254 BGB je nach Lage der ursächlichen Umstände zur völligen Abweisung der Klage oder doch zu einer beträchtlichen Verminderung des Ersatzanspruchs führen muß. Er tritt aber auch entschieden dafür ein, daß die Bahn den Verkehrsgeschädigten, die schuldlos oder nur mit geringer Fahrlässigkeit belastet sind, vollen Ersatz zu gewähren hat, wenn der Unfall nicht auf einem ganz außergewöhnlichen, gewissermaßen elementaren Ereignis beruht. Er ist mit Fritsch in JW 1932 S. 1728 der Meinung, „niemand werde es vom allgemeinen menschlichen Standpunkt aus den Gerichten verdenken, wenn sie bemüht sind, den Opfern des Bahnbetriebs nach Möglichkeit die Wohltaten des Gesetzes zuzuwenden". Vgl. auch Böhmer in VersWirtsch. 1954 S. 370.

Dem Verfasser war besonders daran gelegen, in reichhaltiger Kasuistik die Rechtsprechung möglichst vollständig zu bringen und es so der Praxis zu ermöglichen, sich schnell über ihren Stand in Vergangenheit und Gegenwart zu unterrichten. Bei Entscheidungen, die zugleich in mehreren Zeitschriften veröffentlicht sind, sind möglichst sämtliche Fundstellen angegeben, um die Auffindung zu erleichtern und den Irrtum zu vermeiden, als handle es sich um mehrere Entscheidungen. Dabei sind auch zeitlich sehr weit zurückliegende

Urteile mit angeführt, weil sie oft geeignet sind, ein anschauliches Bild der allmählichen Entwicklung der Rechtsprechung — z. B. zum Begriff des Betriebsunfalls, der höheren Gewalt, der erhöhten Betriebsgefahr — zu geben und auch etwaigen künftigen wissenschaftlichen Arbeiten als Grundlage zu dienen. Der Verfasser hat sich auch die Mühe genommen, alle von ihm angeführten Entscheidungen — soweit dies überhaupt möglich war — selbst an der Fundstelle nachzulesen, vor allem in den sehr ergiebigen vielen Bänden der EisEntsch., und er hat dabei manche herkömmlich in den Kommentaren mit angeführte, aber auf den betreffenden Sachverhalt gar nicht passende Entscheidung ausgemerzt.

Stuttgart, im Oktober 1954

Emil Böhmer

Inhalt

Verzeichnis der im Text verwendeten Abkürzungen

AG = Amtsgericht
ArchZivPr = Archiv für die Zivilistische Praxis

BGB = Bürgerliches Gesetzbuch
BGH = Bundesgerichtshof

DAR = Deutsches Autorecht, Zeitschrift
DJ = Deutsche Justiz, Zeitschrift
DJZ = Deutsche Juristenzeitung, Zeitschrift
DR = Deutsches Recht, Zeitschrift

EBO = Eisenbahnbau- und Betriebsordnung
EG = Einführungsgesetz
EVO = Eisenbahnverkehrsordnung
EisEntsch = Eisenbahn- und verkehrsrechtliche Entscheidungen und Abhandlungen, Zeitschrift

JR = Juristische Rundschau, Zeitschrift
JRPV = Juristische Rundschau für Privatversicherung, Zeitschrift
JW = Juristische Wochenschrift, Zeitschrift
JZ = Juristenzeitung

KFG = Kraftfahrzeuggesetz
KG = Kammergericht

LZ = Leipziger Zeitschrift für deutsches Recht

NJW = Neue Juristische Wochenschrift

OLG = Oberlandesgericht

RdK = Das Recht des Kraftfahrers, Zeitschrift
Recht = Das Recht, Zeitschrift
RGBl = Reichsgesetzblatt
RGSt = Entscheidungen des Reichsgerichts in Strafsachen
RHpflG = Reichshaftpflichtgesetz
RGZ = Entscheidungen des Reichsgerichts in Zivilsachen

SHG = Sachschadenhaftpflichtgesetz
SeuffArch = Seufferts Archiv für Entscheidungen der obersten Gerichte
StGB = Strafgesetzbuch
StVG = Straßenverkehrsgesetz
StVO = Straßenverkehrsordnung

VAE = Verkehrsrechtliche Abhandlungen und Entscheidungen, Zeitschrift
VkBl = Verkehrsblatt, Zeitschrift
VR = Verkehrsrechtliche Rundschau, Zeitschrift
VersR = Versicherungsrecht, Zeitschrift
VersWirtsch = Versicherungswirtschaft, Zeitschrift
VRS = Verkehrsrechtssammlung

WarnRspr = Warneyers Rechtsprechung

ZGWR = Zeitschrift für deutsches Gemein- und Wirtschaftsrecht
ZPO = Zivilprozeßordnung

Text des Gesetzes

Gesetz über die Haftpflicht der Eisenbahnen und Straßenbahnen für Sachschaden

vom 29. April 1940
(RGBl. 1940 S. 691)

Die Reichsregierung hat das folgende Gesetz beschlossen, das hiermit verkündet wird:

§ 1

Wird bei dem Betrieb einer Eisenbahn oder einer Straßenbahn eine Sache beschädigt, so ist der Betriebsunternehmer verpflichtet, den Schaden zu ersetzen.

§ 2

Die Ersatzpflicht ist ausgeschlossen, wenn der Schaden durch höhere Gewalt oder, soweit die Eisenbahn oder die Straßenbahn innerhalb des Verkehrsraums einer öffentlichen Straße liegt, durch ein unabwendbares Ereignis verursacht ist, das weder auf einem Fehler in der Beschaffenheit der Fahrzeuge oder der Anlagen der Eisenbahn oder der Straßenbahn, noch auf einem Versagen ihrer Verrichtungen beruht.

§ 3

Hat bei der Entstehung des Schadens ein Verschulden des Geschädigten oder desjenigen, der die tatsächliche Gewalt über die Sache ausübt, mitgewirkt, so gilt § 254 des Bürgerlichen Gesetzbuches.

§ 4

Der Betriebsunternehmer haftet, auch wenn durch dasselbe Ereignis mehrere Sachen beschädigt werden, nur bis zum Betrage von fünfzehntausend Reichsmark.

Sind auf Grund desselben Ereignisses an mehrere Personen Entschädigungen zu leisten, die insgesamt den Höchstbetrag von fünfzehntausend Reichsmark übersteigen, so verringern sich die einzelnen Entschädigungen in dem Verhältnis, in dem ihr Gesamtbetrag zu dem Höchstbetrag steht.

Abs. 1 und 2 gelten nicht für die Beschädigung von Grundstücken.

§ 5

Der Ersatzberechtigte verliert den Ersatzanspruch, wenn er nicht innerhalb von drei Monaten, nachdem er von dem Schaden Kenntnis erlangt hat, dem Ersatzpflichtigen den Unfall anzeigt. Der Rechtsverlust tritt nicht ein, wenn die Anzeige infolge eines Umstandes unterblieben ist, den der Ersatzberechtigte nicht zu vertreten hat, oder wenn der Ersatzpflichtige innerhalb der Frist auf andere Weise von dem Schaden Kenntnis erhalten hat.

§ 6

Der Ersatzanspruch verjährt in zwei Jahren von dem Zeitpunkt an, in dem der Ersatzberechtigte von dem Schaden Kenntnis erhalten hat.

Schweben zwischen dem Ersatzpflichtigen und dem Ersatzberechtigten Verhandlungen über den Schadenersatz, so ist die Verjährung gehemmt, bis ein Teil die Fortsetzung der Verhandlungen verweigert.

Im übrigen richtet sich die Verjährung nach den allgemeinen Vorschriften.

§ 7

Unberührt bleiben die reichsgesetzlichen Vorschriften, wonach der Betriebsunternehmer für den Schaden in weiterem Umfang haftet oder die Haftung eines anderen begründet ist.

§ 8

Wird ein Schaden durch mehrere Eisenbahnen oder Straßenbahnen verursacht, und sind die Betriebsunternehmer einem Dritten kraft Gesetzes zum Schadenersatz verpflichtet, so hängt im Verhältnis der Betriebsunternehmer zueinander die Verpflichtung zum Ersatz sowie der Umfang des zu leistenden Ersatzes von den Umständen, insbesondere davon ab, inwieweit der Schaden überwiegend von dem einen oder dem anderen Teil verursacht worden ist. Das gleiche gilt, wenn der Schaden einem der Betriebsunternehmer entstanden ist, von der Haftpflicht des einen gegenüber dem anderen.

Abs. 1 gilt entsprechend, wenn neben dem Betriebsunternehmer ein anderer kraft Gesetzes für den Schaden haftet.

§ 9

Das Gesetz findet keine Anwendung auf Schäden, die durch Einwirkungen der im § 906 des Bürgerlichen Gesetzbuches genannten Art verursacht worden sind.

§ 10

Das Gesetz findet keine Anwendung auf die Beschädigung von Sachen, die die Eisenbahn oder die Straßenbahn zur Beförderung oder zur Aufbewahrung angenommen hat.

Das Gesetz findet auch keine Anwendung auf die Beschädigung von Sendungen, die dritte Personen bei der Reichspost aufgeben und die von der Eisenbahn oder der Straßenbahn befördert werden.

§ 11

Für Klagen, die auf Grund dieses Gesetzes erhoben werden, ist auch das Gericht zuständig, in dessen Bezirk das schädigende Ereignis stattgefunden hat.

§ 12

Dieses Gesetz tritt mit Wirkung vom 1. April 1940 in Kraft. Es findet auf Schadenfälle, die vorher eingetreten sind, keine Anwendung; für diese Fälle bleiben die bisher geltenden Vorschriften maßgebend.

Mit dem Inkrafttreten dieses Gesetzes treten die Bestimmungen über die Haftpflicht der Eisenbahnen und Straßenbahnen im Artikel 105 des Einführungsgesetzes zum Bürgerlichen Gesetzbuch und in den danach geltenden landesrechtlichen Vorschriften außer Kraft.

§ 13

Der Reichsminister der Justiz erläßt die zur Durchführung und Ergänzung dieses Gesetzes erforderlichen Vorschriften.

§ 14

Die Inkraftsetzung dieses Gesetzes in der Ostmark und im Reichsgau Sudetenland bleibt vorbehalten.

Erläuterungen

§ 1

Wird bei dem Betrieb einer Eisenbahn oder einer Straßenbahn eine Sache beschädigt, so ist der Betriebsunternehmer verpflichtet, den Schaden zu ersetzen.

I. Der Grundsatz der Erfolgshaftung gefährlicher Betriebe

Anm. 1

Während § 823 BGB denjenigen zum Schadenersatz verpflichtet, der „vorsätzlich oder fahrlässig" das Eigentum eines anderen verletzt, also grundsätzlich eine „unerlaubte Handlung" ohne, sei es positiv festzustellendes, sei es vermutetes, Verschulden nicht angenommen werden soll — Verschuldenshaftung, RGZ Bd. 50 S. 408 — bestimmt § 1 SHG, wie schon § 1 RHpflG, daß schon die objektive Tatsache der Schadenszufügung genügt, um eine Schadensersatzpflicht des Betriebsunternehmers zu begründen. Die bloße Einrede, daß den verklagten Eisenbahnunternehmer kein Verschulden treffe, wird hier nicht zugelassen, RGZ Bd. 50 S. 410, der Geschädigte muß nicht, wie in § 823 BGB, den Beweis führen, daß der Betriebsunternehmer vorsätzlich gehandelt oder die im Bahnverkehr erforderliche Sorgfalt außer acht gelassen habe — reine Verursachungs- oder Erfolgshaftung. Die Haftung des Betriebsunternehmers einer Eisenbahn oder Straßenbahn — auch Gefährdungshaftung genannt, nach dem gesetzgeberischen Grund dieser Haftung — ist also, da vom Verschulden unabhängig, eine wesentlich strengere und schärfere als die aus § 823 BGB. Diese bloß objektive Haftung erfordert nicht nur nicht den positiven Nachweis eines Verschuldens des Schadensersatzpflichtigen, sie läßt darüber hinaus nicht einmal den Gegenbeweis eines Nichtvorhandenseins jeglichen Verschuldens auf seiten des Betriebsunternehmers zu, RG 20. 3. 1905 in RGZ Bd. 60 S. 303.

Anm. 2

Schon im Jahre 1871 hat § 1 RHpflG für Personenschäden eine solche strenge Haftung des Betriebsunternehmers einer Eisenbahn bestimmt. Man hat es damals „für erforderlich gehalten, in Anbetracht der Größe der mit dem Eisenbahnbetrieb verbundenen Gefahr dem Unternehmer das höchste Maß der Verantwortlichkeit aufzuerlegen" (RG 24. 11. 1902 in RGZ Bd. 53 S. 122), d. h. man hat dem Unternehmer eine so weitgehende Haftung auferlegt, „weil er zu seinen Zwecken Einrichtungen unterhält, durch die andern eine besondere Gefahr erwächst, und es deshalb als der Gerechtigkeit und Billigkeit entsprechend erachtet, ihn für die Folgen dieser Gefährlichkeit, von den im Gesetz vorgesehenen Ausnahmefällen abgesehen, haftbar zu machen" (RG a. a. O.). Man hat also aus Billigkeitserwägungen eine obligatio ex lege geschaffen. RGZ Bd. 60 S. 303 betont: „Wer in seinem Interesse durch von ihm unterhaltene Einrichtungen seine Mitmenschen oder deren Eigentum gewissen Gefahren aussetzt, muß auch den Schaden ersetzen, der infolge dieser Gefährdung entstanden ist". Ähnlich führt RG 27. 5. 1909 in RGZ Bd. 71 S. 208 aus, dieser strengen Haftung liege der Rechtsgedanke zugrunde, daß „der dem Eisenbahnbetriebe eigenen Gefährlichkeit eine gegen das allgemeine Recht gesteigerte Haftbarkeit des Unternehmers entsprechen müsse"; der Unternehmer müsse daher „grundsätzlich auch für zufällige Betriebsunfälle haften und könne sich dem auch nicht durch den Nachweis, daß ihn keinerlei Verschulden treffe, sondern nur dann entziehen, wenn der Unfall nachweislich durch eigenes Verschulden des Verletzten oder durch höhere Gewalt verursacht ist".

Auch RG 22. 10. 1908 in RGZ Bd. 69 S. 360 bezeichnet es als den Grundgedanken des RHpflG, „daß der erhöhten Gefährlichkeit des Eisenbahnbetriebes eine entsprechend gesteigerte Haftung des Unternehmers gegenüberstehen müsse". In RGZ Bd. 60 S. 303 ist ausgeführt: „Die dem Eisenbahnbetrieb infolge der Bewegung der Wagen auf Eisenschienen, der ungeheuren Schwere und doch leichten Beweglichkeit der Wagen, der Schnelligkeit der Fortbewegung, der Eile des Betriebes überhaupt, eigentümlichen Gefahren sind die Gründe der Haftung des Eisenbahnunternehmers, die auch dann eintritt, wenn der Betrieb durchaus ordnungsmäßig gehandhabt worden ist, und nachweislich kein Verschulden, sondern ein Zufall den Schaden verursacht hat".

Anm. 3

In ähnlicher Weise beruht auch die Erfolgshaftung des Tierhalters nach § 833 BGB „auf dem Gedanken, daß, wer ein Tier hält, in seinem Interesse seine Mitmenschen den Gefahren aussetze, mit denen das Tier sie bedrohe, und deshalb grundsätzlich auch den Schaden ersetzen müsse, der infolge dieser Gefährdung entstehe" (RG 19. 10. 1912 in RGZ. Bd. 80 S. 237).

Es ist also eine durch die Gefährdung gerechtfertigte reine Erfolgs- oder Verursachungshaftung. Es wird nicht etwa ein Verschulden des Betriebsunternehmers oder seiner Organe vermutet oder unterstellt, sondern die Schadensersatzpflicht wird überhaupt nicht aus einem Verschulden des Ersatzpflichtigen hergeleitet, er ist vielmehr schlechthin verantwortlich, so zutreffend RGZ Bd. 14 S. 82: das RHpflG trifft auch solche Fälle, in denen erwiesenermaßen kein Verschulden, sondern ein zufälliges Vorkommnis den Schaden herbeigeführt hat.

Zutreffend führt Erman „BGB" 1952 Anm. 2 vor § 823 BGB aus: „Die wirtschaftliche Entwicklung, insbesondere die fortschreitende Technisierung und Motorisierung, brachte zahlreiche unvermeidliche Gefahrenquellen mit sich, denen die auf Teilnahme am Verkehr Angewiesenen ausgesetzt sind, ohne sich ausreichend dagegen schützen zu können." Es war daher notwendig, vom Verschulden unabhängige Haftungstatbestände zu schaffen.

Bei Tatbeständen, „die eine besondere, über das gewöhnliche Maß hinausgehende Gefährdung von Personen oder Sachen besorgen lassen", ist ein Abgehen von dem Grundsatz der Haftung bloß für Verschulden gerechtfertigt, RGZ. Bd. 170 S. 242.

Zutreffend sagt RG 22. 10. 1908 in JW 1909 S. 721, daß es sich um ein „Ausnahmegesetz" handelt, das die Haftung des Bahnbetriebsunternehmers für bei seinem Betrieb vorkommende Ereignisse über das Maß hinaus ausdehnt, in dem sie ihn nach allgemeinen Rechtsgrundsätzen treffen würde.

Anm. 4

Trotz zahlreicher Angriffe, vornehmlich aus Eisenbahnkreisen, gegen diese strenge und gesteigerte Haftung des Bahnbetriebsunternehmers, muß diese auch heute noch — etwa 80 Jahre nach dem RHpflG — als erforderlich, gerecht und billig angesehen werden, und auch das SHG hat im Jahre 1940 keineswegs diese verstärkte Haftung beseitigt, sondern sie für Sachschaden ausdrücklich angeordnet. Wie beim RHpflG, so liegt auch die Bedeutung des SHG auf sozialem Gebiet, indem die Rechtsstellung des Geschädigten verbessert wird, Däubler in DR 1940 S. 996. Wie v. Kienitz in JW 1933 S. 1391 bemerkt, sei das RHpflG der „Vorläufer einer Unfallversicherung". Derartige Ironie ist unangebracht. Mit Recht nehmen sich die Gerichte energisch der Verkehrsgeschädigten an, auch wenn die Eisenbahn in den Urteilen den „Niederschlag allzu sozialen Empfindens" zu finden glaubt (Hanow in JW 1931 S. 865). Es kommt gar nicht darauf an, ob die Zahl der Bahnunfälle etwa gegenüber der Zahl der Beförderungen verhältnismäßig gering ist oder ob andere Verkehrsmittel, z. B. Kraftwagen und Krafträder, eine größere Menge von Unfällen aufzuweisen haben. Absolut betrachtet, ereignen sich auch heute noch zahlreiche, oft sehr schwere Eisenbahnunfälle — man denke nur an die vielen Zusammenstöße an unbeschrankten Eisenbahnübergängen! —, die es rechtfertigen, eine verschärfte Haftung eintreten zu lassen. Wenn geltend gemacht wird, daß Kraftfahrer sich schon durch den Beweis des Vorliegens eines unabwendbaren Zufalls entlasten können, der Eisenbahnbetriebsunternehmer aber bis zur höheren Gewalt hafte, so ist zu entgegnen, daß — wenn schon eine gleichmäßige Haftung beider wünschenswert wäre — die Angleichung dann in dem Sinne geschehen müßte, daß auch die Haftung der Kraftfahrer verschärft, nämlich bis zur höheren Gewalt ausgedehnt würde.

Schon früh hat sich das RG gegen Bestrebungen wehren müssen, die die strenge Haftung der Eisenbahnen zu mildern suchten. RG. 17. 3. 1879 in RGZ Bd. 1 S. 247 (248) führt aus: „Die Verkümmerung des RHpflG liegt in dem Sonderinteresse von Kreisen, welchen bedeutende materielle Mittel und tätige Organe zur Verfügung stehen", diese erzeugten eine gegen den Willen des Gesetzgebers ankämpfende Strömung. Dies trifft auch heute noch zu.

Wenn auch die seit 1871 gewaltige Entwicklung und Vermehrung des Verkehrs „zu einer entsprechenden Umstellung, Anpassung, Gewöhnung und Erziehung des Menschen geführt hat" — Dickertmann in VkBl. 1950 S. 210 —, so hat sie doch auch wieder zu einer Vermehrung der Gefahren und der Unfälle geführt, die man vor 80 Jahren nicht für möglich gehalten hätte. „Zusammenstöße auf unbeschrankten Übergängen der Eisenbahn über öffentliche Straßen ereignen sich heute leider fast täglich", sagt mit Recht OLG Neustadt 11. 7. 1953 in VRS 1954 S. 117.

Jedenfalls ist es heute nicht zu verantworten, die Haftung der Eisenbahnen irgendwie zu mildern; es handelt sich nicht darum, „überflüssig gewordene Schutzzäune abzubauen", sondern den zahllosen Verkehrsopfern in gerechter und billiger Weise Schadensersatz zu gewähren und ihnen die Durchsetzung ihrer Ansprüche nicht zu erschweren, sondern zu erleichtern.

Wenn sich auch das Sicherheitswesen der Eisenbahnen erheblich verbessert hat, so ist doch auch infolge der ungeheuren Zunahme des Verkehrs und seiner Schnelligkeit die Betriebsgefahr gestiegen, und auch eine erhöhte Sicherungstechnik vermag ihrer nicht ausreichend Herr zu werden (anderer Ansicht Kadenbach in VAE 1940 S. 103).

Für die Berechtigung einer Verursachungs- oder Erfolgshaftung des Eisenbahnbetriebsunternehmers läßt sich auch ins Feld führen, daß gerade bei Eisenbahnunfällen der Geschädigte sehr häufig gar nicht in der Lage wäre, ein Verschulden der Bahn oder ihrer Angestellten, auch wenn es tatsächlich vorliegt, nachzuweisen; denn es fehlt ihm der hierzu nötige Einblick in den Bahnbetrieb und die technischen Kenntnisse. Er ist in einem Beweisnotstand, und auch dies spricht dafür, die Eisenbahn ohne Verschulden haften zu lassen, ja, ihr auch die Berufung auf das Vorliegen eines „unabwendbaren Zufalls" nicht zu gestatten. Vgl. auch Rümelin in ArchZivPr. Bd. 88 S. 285.

„Unabwendbar" sind viele Eisenbahnunfälle, bei denen aber gerade der Umstand, daß jeder Eisenbahnbetrieb gewisse Schädigungen notwendig mit sich bringt, daß sie immer wieder auftreten und geradezu „typische" Begleiterscheinungen sind, gebieterisch fordert, daß für solche typischen Eisenbahnschäden streng gehaftet werde.

Die „seit Jahren bestehenden Bestrebungen, diese scharfe Haftung in gemäßigtere und zeitentsprechende Bahnen zu lenken" (Dickertmann in VkBl. 1950 S. 210) können hiernach nicht gebilligt werden; der heutigen Zeit dürfte es vielmehr mehr denn je entsprechen, die Eisenbahnverkehrsopfer angemessen zu entschädigen. Daher sind auch die Bestrebungen abzulehnen, die Haftung bis zur höheren Gewalt allgemein durch die Haftung nur bis zum unabwendbaren Ereignis zu ersetzen, vgl. hierzu Böhmer in RdK 1954 S. 19.

Anm. 5

Übrigens kann die Haftung des Bahnbetriebsunternehmers für Sachschaden vertraglich im voraus ausgeschlossen oder beschränkt werden. Im SHG fehlt eine dies untersagende Bestimmung. Im RHpflG dagegen ist durch § 5 der vertragliche vorherige Ausschluß der Haftung für Personenschaden ausdrücklich verboten. § 5 RHpflG lautet: „Die in den §§ 1 und 2 bezeichneten Unternehmer und der in § 1a bezeichnete Inhaber der Anlage sind nicht befugt, die Anwendung der in den §§ 1 bis 3a enthaltenen Bestimmungen zu ihrem Vorteil durch Verträge (mittels Reglements oder durch besondere Übereinkunft) im voraus auszuschließen oder zu beschränken. Vertragsbestimmungen, welche dieser Vorschrift entgegenstehen, haben keine rechtliche Wirkung."

Dies ist eine soziale Schutzbestimmung: es soll bei Personenschäden verhindert werden, daß die in der Regel wirtschaftlich schwächeren Unfallverletzten durch die regelmäßig überlegenen Bahnbetriebsunternehmer benachteiligt werden können. Die Unternehmer sollen ihre wirtschaftliche Machtstellung nicht dazu mißbrauchen, den wirtschaftlich Schwächeren oder den auf die Benutzung der Eisenbahnen Angewiesenen Verträge aufzunötigen, durch die sie der Rechtswohltaten des RHpflG beraubt würden. Derartige Verträge sind daher nichtig.

Bei bloßen Sachschäden erschien eine solche Schutzbestimmung nicht erforderlich. § 5 RHpflG kann daher nicht auf Sachschadenfälle im Sinne des SHG analog angewendet werden.

II. Begriff der Eisenbahn

Anm. 6

§ 1 regelt die Schadensersatzpflicht für Sachbeschädigungen bei dem Betriebe einer Eisenbahn oder einer Straßenbahn.

Die Straßenbahn ist — im Gegensatz zu § 1 RHpflG — ausdrücklich erwähnt, doch wurde in Rechtsprechung und Rechtslehre stets angenommen, daß auch Straßenbahnen Eisenbahnen i. S. des § 1 RHpflG sind.

Der Begriff der Eisenbahn ist in keinem dieser Gesetze bestimmt. Heymann-Kötter „HGB" 1950 S. 392 sagt kurz, aber treffend: „Beförderung auf Schienen mittels irgendwelcher Kräfte, wobei in der Kombination von Schiene und Triebkraft die charakteristische Energiewirkung begründet liegt". Das RG hat schon in seinem Urteil vom 17. 3. 1879 — RGZ Bd. 1 S. 247 (252) — eine, allerdings etwas umständliche, Begriffsbestimmung gegeben. Darin sind zutreffend folgende Merkmale der Eisenbahn aufgeführt: 1. Wiederholte Fortbewegung von Personen und Sachen über nicht ganz unbedeutende Raumstrecken. 2. Fortbewegung auf metallener Grundlage. 3. Fortbewegung großer Gewichtsmassen mit verhältnismäßig bedeutender Schnelligkeit. 4. Fortbewegung durch Naturkräfte.

Anm. 7

Zu 1: Ein Eisenbahnunternehmen dient der wiederholten Fortbewegung von Personen und Sachen über nicht ganz unbedeutende Raumstrecken. Es muß sich um einen — sei es öffentlichen oder privaten — Verkehr von Personen oder Gütern handeln.

Ein Eisenbahnbetrieb liegt daher nicht vor, wenn beim Eisenbahnbau eine Dampframme auf Schienen nur wenige Schritte weitergerückt wird, RG 29. 3. 1882 in EisEntsch. 2 S. 253, oder wenn ein Dampfkran auf Schienen bewegt wird. Ein Verkehr liegt nicht vor, wenn eine sog. Grottenbahn auf einem Vergnügungsplatz auf einer nur kurzen kreisförmigen Schienenstrecke betrieben wird; hier handelt es sich nur um ein Spiel, KG 4. 11. 1910 in DJZ 1911 S. 933 = EisEntsch. 28 S. 182.

Ist die Länge der Schienenstrecke sehr gering, so wird im allgemeinen eine der üblichen Eisenbahngefahr gleichzustellende Gefahr nicht vorliegen und daher eine Eisenbahn im Sinne des § 1 nicht anzunehmen sein. Doch hat RGZ Bd. 2 S. 38 bei einer Arbeitsbahn von $1^1/_4$ km Länge das Vorliegen einer Eisenbahn angenommen.

Anm. 8

Zu 2: Fortbewegung auf metallener Grundlage ist erforderlich. Ob die Schienen aus Eisen oder aus einem andern Metall bestehen, ist ohne Belang. Nicht aber genügen Schienen aus Holz oder aus anderen nichtmetallischen Stoffen,

vgl. RGZ Bd. 1 S. 247 (252);
RGZ Bd. 86 S. 94;
RGSt. Bd. 12 S. 205;
RGSt. Bd. 16 S. 431.

Fahrzeuge, die ohne Benutzung einer Schienenbahn fortbewegt werden, fallen nicht unter § 1 SHG. Elektrische Kraftwagen mit Oberleitung ohne Schienen sind nicht als Eisenbahn anzusehen, OLG Colmar 29. 6. 1910 in EisEntsch. 28 S. 175; vgl. auch Reichsversicherungsamt 8. 10. 1904 in EisEntsch. 21 S. 278.

Nimmt ein Eisenbahnbetriebsunternehmer Beförderungen durch Kraftwagen ohne Schienen vor, so findet selbstverständlich nicht des SHG Anwendung, vielmehr richtet sich die Haftung nach dem StVG (KFG).

Dagegen fällt die Beförderung von Eisenbahnzügen auf Dampffähren mit Schienen — sog. Trajektanstalten — unter § 1 SHG, vgl. RG 16. 5. 1882 in EisEntsch. 2 S. 272.

Als Eisenbahnen sind auch Schwebebahnen anzusehen, denn es kommt allein darauf an, daß die Fortbewegung der Wagen an Schienen gebunden ist, mögen diese nun die Grundlage bilden oder die Wagen unterhalb der tragenden Schienen hängen, die durch hohe Träger gestützt sind, vgl. RG 4. 1. 1915 in RGZ Bd. 86 S. 94 = JW 1915 S. 279 = EisEntsch. 32 S. 320; RG 20. 1. 1910 in JW 1910 S. 235.

Die typischen Eisenbahngefahren sind bei Schwebebahnen ebenfalls vorhanden.

Ob die Schienenbahn auf der Erde oder unter der Erde verläuft, spielt keine Rolle. Das SHG findet daher auf Untergrundbahnen Anwendung, vgl. LG Berlin 6. 2. 1932 in JW 1932 S. 2105; Biermann „SHG“ 1953 S. 20; Wussow „Das Unfallhaftpflichtrecht“ 1953 S. 70.

Ob Bergwerksbahnen unter das SHG fallen, ist bestritten. RG 8. 4. 1885 in RGZ Bd. 13 S. 17 (= JW 1885 S. 188) hat eine unterirdische Pferdeeisenbahn von etwa 2000 m Länge, welche die geförderten Kohlen transportierte, als Eisenbahn im Sinne des Gesetzes angesehen und zur Begründung ausgeführt, hier sei nach Bauart und Art und Weise der Beförderung eine objektive Gleichartigkeit der Gefährlichkeit vorhanden wie bei den für den allgemeinen Personen- und Güterverkehr bestimmten Bahnen. Dem ist beizutreten. Es ist nicht einzusehen, warum bei gleichartiger Gefahr einem Geschädigten nicht der gleiche Schutz gewährt werden soll wie bei den für den allgemeinen Verkehr bestimmten Eisenbahnen. Darauf, daß eine Bergwerksbahn nur den speziellen Zwecken des Bergwerkseigentümers dient, kann es hier nicht ankommen. Ebenso Friese „RHpflG“ 1950 S. 12. Abw. Biermann „SHG“ 1953 S. 20 mit der Begründung, eine Bergwerksbahn sei kein selbständiges Eisenbahnunternehmen, sondern Teil eines Bergwerksunternehmens. Dies kann aber hier nicht ausschlaggebend sein. Entscheidend ist, ob gleichartige Betriebsgefahren vorhanden sind und den Schutz des Publikums erforderlich machen. Dies ist in der Regel der Fall. Vgl. ferner RG 16. 9. 1885 in EisEntsch. 4 S. 222; RG 16. 11. 1886 in EisEntsch. 5 S. 389; RG 6. 6. 1889 in EisEntsch. 7 S. 386; RG 24. 4. 1902 in EisEntsch. 19 S. 61 = JW 1902 S. 316.

Schon in RGZ Bd. 7 S. 40 ist ausgeführt, daß es nicht zutreffe, daß diejenigen Eisenbahnen, die nur Teile einer andern Unternehmung bilden, überhaupt nicht Eisenbahnen im Sinne des Gesetzes seien.

Untergrundbahnen sind selbstverständlich Eisenbahnen im Sinne des § 1, vgl. LG Berlin 6. 2. 1932 in JW 1932 S. 2105 (Unfall auf einem U-Bahnhof).

Daß die Schienen schmalspurig sind, ist ohne Belang, RGZ Bd. 71 S. 208 (Bauzüge der Schmalspurbahn einer Eisenbahngesellschaft im [damals] deutschen Schutzgebiet).

Der Umstand allein, daß eine metallene Grundlage vorhanden ist, genügt jedoch nicht. RG 2. 2. 1884 in RGZ Bd. 14 S. 27 nimmt zutreffend einen Eisenbahnbetrieb nicht an, wenn auf provisorisch gelegten Grubenschienen kleine Wagen, sog. Hunde oder Hunte, von Arbeitern langsam geschoben werden, läßt aber dahingestellt, ob nicht auch bei solchen Wagen ein Eisenbahnbetrieb dann vorliegt, wenn durch Anwendung einer die Bewegung der Wagen außergewöhnlich beschleunigenden Triebkraft Gefahren hervorgerufen werden, wie sie bei dem gewöhnlichen Eisenbahnbetrieb vorkommen, also etwa bei Drahtseilbahnen, bei welchen die Wagen mittels Schwerkraft oder Dampfkraft auf einer sehr geneigten Ebene hinaufgezogen werden oder hinabgleiten.

Anm. 9

Zu 3: Im allgemeinen wird es sich um Fortbewegung großer Gewichtsmassen mit verhältnsmäßig bedeutender Schnelligkeit handeln. Vgl. RGZ Bd. 2 S. 8 (besonders schwerer Pferdebahnwagen).

Doch führt RGZ Bd. 2 S. 38 aus, die größere oder geringere Fahrgeschwindigkeit der Züge sei von mehr untergeordneter Bedeutung, und sieht Arbeitszüge von geringer Schnelligkeit — 7 km pro Stunde — als Eisenbahn im Sinne des Gesetzes an.

Anm. 10

Zu 4: Es muß eine Fortbewegung durch Naturkräfte vorliegen. Welcher Art diese sind, darauf kommt es nicht an. Nicht nur Dampfbahnen und elektrische Bahnen, sondern auch von Pferden gezogene Bahnen sind Eisenbahnen im Sinne des Gesetzes, vgl. RGZ Bd. 2 S. 8 und S. 38; auch ROHG Bd. 21 S. 237; RG 5. 5. 1880 in EisEntsch. 1 S. 164; RG 15.6.1881 in EisEntsch. 1 S. 357; RG 25.2.1882 in EisEntsch. 2 S. 223; RG 16. 11. 1886 in EisEntsch. 5 S. 389; RG 8. 12. 1890 in EisEntsch. 8 S. 87; RG 27. 10. 1892 in EisEntsch. 9 S. 368; RG 30. 4. 1894 in EisEntsch. 10 S. 377; RG 5. 11. 1894 in SeuffA 50 Nr. 250; RG WarnRspr. 1912 Nr. 401 (Förderbahn mit Pferden); RG 13. 6. 1912 in EisEntsch. 29 S. 213 (= JW 1912 S. 877); RGZ Bd. 21 S. 13; Bd. 56 S. 154.

Ein Eisenbahnbetrieb kann auch vorliegen, wenn Wagen auf Gleisen durch menschliche Muskelkraft gezogen oder geschoben werden, wenn dieser Betrieb mit gleichartigen oder ähnlichen Gefahren verbunden ist wie der Dampfbetrieb, vgl. RGZ Bd. 7 S. 40; RG 15. 1. 1881 in EisEntsch. 1 S. 357; RG 16. 5. 1882 in JW 1882 S. 158; RG 2. 2. 1884 in EisEntsch. 3 S. 178.

Auch das Schieben von Wagen auf Schienen durch Anstemmen durch Bahnbedienstete kann hier in Betracht kommen, RGZ Bd. 2 S. 8; Bd. 7 S. 40.

Eine Eisenbahn liegt auch vor, wenn sich Wagen auf Schienen auf geneigter Fläche durch die Schwerkraft der Wagen und ihrer Ladung fortbewegen, Seligsohn „HpflG" S. 18 Anm. 8; RGZ Bd. 1 S. 247; RG 14. 5. 1881 in SeuffA 37 S. 433.

Bei der Beförderung von Holz zu einer Schneidemühle auf Schienen auf schiefer Ebene hat RG 18. 1. 1881 in EisEntsch. 1 S. 366 das Vorliegen einer Eisenbahn verneint.

Anm. 11

Nicht entscheidend ist, ob die Schienenbahn öffentlich ist, d. h. dem allgemeinen Personen- und Güterverkehr dient, oder ob sie nur für die privaten Zwecke eines gewerblichen Unternehmens bestimmt ist, wenn sie nur die gleichen Gefahren mit sich bringt. RG 13. 6. 1912 in JW 1912 S. 877 führt aus, es sei Sache der Prüfung des einzelnen Falles, ob private Arbeits- und Fabrikbahnen als Eisenbahnen im Sinne des Gesetzes zu betrachten seien; es komme darauf an, ob nach der Art des Betriebes die gleichen Gefahren durch sie hervorgerufen werden, die mit dem Betrieb einer dem allgemeinen Verkehr dienenden Eisenbahn verbunden sind. Wenn aus einem Basaltsteinbruch Steine auf Schienen in von Pferden gezogenen, aneinandergekoppelten Materialwagen durch lebhafte Verkehrsstraßen — wenn auch mit der geringen Geschwindigkeit von 7,2 km pro Stunde — gezogen werden, sind die gleichen Gefahren gegeben wie bei dem allgemeinen Verkehr dienenden Bahnen.

Ebenso ist es nach RG 18. 3. 1915 in JW 1915 S. 586 bei einer Feldbahn, die bedeutende Lasten — Erdmassen — auf Schienen mittels Lokomotive mehrere Kilometer weit mit entsprechender Schnelligkeit befördert, und nach RG 18. 4. 1907 in JW 1907 S. 340 bei einem Anschlußgleisbetrieb von der Stadtbahn zu einer Fabrik, der zwar für besondere Zwecke der Fabrik, der zwar für besondere Zwecke der Fabrik, aber auch dem Kohlentransport der Stadtbahn zur Fabrik dient.

Schieben Arbeiter mit Reis beladene Eisenbahnwagen auf einem Schienenstrang von der Reisschälmühle zur Staatsbahn, so findet § 1 Anwendung, da nach Bauart der Bahn und Art und Weise des Transports eine objektiv gleichartige Gefährlichkeit für das Publikum besteht wie beim Betrieb auf den für den allgemeinen Personen- und Güterverkehr bestimmten Eisenbahnen, RGZ Bd. 7 S. 40. Die nur zur Verbindung einer Fabrik mit einer dem öffentlichen Verkehr übergebenen Eisenbahn dienenden Schienengleise können dem Eisenbahnbetrieb im Sinne des Gesetzes dienen, auch wenn diese Bahnen nur Teile eines Fabrikunternehmens sind.

Ob ein solcher Betrieb eine objektiv gleichartige Gefährlichkeit mit sich führt wie der Betrieb auf den für den allgemeinen Personen- und Güterverkehr bestimmten Eisenbahnen, richtet sich u. a. nach der Geschwindigkeit der Bewegung, der Schwere der bewegten Wagen und Lasten, dem Umfang und der Häufigkeit des Betriebes, der Länge der Schienenanlage u. ä.

Ist z. B. die Länge der Schienenstrecke sehr gering, so können möglicherweise gleichartige Gefahren wie bei öffentlichen Bahnen nicht vorliegen. Vgl. hierzu RG 21. 1. 1880 in EisEntsch. 1 S. 106; RG 5. 5. 1880 in EisEntsch. 1 S. 164; RGZ Bd. 2 S. 9; RGZ Bd. 2 S. 38; Bd. 7 S. 40; RG 18. 6. 1884 in EisEntsch. 3 S. 360 (Arbeitsbahn eines Bauunternehmers beim Bahnbau); RG. 8. 4. 1885 in JW 1885 S. 188; RG 16. 9. 1885 in EisEntsch. 4 S. 222 (Kohlengrubenbahn); RG 6. 6. 1889 in EisEntsch. 7 S. 366; RG 16. 9. 1889 in EisEntsch. 7 S. 306; RG. 24. 5. 1892 in EisEntsch. 9 S. 190 = JW 1892 S. 315 (Arbeitsbahn einer Baugesellschaft); RG 11. 1. 1894 in EisEntsch. 10 S. 352 = JW 1894 S. 126 (wo ausgesprochen ist, es sei stets nach den besonderen Umständen des einzelnen Falles zu beurteilen, ob die Gefährlichkeit des Betriebes derjenigen des öffentlichen Bahnverkehrs gleichzuachten sei); RG 4. 3. 1898 in EisEntsch. 15 S. 221 (Feldbahn zum Abfahren von Holz); RG 23. 4. 1900 in EisEntsch. 17 S. 244 (Steinbruchbahn); RG 24. 4. 1902 in EisEntsch. 19 S. 61 = JW 1902 S. 316 (Bergwerksbahn von 3 km Länge zur Beförderung von Kohlen); RG 7. 1. 1907 in JW 1907 S. 132 = RGZ Bd. 65 S. 69 (private Zechenanschlußbahn einer Gewerkschaft, die in unmittelbarer Gleisverbindung mit der Hauptbahn steht, eine belebte Landstraße überschreitet und in Berührung mit dem öffentlichen Verkehr steht); RG 18. 4. 1907 in JW 1907 S. 340 (Betrieb auf dem zwar für die besonderen Zwecke der Fabrik angelegten, aber dem Warentransport mit Betriebsmitteln der Stadtbahn dienenden Anschlußgleis von der Fabrik zur Stadtbahn ist Teil des Eisenbahnbetriebes); RG 13. 6. 1912 in EisEntsch. 29 S. 213 = JW 1912 S. 878 = WarnRspr. 1912 Nr. 401 (private Förderbahn, die vom Basaltsteinbruch schwere Steinmassen auf Schienen mit von Pferden gezogenen Materialwagen zum Flußufer zwar mit geringer Geschwindigkeit — 7,2 km/st —, aber bei der Talfahrt mit starkem Gefälle durch öffentliche Straßen mit lebhaftem Verkehr befördert); RG 22. 3. 1915 in EisEntsch. 32 S. 103 = JW 1915 S. 585 (Dampfschmalspurbahn für Erdarbeiten mit geringer Geschwindigkeit auf leicht verlegbaren Schienen, nur den Zwecken eines Unternehmers dienend, fällt unter das Gesetz); RG 10. 6. 1915 in EisEntsch. 32 S. 455; RG 21. 4. 1921 in EisEntsch. 39 S. 60; RG. 2 12. 1939 VI 66/39; RG 18. 3. 1915 in EisEntsch. 32 S. 100 = JW 1915 S. 586 (von Lokomotiven gezogene Feldbahn, die bedeutende Erdmassen auf Schienen mehrere Kilometer weit befördert).

Anm. 12

Dauernde Anlagen werden nicht vorausgesetzt. Es ist daher ohne Belang, ob die Holzschwellen der Schienen nicht fest in den Boden eingebaut sind, so daß die Gleise leicht verlegt werden können, RG 22. 3. 1915 in EisEntsch. 32 S. 103 = JW 1915 S. 585. Auch Schienenbahnen, die nur zu vorübergehendem Betrieb, z. B. für die Zeit eines Bahnbaus, angelegt sind und nach Vollendung der Arbeiten wieder beseitigt werden, sind Eisenbahnen, wenn ihr Betrieb gleichartige Gefahren wie bei öffentlichen Bahnen mit sich bringt, z. B. Bau- und Arbeitsbahnen, vgl. RGZ Bd. 1 S. 247 (schmalspurige Dampflokomotiven zogen schwere Züge mit Erdmassen für einen Eisenbahnbau auf eisernen Schienengleisen auf nicht ganz unbedeutenden Strecken); RG 16. 4. 1880 in EisEntsch. 1 S. 152 = RGZ Bd. 1 S. 279 (Kiestransport zu Eisenbahnzwecken mit Pferdewagen auf einer von der Kiesgrube zur Hauptbahn führenden Nebenbahn); RG. 5. 5. 1880 in EisEntsch. 1 S. 164 (vorübergehend angelegte Arbeitsbahn); RG. 11 6. 1880 in EisEntsch. 1 S. 212 = RGZ Bd. 2 S. 38 (schmalspurige Arbeitsbahn zur Materialbeförderung beim Eisenbahnbau mit geringer Schnelligkeit — 7 km/st —, die mit Lokomotiven über eine Strecke von $1^1/_4$ km mit ziemlich bedeutendem Fall des Schienengleises und der Gefahr häufiger Entgleisung fährt); RG 18. 2. 1882 in EisEntsch. 2 S. 209; RG 18. 6. 1884 in EisEntsch. 3 S. 316; RG 24. 5. 1892 in EisEntsch. 9 S. 190 und 10 S. 11; RG 31. 5. 1930 in EisEntsch. 51 S. 356.

Auch Biermann „SHG" 1953 S. 11 ist der Ansicht, daß auch der Betrieb einer vorübergehend baulichen Zwecken dienenden Arbeitsbahn unter das Gesetz fällt.

Anm. 13

Nicht erforderlich ist, daß eine Bahnstrecke schon förmlich dem öffentlichen Verkehr übergeben oder daß der Bahnbau schon vollendet sei, RG 4. 3. 1882 in EisEntsch. 2 S. 227; RG 11. 3. 1898 in EisEntsch. 15 S. 129 = JW 1898 S. 267 (Materialzugbeförderung auf einer im Bau begriffenen Eisenbahn); RG 20. 1. 1919 in EisEntsch. 37 S. 179 = JW 1919 S. 316 (ein Straßenbahnzug fuhr auf einem neu hergestellten Gleis hin und her, um es einzufahren; der Betrieb war noch nicht aufgenommen, doch findet das Gesetz Anwendung); v. d. Leyen das. nimmt ebenfalls das Vorliegen einer Eisenbahn an.

RGZ Bd. 61 S. 165 entscheidet ebenso bei der Entgleisung eines Arbeiterzuges auf einer noch im Bau befindlichen Eisenbahnstrecke.

Ob bei einer Bahnanlage die Gefährlichkeit des Betriebes die gleiche ist wie bei einer zum allgemeinen Verkehr bestimmten Eisenbahn, ist im wesentlichen eine tatsächliche Frage, RG 11. 1. 1894 in EisEntsch. 10 S. 352 = JW 1894 S. 126.

III. Begriff des Bahnbetriebes

Anm. 14

Die Schadensersatzpflicht nach dem SHG setzt voraus, daß eine Sache bei dem Betrieb einer Eisenbahn oder einer Straßenbahn beschädigt worden ist. Ist die Sachbeschädigung zwar durch den Bahnbetriebsunternehmer verursacht, aber nicht „bei dem Betrieb" geschehen, so findet das SHG keine Anwendung. Eine analoge Anwendung ist nicht möglich, da die Gesetze über die Erfolgs- oder Gefährdungshaftung Ausnahmecharakter haben und nicht auf andere Tatbestände entsprechend ausgedehnt werden dürfen, vgl. RGZ Bd. 147 S. 353. Bei Sachbeschädigungen, die nicht bei dem Bahnbetriebe geschehen sind, kann möglicherweise nach § 823 BGB Schadensersatz verlangt werden. Das SHG ist keine Spezialvorschrift in dem Sinne, daß es den § 823 BGB ausschlösse. Welche Vorgänge zum Betrieb gehören, hat das Gesetz nicht bestimmt. Aus seinem Wortlaut läßt sich nicht entnehmen, welche Vorgänge und Ereignisse gemeint sind. Es muß daher aus Zweck und Sinn des SHG entnommen werden, in welchen Fällen ein Bahnbetrieb gemäß diesem Gesetz vorliegt Dabei ergibt sich, daß hier unter „Betrieb" keineswegs der gesamte Betrieb der Eisenbahnen und Straßenbahnen mit allen Verwaltungsgeschäften und Werkstättenbetrieben verstanden werden kann, so richtig Seligsohn „HpflG" 1931 S. 24 Anm. 20, sondern daß der Begriff enger zu fassen ist. Auszugehen ist davon, daß das SHG dem Betriebsunternehmer die gegenüber dem BGB gesteigerte, verschärfte Haftung aus dem Grunde auferlegt hat, weil der Eisenbahn- und Straßenbahnverkehr besondere Gefahren mit sich bringt. Der Verkehr erfolgt unter besonderen Umständen, welche die Gefahr der Beschädigung von Sachen — sei es der Verkehrsteilnehmer, sei es dritter Personen — herbeiführen können: die erhebliche Geschwindigkeit der Fortbewegung der Lokomotiven und Bahnwagen, die meist bedeutende Schwere der bewegten Massen, die Unmöglichkeit, beim plötzlichen Auftreten von Hindernissen in der Fahrbahn sofort oder doch in Kürze anzuhalten, die durch das Gebundensein an Schienen bedingte Unmöglichkeit, vor Hindernissen auszuweichen, die Eile und Hast der meisten Vorgänge, die durch die Notwendigkeit, die Fahrplanzeiten einzuhalten, bedingt ist, die häufige Ansammlung größerer Mengen von Reisenden, die oft ein starkes und gefährliches Gedränge und damit die Gefahr von Sachbeschädigungen hervorruft — alle diese besonderen Umstände begünstigen erfahrungsgemäß das Auftreten von Unfällen. Um dieser Gefahren willen ist die strenge Schadensersatzpflicht bestimmt worden.

Zweck und Sinn des SHG lassen daher erkennen, daß zum Bahnbetrieb in erster Linie diejenigen Vorgänge und Ereignisse gehören, bei denen diese besonderen, dem Eisenbahn- und Straßenbahnwesen eigentümlichen Gefahren auftreten können. Im Vordergrund steht hier die Fortbewegung der Fahrzeuge auf den Bahngleisen, und zwar die Vorbereitung, die Durchführung und der Abschluß der Beförderung von Personen und Gütern, also auch das Rangieren der Bahnwagen, das Stellen der Weichen, das Öffnen und Schließen der Schranken vor und nach Durchfahrt eines Zuges, das Ein- und Aussteigen der Reisenden, das Begehen der Bahnsteige, soweit die Gefahren — Eile, Hast, Gedränge — noch fortwirken, usw.

Anm. 15

Nicht zum Bahnbetrieb im Sinne des SHG gehören daher Unfälle bei den kaufmännischen oder Verwaltungsgeschäften der Bahn wie auch bei der Tätigkeit in den Bahnreparaturwerkstätten, vgl. auch Meyer in VAE 1942 S. 148, ebensowenig alle Vorgänge, die nur in ganz entferntem Zusammenhang mit der Vorbereitung oder dem Abschluß der Beförderung stehen, insbesondere ohne Eile vorgenommen werden.

So liegt z. B. ein Betriebsunfall nicht vor, wenn zu einer Zeit, in der kein Zug zu erwarten ist, Gleisarbeiten ohne Hast und Eile vorgenommen werden, wie das Einschlagen von Schienennägeln, OLG Kiel 15. 10. 1883 in EisEntsch. 3 S. 290, das Reinigen einer Weiche von Sand, RG 8. 3. 1900 in JW 1900 S. 315, die Bedienung einer Signalstange, wenn kein Zug naht, RGZ Bd. 1 S. 52. Der Umbau von Weichen durch eine Tiefbaufirma bewirkt nicht, daß die Firma Unternehmerin eines Eisenbahnbetriebes wäre, RGZ Bd. 146 S. 340. Zum Bahnbetrieb gehört nicht ein Unfall beim Hineilen zur Bahn auf der Straße, RG 19. 11. 1906 in JW 1907 S. 26 = DJZ 1907 S. 131 = EisEntsch. 23 S. 381, vgl. auch OLG Breslau in EisEntsch. 56 S. 81; ein Unfall auf dem Bahnhofvorplatz, LG Trier in VAE 1939 S. 163; ein Unfall beim Aufsuchen der Wartehalle, OLG Hamburg in EisEntsch. 44 S. 240 = VR 1926 S. 236; beim Betreten des Bahngebäudes, OLG Stettin in EisEntsch. 50 S. 89; in der Schalterhalle, OLG Stettin 21. 1. 1930 in Recht 1930 Nr. 2053 = JW 1931 S. 84 = EisEntsch. 50 S. 89 (wo zutreffend ausgeführt ist, daß ein Sturz im Schalterraum vor dem Lösen der Fahrkarte kein Betriebsunfall sei; zustimmend Hanow das.: die Verletzte sei mit den Betriebsvorgängen der Bahn noch nicht in irgend welche Beziehung getreten); KG Berlin in EisEntsch. 56 S. 88; OLG Celle 18. 10. 1940 in VAE 1941 S. 93; vgl. auch RG 19. 11. 1906 in DJZ. 1907 S. 131 (Sturz auf öffentlicher Straße vor dem Erreichen der Straßenbahn, bevor der Geschädigte mit den Betriebsmitteln der Bahn überhaupt in Berührung kam); auch nicht ein Sturz auf der Treppe der Bahnunterführung, OLG Tübingen 29. 5. 1953 in VersR 1953 S. 264; ein Unfall beim Hinaufgehen auf der Treppe des Bahnhofsgeländes, RG 8. 2. 1939 in VAE 1939 S. 149 = SeuffA Bd. 93 Nr. 72; KG Berlin in EisEntsch. 53 S. 184; im Wartesaal durch Herabfallen einer Gardinenstange, KG Berlin 23. 9. 1924 in JW 1924 S. 1380 = VR 1924 S. 77 (hier lag der Wartesaal außerhalb der Sperre, die Fahrkarte war schon abgegeben, die Reise beendet, der Wartesaal wurde als reine Gaststätte benutzt, daher kein Zusammenhang mit dem Bahnbetrieb); zustimmend Hanow das.; Ausgleiten auf der Treppe des Bahnhoftunnels nach Einsehen des Fahrplans im Empfangsgebäude, keine Fahrkarte gelöst, RGZ. Bd 121 S. 382; Unfall auf der Treppe zum Bahnsteig, RG 26. 1. 1910 in EisEntsch. 26 S. 333; RG 17. 12. 1915 in EisEntsch. 33 S. 213; LG Wuppertal in VAE 1937 S. 25; OLG Köln in VAE 1937 S. 317; LG Bautzen in VAE 1939 S. 427.

Anm. 16

Zum Bahnbetrieb gehört nicht ein Unfall beim Überschreiten von Gleisen vor dem Einsteigen, wenn er nicht durch die Hast des Betriebes oder durch Gedränge verursacht ist, RG 30. 6. 1913 in EisEntsch. 30 S. 231; RG 15. 3. 1915 in EisEntsch. 32 S. 336. RG 31. 3. 1913 in JW 1913 S. 648 führt aus, ein Betriebsunfall liege nicht vor, wenn der Unfall nicht beim Aussteigen selbst, sondern nach dessen Beendigung auf dem Bahnsteig oder beim Verlassen des Bahnhofs geschehen sei, weil dann kein unmittelbarer Zusammenhang mit einem besonderen Betriebsvorgang vorliege. Ein Betriebsunfall liegt auch nicht vor, wenn ein Reisender auf dem Bahnsteig ohne Eile mit dem Fuß in einen offenen Entwässerungsschacht gerät, AG Gotha 28. 12. 1929 in Recht 1930 Nr. 2266. Wird dagegen ein Reisender auf dem Bahnsteig beim eiligen Umsteigen durch einen Bahnelektrokarren geschädigt, so liegt ein Betriebsunfall vor, OLG Braunschweig 13. 2. 1951 in VRS Bd. 3 S. 390 = NiedersRpfl. 1951 S. 156 = VkBl. 1951 S. 331.

Diese Beispiele zeigen, daß die Rechtsprechung allgemein den Begriff des Eisenbahn- und Straßenbahnbetriebes nicht übermäßig ausdehnt, sondern ihn beschränkt auf die Vorgänge und Ereignisse, die erfahrungsgemäß die typischen Bahngefahren mit sich bringen.

Anm. 17

Ob ähnliche Gefahren auch mit anderen Verkehrsmitteln oder Betrieben verbunden sind oder ob sich auch bei diesen ähnliche Unfälle ereignen können, ist hier ohne Bedeutung, RG 13. 4. 1881 in EisEntsch. 2 S. 12. Nur dann, wenn ein Eisenbahn- oder Straßenbahnwagen der zufällige Schauplatz eines Ereignisses ist, das sich in gleicher Weise an jedem andern Orte zutragen konnte, liegt kein Betriebsunfall vor, RG 3. 7. 1913 in JW 1913 S. 995 (Schaden durch Öffnen der Tür des Speisewagens ist aber Betriebsunfall); RG 23. 12. 1920 in JW 1921 S. 343 (Sachschaden durch Brand eines Benzinbehälters eines Mitreisenden im Zugabteil ist Betriebsunfall, dieser konnte sich nicht in gleicher Weise an jedem Ort ereignen, vielmehr ist es eine eigentümliche Gefahr des Eisenbahnbetriebes, daß man während der Fahrt das Abteil nicht verlassen und sich nicht ins Freie retten kann; andrer Meinung Schmidt-Ernsthausen a. a. O.).

Anm. 18

Naturgemäß ist Betrieb in erster Linie die eigentliche Beförderungstätigkeit selbst, die Fortbewegung der Eisenbahnwagen oder Straßenbahnwagen auf Schienen.

Der Betrieb endet nicht mit dem Anhalten an Zwischenstationen oder Haltestellen, vielmehr umfaßt er auch dieses Anhalten, RG 9. 10. 1903 in JW 1903 S. 403; RG 22. 3. 1906 in JW 1906 S. 316. Die Beförderung von Reisenden ist nicht schon dann abgeschlossen, wenn der Zug stille steht, sondern erst, wenn sie den Bahnwagen verlassen haben, RG 30. 10. 1929 in RGZ Bd. 126 S. 137 = JW 1930 S. 1936. Der Betrieb ist in diesem Falle erst beendet, wenn der gesamte, das Aussteigen des Reisenden umfassende Vorgang beendet ist; dies braucht nicht schon mit dem Berühren des Erdbodens durch den Reisenden der Fall zu sein, RG a. a. O. Ein Unfall beim Ein- und Aussteigen aus einer Straßenbahn ist ein Betriebsunfall, OLG Schleswig 30. 8. 1951 in VkBl. 1952 S. 286; ebenso beim Aussteigen aus dem Zug und Abgleiten vom vereisten Trittbrett, OLG Königsberg 17. 10. 1929 in Recht 1930 S. 380. Ebenfalls zum Betriebe gehören alle Vorgänge, welche die Beförderung unmittelbar vorbereiten, denn auch hier wirkt sich die typische Betriebsgefahr der Bahn aus; doch muß immerhin im einzelnen Falle ein näherer Zusammenhang mit dem Gefahrenbereich der Beförderung vorliegen; ganz entfernte Vorbereitungshandlungen zur Beförderung kommen nicht in Betracht. Ein Unfall beim Rangieren im Güterbahnhofsgelände ist z. B. ein Betriebsunfall, LG Göttingen 8. 5. 1952 in DAR 1952 S. 137. Eine scharfe Grenzlinie läßt sich nicht ziehen, so schon RG. 29. 10. 1884 in EisEntsch. 3 S. 404.

Vorgänge, bei denen die Bahngefahren, die das Gesetz im Auge hat, völlig fehlen, gehören nicht zum Betrieb im Sinne des SHG, vgl. auch RG 20. 1. 1882 in JW 1882 S. 78. Wenn z. B. beim Entladen eines auf der Endstation angekommenen, auf einem Nebengleis des Güterbahnhofs abgestellten Wagens sich dessen Schiebetür löst und einen Schaden verursacht, dann ist der eigentliche Eisenbahnbetrieb beendet und liegt kein Betriebsunfall vor, RG 26. 1. 1916 in JW 1916 S. 586. Stürzt jemand von einer im Schuppen stillstehenden Lokomotive, wo er sich heißes Wasser geholt hatte, so liegt kein Betriebsunfall vor, RG 1. 10. 1907 in EisEntsch. 24 S. 183.

Stoßen zwei Kraftwagen zusammen, weil die Sicht durch den Dampf beeinträchtigt war, den eine fahrende Lokomotive abließ, so haftet die Eisenbahn nach § 1 SHG, BGH 21. 11. 1953 in VersR 1954 S. 60.

Ebenso, wenn ein Sachschaden dadurch entsteht, daß ein vorbeifahrender Zug ein Tier scheu macht; „es ist ein mit dem Eisenbahnbetriebe an sich verknüpftes und bei diesem mit einer gewissen Häufigkeit vorkommendes Ereignis, wenn Pferde infolge der von dem Bahnbetriebe auf sie einwirkenden plötzlichen oder heftigen Sinneseindrücke scheu oder doch unruhig werden", RGZ. Bd 62 S. 145.

IV. Sachbeschädigung bei dem Betrieb

Anm. 19

Wie § 1 RHpflG und § 7 StVG/KFG, so setzt auch § 1 SHG eine Sachbeschädigung „bei" dem Betrieb einer Eisenbahn oder einer Straßenbahn voraus. Was unter „Betrieb" zu verstehen ist, ist oben unter III ausgeführt.

Die Sachbeschädigung muß mit dem in diesem Sinne verstandenen Bahnbetriebe in Zusammenhang stehen.

Anm. 20

Dieser Zusammenhang muß zunächst einmal ein ursächlicher sein. Dies ist eine Selbstverständlichkeit. Eine Haftung für einen Schaden, der durch den Bahnbetrieb überhaupt nicht verursacht ist, wollte das Gesetz naturgemäß nicht anordnen. Es spielt daher keine Rolle, daß § 1 SHG den Ausdruck „verursacht" nicht verwendet und von einer Sachbeschädigung „bei" dem Betrieb spricht. Dies ergibt sich übrigens auch aus § 8 SHG, der ausdrücklich das Wort „verursachen" verwendet.

Wenn z. B. ein Reisender nach einer Auseinandersetzung mit dem Zugschaffner dann bei der Vorführung im Aufsichtsbüro tot umfällt, so ist die Eisenbahn hierfür nicht auf Grund ihrer Gefährdungshaftung ersatzpflichtig, denn es fehlt an der Verursachung durch den Bahnbetrieb, vgl. OLG Karlsruhe 28. 10. 1942 in VAE 1943 S. 70. In der Rechtsprechung wird dieser ursächliche Zusammenhang als „innerer" Zusammenhang bezeichnet, vgl. RGZ Bd. 75 S. 284, Bd. 97 S. 177, und es wird verlangt, daß der Schaden in innerem Zusammenhange mit der Betriebstätigkeit der Bahn, mithin mit einem Betriebsvorgang oder einer bestimmten Betriebseinrichtung stehen müsse, siehe auch BGH 30. 6. 1952 in VRS Bd. 4 S. 506. Schon in RGZ Bd. 50 S. 92 ist ausgesprochen, der Unfall müsse „eine Folge" des Bahnbetriebes sein.

Anm. 21

Die Verursachung muß auch eine solche im Rechtssinne, eine „adäquate" sein, d. h. der Betriebsvorgang muß nach der Erfahrung des Lebens allgemein geeignet gewesen sein, einen derartigen Schaden zu verursachen, nicht nur unter ganz besonderen, entfernt liegenden und normalerweise nicht in Rechnung zu ziehenden Umständen.

Es genügt nicht, daß der Betriebsvorgang eine der nicht wegzudenkenden Bedingungen der Sachbeschädigung ist, daß also ohne den Betriebsunfall die Sache nicht beschädigt worden wäre, vielmehr muß, damit eine adäquate, die Bahn haftbar machende Verursachung angenommen werden kann, noch etwas hinzukommen: daß nämlich die Möglichkeit einer Sachbeschädigung nach den Umständen des Einzelfalles und der allgemeinen Verkehrs- und Lebenserfahrung vernünftigerweise in Rechnung genommen werden konnte und mußte.

Die Bahn haftet also nicht, wenn der Eintritt einer Sachbeschädigung so ungewöhnlich, ihre Möglichkeit eine so entfernte war, daß sie jenseits aller menschlichen Erfahrung und Berechnung lag, wenn also der Eisenbahnbetrieb nur unter ganz ungewöhnlichen, in der Regel nicht zu erwartenden Umständen den Schaden herbeizuführen geeignet war. Vgl. hierzu RGZ Bd. 66 S. 409; Bd. 69 S. 57; Bd. 72 S. 324;

Bd. 75 S. 19; Bd. 78 S. 272; Bd. 81 S. 359; Bd. 94 S. 10; Bd. 105 S. 264; Bd. 119 S. 204; Bd. 133 S. 126; Bd. 133 S. 271; Bd. 135 S. 149 (154); Bd. 141 S. 169 (172); Bd. 142 S. 383 (388); Bd. 148 S. 65; Bd. 149 S. 135; Bd. 154 S. 41 (48); Bd. 158 S. 34 (38); Bd. 168 S. 86 (88); Bd. 171 S. 242 (250); RG 20. 9. 1934 in JW 1934 S. 2973; RG 13. 10. 1942 in DAR 1943 S. 25.

Auch eine psychische Beeinflussung — z. B. Unsicherwerden — kann ausreichen, um den ursächlichen Zusammenhang zwischen Betrieb und Unfall herzustellen, OGH Köln 11. 4. 1949 in VRS Bd. 1 S. 108.

Es genügt also nicht jeder bloß natürliche ursächliche Zusammenhang, vielmehr darf die Möglichkeit des eingetretenen Erfolges nicht von vornherein außerhalb jeder Wahrscheinlichkeit liegen, vgl. RGZ Bd. 152 S. 397 (401); Bd. 155 S. 37 (41); Bd. 169 S. 84 (91).

Anm. 22

Der adäquate Ursachenzusammenhang zwischen Betriebsvorgang und Unfall wird nicht dadurch ausgeschlossen, daß außerdem noch eine betriebsfremde Ursache mitgewirkt hat, RG 16. 10. 1924 in EisEntsch. 41 S. 374 = LeipzZtschr. 1925 S. 595.

Hat z. B. die fahrlässige Handlung eines Dritten, etwa eines Reisenden, den Schaden mitverursacht, so wird dadurch die Ursächlichkeit des Betriebes und damit die Schadensersatzpflicht der Eisenbahn nicht ausgeschlossen, RG 28. 5. 1938 in JW 1938 S. 2357; RGZ Bd. 156 S. 257 (262); RGZ Bd. 114 S. 292.

Hat jedoch ein Mitreisender in einem Zugabteil vorsätzlich die Sache eines Reisenden zerstört, so steht dieser Schaden nicht in ursächlichem Zusammenhang mit dem Eisenbahnbetrieb, es ist kein Unfall bei dem Betriebe. Denn die Beförderung mit der Bahn ist nicht allgemein geeignet, vorsätzliche Sachbeschädigungen durch Mitreisende herbeizuführen. In der Regel haftet daher die Eisenbahn nicht für strafbare Handlungen, die im Bahnzuge von Dritten an Reisenden begangen werden. Dies gilt für Sachschäden genau so, wie es von der Rechtsprechung bei Personenschäden angenommen wird. z. B. bei Ermordung eines Reisenden im Zugabteil durch einen Mitreisenden, RGZ Bd. 69 S. 357.

Ein adäquater Ursachenzusammenhang könnte nur dann vorliegen, wenn die Sachbeschädigung durch die Betriebsvorgänge und Einrichtungen der Bahn begünstigt worden wäre. Übrigens wird sich die Bahn bei im Bahnzuge vorgenommenen strafbaren Handlungen Dritter in aller Regel auf das Vorliegen höherer Gewalt berufen können.

Ein Sachschaden ist aber adäquat durch den Bahnbetrieb verursacht, wenn ein Pferd, das bei einem Zusammenstoß unter die Straßenbahn geraten ist, durch einen Dritten, der es zu befreien versucht, tödlich verletzt wird; ein derartiges Eingreifen eines Dritten liegt durchaus im nahen Bereich des nach der Lebenserfahrung in Rechnung zu Nehmenden RG 9. 2. 1922 in VR 1922 Sp. 93.

Anm. 23

Damit eine Sachbeschädigung „bei" dem Betriebe vorliege, genügt nicht der innere, d. h. ursächliche Zusammenhang des Schadens mit dem Bahnbetriebe. Es muß noch etwas hinzukommen. Das Wort „bei" weist darauf hin, daß eine gewisse örtliche und zeitliche Nähe zu einem Betriebsvorgang oder einer bestimmten Betriebseinrichtung vorhanden sein muß. Die Rechtsprechung verlangt zutreffend, daß der Schaden nicht nur in einem inneren Zusammenhange, sondern auch in einem äußeren, zeitlichen und örtlichen Zusammenhange mit dem Bahnbetrieb stehen müsse, RGZ Bd. 75 S. 284; Bd. 97 S. 177; RG 14. 3. 1907 in JW 1907 S. 315.

Dies ergibt sich daraus, daß in § 1 SHG statt des Wortes „durch" das Wort „bei" gewählt ist, RGZ Bd. 55 S. 229.

Ist der Schaden zwar durch den Bahnbetrieb verursacht, steht er jedoch nicht in nahem zeitlichem und örtlichem Zusammenhange mit ihm, so liegt kein Betriebsunfall vor. Wird z. B. durch herabstürzendes Mauerwerk Schaden angerichtet, das sich im Laufe der Zeit infolge der ständigen Erschütterungen durch einfahrende Züge gelockert hatte, ohne daß jedoch im Augenblick des Absturzes ein Bahnverkehr stattfand, so ist zwar der Schaden durch den Bahnbetrieb verursacht, aber nicht „bei" dem Betriebe, eine Schadensersatzpflicht der Bahn aus § 1 ist daher nicht gegeben, RGZ Bd. 55 S. 239; RG 6. 6. 1903 in JW 1903 S. 345; RG 13. 7. 1904 in EisEntsch. 21 S. 179 = JW 1904 S. 487.

Dagegen liegt ein Betriebsunfall im Sinne des § 1 SHG vor, wenn eine Lokomotive entgleist, eine Wand durchbricht und dadurch alsbald Sachschaden anrichtet.

RGZ Bd. 68 S. 47 behandelt den Fall, daß ein Vater, der einen Eisenbahnunfall seiner Tochter nicht unmittelbar miterlebt hat, sondern alsbald nachher im Wartesaal davon erfährt, infolgedessen in Geisteskrankheit verfiel; das RG führt aus, diese Krankheit hänge zwar ursächlich mit dem Eisenbahnunfall zusammen, aber der Schaden müsse nicht bloß durch den Betrieb, sondern auch bei dem Betrieb herbeigeführt sein, d. h. in einer näheren zeitlichen und örtlichen Beziehung zu dem Betriebe stehen, dieser nähere Zusammenhang fehle hier.

In einem ähnlichen Falle — der allerdings nach dem KFG zu beurteilen war hat OLG Köln 5. 2. 1931 in JW 1931 S. 1502 unter Bejahung des adäquaten ursächlichen Zusammenhanges einen näheren zeitlichen und örtlichen Zusammenhang nicht für erforderlich gehalten und einen Betriebsunfall angenommen; dagegen Seligsohn a. a. O. Ein innerer und äußerer Zusammenhang wird zu bejahen sein, wenn eine Reisende während der Fahrt eine Nervenerschütterung erleidet, weil ihr Kind hinausstürzt (anders RG 30. 1. 1911 in RGZ Bd. 75 S. 285 = JW 1911 S. 333).

Anm. 24

Ereignet sich ein Unfall zwar in zeitlicher und örtlicher Nähe des Bahnbetriebes, ist er aber nicht durch diesen verursacht, so kommt eine Haftung der Bahn nach dem SHG nicht in Betracht, so in dem Fall RG 14. 3. 1907 in JW 1907 S. 315: eine Reisende hatte sich nach dem Aussteigen aus dem Zuge auf dem Bahnsteig an einem Gerüst gestoßen, der Betrieb war beendet. Vgl. ferner RG 7. 1. 1901 in JW 1901 S. 84 = EisEntsch. 18 S. 42; RG 1. 7. 1904 in JW 1904 S. 484; OLG Hamburg in EisEntsch. 44 S. 240.

Erleidet ein Reisender 20 Minuten vor Abgang des Zuges durch Sturz auf dem Bahnsteig einen Schaden, so fehlt es an einem näheren zeitlichen Zusammenhang mit dem Bahnbetriebe, LG Stuttgart in VAE 1938 S. 283.

An einem inneren und äußeren Zusammenhang mit dem Bahnbetriebe fehlt es bei Schäden, die sich ereignen, wenn spielende Kinder eine Bahndrehscheibe bewegen, OLG Colmar in EisEntsch. 17 S. 153; OLG Bamberg in EisEntsch. 22 S. 369; wenn Nägel in eine Schwelle eingeschlagen werden, ohne daß ein Zug sich nähert, OLG Kiel in EisEntsch. 3 S. 290; beim Überschreiten eines Gleises, ohne daß ein Zug naht, RG 23. 4. 1900 in EisEntsch. 17 S. 214; beim Anrennen gegen eine längst geschlossene Bahnschranke, RG 27. 5. 1909 in EisEntsch. 26 S. 178; LG Braunschweig 21. 5. 1948 in VRS Bd. 1 S. 129; OLG Neustadt 11. 10. 1952 in NJW 1953 S. 387 (Anstoßen eines Kraftrades an eine geschlossene Bahnschranke während einer Zugpause); unrichtig OLG Königsberg 16. 6. 1937 in VAE 1937 S. 508; beim Abstürzen an einer Eisenbahnböschung, RG 10. 4. 1913 in EisEntsch. 30 S. 108; beim Herabfallen von Glas auf den Bahnsteig beim Reinigen des Glasdaches nach dem Aussteigen des Reisenden aus dem Zug, unrichtig OLG Breslau 10. 4. 1896 in EisEntsch. 13 S. 217, das einen Betriebsunfall annimmt; beim Herabfallen einer Schranke zu einer Zeit, in der sie nicht benutzt wurde, RG 1. 2. 1913 in EisEntsch. 29 S. 456; 30 S. 90; RG 28. 2. 1916 in JW 1916 S. 747 (mit zustimmender Anm. von v. d. Leyen); wenn Kinder unbefugt einen schon seit einer Woche auf einem Gleis abgestellten, in Ruhe befindlichen Eisenbahnwagen in Bewegung setzen, RG 14. 11. 1918 in JW 1919 S. 244 (zustimmend v. d. Leyen das.).

Anm. 25

Verursacht ein Dritter im Zuge während der Bahnfahrt den Sachschaden eines Reisenden, so liegt kein Unfall bei dem Betriebe vor, da zwar der äußere zeitliche und örtliche Zusammenhang, nicht aber der innere ursächliche gegeben ist, siehe z. B. RG 22. 10. 1908 in RGZ Bd. 69 S. 357 = JW 1908 S. 721, zumal wenn die übliche Enge der Zugabteile bei dem Schaden keine Rolle gespielt hat, KG Berlin in EisEntsch. 48 S. 182.

Anm. 26

Hat jedoch die Enge des Zugabteils und die Unmöglichkeit, während der Fahrt einer Gefahr auszuweichen, den Schaden mit verursacht, so kann auch der innere, ursächliche Zusammenhang mit dem Bahnbetrieb gegeben sein, vgl. RG 3. 7. 1913 in JW 1913 S. 995, wo zutreffend auf die dem Eisenbahnbetrieb eigentümlichen Gefahren des beschränkten Raumes in den Bahnwagen hingewiesen ist, und RG 23. 12. 1920 in JW 1921 S. 343 = EisEntsch. 38 S. 228, wo beim Inbrandgeraten eines Benzinbehälters im Eisenbahnabteil Sachschaden entstanden, die Enge des Abteils für mitursächlich angesehen und der innere und äußere Zusammenhang mit dem Bahnbetrieb bejaht ist; a. M. Schmidt-Ernsthausen a.a.O., der eine der Eisenbahn eigentümliche Gefahr nicht annimmt, da vielerlei andere Verkehrsmittel eine solche Enge aufwiesen. Vgl. auch OLG Naumburg 2. 11. 1931 in EisEntsch. 52 S. 382, und Eugen Josef in VR 1926 S. 194 (gegen RGZ Bd. 69 S. 357 und Bd. 109 S. 172).

Wenn Mitreisende durch Öffnen oder Schließen der Wagentüren einem Reisenden Schaden verursachen, so handelt es sich um einen Betriebsvorgang, es liegt daher ein Betriebsunfall vor, BGH 11. 12. 1950 in NJW 1951 S. 110; RG 2. 2. 1914 in JW 1914 S. 477.

V. Beispiele aus der Rechtsprechung zur Frage des Betriebsunfalls

Anm. 27

Zu der Frage, in welchen Fällen eine Sachbeschädigung „bei dem Betrieb einer Eisenbahn oder einer Straßenbahn" erfolgt ist, sind zahlreiche Gerichtsentscheidungen ergangen. Die meisten beziehen sich auf § 1 RHpflG, also auf Betriebsunfälle, die zu Tötungen oder Körperverletzungen geführt haben, aber diese Entscheidungen sind naturgemäß auch für § 1 SHG bedeutsam.

Aus der reichhaltigen Rechtsprechung sollen hier die hierher bezüglichen Entscheidungen möglichst vollständig angeführt werden, damit der Praktiker sich an Hand zahlreicher Einzelfälle eingehend unterrichten könne.

Anm. 28

Als Unfälle bei dem Bahnbetriebe allgemein anerkannt sind die Unfälle, die Reisende beim Einsteigen in einen Zug erleiden,

vgl. RG 8. 11. 1894 in EisEntsch. 11 S. 338;
RG 16. 11. 1908 in EisEntsch. 25 S. 308;
RG 1. 2. 1909 in EisEntsch. 25 S. 403;
RG 27. 2. 1913 in EisEntsch. 29 S. 466;
RG 19. 11. 1917 in JW 1918 S. 176;
RG 4. 5. 1921 in EisEntsch. 39 S. 61;
RG 4. 2. 1921 in EisEntsch. 39 S. 208;
RG 10. 1. 1935 in EisEntsch. 57 S. 463;
OLG Stuttgart 27. 3. 1914 in EisEntsch. 31 S. 125;
OLG Hamburg 24. 1. 1918 in JW 1918 S. 572;
KG Berlin 8. 2. 1935 in EisEntsch. 57 S. 343;
OLG Naumburg in EisEntsch. 52 S. 382;
LG Essen 27. 10. 1942 in VAE Bd. 15 (1943) S. 92;
siehe auch RG 22. 2. 1915 in EisEntsch. 32 S. 99 (Sturz im Gang des D-Zuges

über einen Koffer beim Einsteigen);

Unfälle beim Einladen von Tieren,
RG 29. 2. 1892 in EisEntsch. 9 S. 163;
RG 9. 4. 1892 in EisEntsch. 53 S. 287.

Anm. 29

Unfälle beim Aussteigen aus dem haltenden Zuge, einerlei, ob es auf einer Zwischenstation geschieht oder ob der Reisende an dem Ziel seiner Fahrt angekommen ist,
RG 27. 6. 1884 in EisEntsch. 3 S. 363;
RG 9. 3. 1894 in EisEntsch. 10 S. 363;
RG 25. 4. 1899 in EisEntsch. 16 S. 146;
RG 25. 6. 1906 in JW 1906 S. 575;
RG 13. 6. 1907 in EisEntsch. 24 S. 69;
RG 21. 10. 1907 in EisEntsch. 24 S. 272;
RG 24. 9. 1908 in JW 1908 S. 690 = EisEntsch. 25 S. 288;
RG 30. 8. 1909 in EisEntsch. 26 S. 199;
RG 3. 4. 1911 in WarnRspr 1911 S. 324 = EisEntsch. 27 S. 443;
RG 31. 3. 1913 in JW 1913 S. 648 = EisEntsch. 30 S. 106;
RG 12. 6. 1913 in EisEntsch. 30 S. 225;
RG 8. 11. 1915 in JW 1916 S. 122;
RG 2. 2. 1920 in JW 1920 S. 491;
RG 4. 3. 1920 in JW 1920 S. 710;
RG 12. 12. 1935 in VAE 1936 S. 213;
OLG Köln in EisEntsch. 16 S. 307;
OLG Kolmar in EisEntsch. 18 S. 229;
KG Berlin in EisEntsch. 56 S. 82;
OLG Breslau in VAE 1938 S. 512;
OLG Düsseldorf 13. 10. 1938 in VAE 1939 S. 134;
KG Berlin 3. 3. 1941 in VAE 1941 S. 112;
LG Hamburg in VAE 1938 S. 336;
LG Ratibor in VAE 1938 S. 513;
LG Breslau 28. 4. 1942 in VAE 1942 S. 234.

Der Umstand, daß der Zug oder die Straßenbahn nicht mehr in Bewegung war, sondern anhielt, bewirkt nicht, daß ein Unfall beim Aussteigen nicht mehr ein Unfall „bei dem Betrieb“ wäre. Das Aussteigen der Fahrgäste ist der Schlußvorgang der Beförderung, es ist noch zu den Betriebsvorgängen im engeren Sinne zu rechnen, RG 8. 11. 1915 a. a. O.; RG 4. 3. 1920 a. a. O. Die Beförderung ist erst beendet, wenn der Reisende den Zug verlassen hat, also der gesamte das Aussteigen betreffende Vorgang beendet ist.

Berühren des Erdbodens durch den Aussteigenden beendet nicht immer den Beförderungsvorgang, vgl. den Fall RG 30. 10. 1929 in RGZ Bd. 126 S. 137 = JW 1930 S. 1936: beim Aussteigen zweier Fahrgäste war der schon auf dem Bahnsteig befindliche dem andern beim Verlassen des Zuges behilflich, der gemeinschaftliche Akt des Aussteigens dauerte insoweit auch bei dem ersten Fahrgast noch an.

OLG Düsseldorf 13. 10. 1938 in JW 1939 S. 166 = VAE 1939 S. 134 behandelt einen eigenartigen Fall: Ein Fahrgast hatte im Endbahnhof das Aussteigen verschlafen, nach Abstellen des verdunkelten Zuges auf einem Nebengleis verunglückte er beim Aussteigen. Hier ist mit Recht ein Unfall bei dem Betrieb angenommen worden. Zwar war der Zug abgestellt und selbst nicht mehr im Betrieb, aber die Sorge dafür, daß die Fahrgäste den Zug verlassen, gehört noch zu den Abschlußvorgängen der Beförderung. Zustimmend Booss in JW 1939 S. 166; abweichend Meyer in VAE 1939 S. 135; Kröner in VAE 1943 S. 41.

Anm. 30

Unfälle außerhalb der Bahnsteige können in aller Regel nicht als Unfälle bei dem Bahnbetrieb angesehen werden,

z. B. ein Unfall beim Hineilen des Reisenden zur Bahn auf der Straße, ehe er überhaupt mit den Betriebsmitteln der Bahn in Berührung gekommen ist, RG 19. 11. 1906 in JW 1907 S. 26 = DJZ 1907 S. 131 = EisEntsch. 23 S. 381;

siehe auch OLG Breslau in EisEntsch. 56 S. 81;

ein Unfall auf dem Vorplatz des Bahnhofs, LG Trier in VAE 1939 S. 163;

beim Aufsuchen der Wartehalle, OLG Hamburg in EisEntsch. 44 S. 240 = VR 1926 S. 236;

beim Gehen zum Bahnhof oder zur Haltestelle;

beim Betreten des Bahnhofsgebäudes, OLG Stettin in EisEntsch. 50 S. 89;

in der Schalterhalle, OLG Stettin 21. 1. 1930 in JW 1931 S. 84;

KG Berlin in EisEntsch. 56 S. 88;

OLG Celle 18. 10. 1940 in VAE 1941 S. 93.

Kein Unfall bei dem Bahnbetrieb ist ein Unfall auf der Treppe der Bahnunterführung, OLG Tübingen 29. 5. 1953 in VersR 1953 S. 264; auf der Treppe des Bahnhofstunnels, RGZ Bd. 121 S. 382; beim Hinaufgehen auf der Treppe des Bahnhofsgeländes, RG 8. 2. 1939 in VAE 1939 S. 149 = SeuffArch. Bd. 93 Nr. 72; KG Berlin in EisEntsch. 53 S. 184; auf der Treppe zum Bahnsteig, RG 26. 1. 1910 in EisEntsch. 26 S. 333; RG 17. 12. 1915 in EisEntsch. 33 S. 213; LG Wuppertal in VAE 1937 S. 25; OLG Köln in VAE 1937 S. 317; LG Bautzen in VAE 1939 S. 427; durch Herabfallen einer Gardinenstange im Wartesaal, KG Berlin 23. 9. 1924 in JW 1924 S. 1380 = VR 1924 S. 77; beim Überschreiten von Gleisen vor dem Einsteigen, wenn der Unfall nicht durch die Hast oder das Gedränge des Bahnbetriebes verursacht ist, RG 30. 6. 1913 in EisEntsch. 30 S. 231; RG 15. 3. 1915 in EisEntsch. 32 S. 336.

Unfälle beim Beschreiten des Bahnsteigs sind in der Regel keine Unfälle bei dem Betrieb; sie können es aber dann sein, wenn sie die Folge einer durch den Bahnbetrieb bedingten besonderen Eile oder eines starken Gedränges der Reisenden sind. Die Eile muß nach den im Einzelfall vorliegenden Umständen des Bahnbetriebes geboten gewesen sein — wie bei kurzfristigem Umsteigen oder bei sehr kurzem Aufenthalt eines verspäteten Zuges — oder der Reisende muß ohne Verschulden Eile für geboten angesehen haben. Wird die Bahnsteigsperre zu spät geöffnet, während der Zug schon einläuft, so wird, wenn die Reisenden infolge der dadurch gebotenen Eile Schaden erleiden, ein Betriebsunfall vorliegen.

RG 23. 1. 1932 in JW 1932 S. 1728 hält zutreffend den inneren Zusammenhang für gegeben, wenn eine 73jährige Reisende nach zu später Öffnung der Sperre beim Herabtreten vom Bahnsteig auf das Gleis verunglückt: „Nicht die Tatsache einer schnelleren Bewegung an sich bildet das Band, welches das die Beförderung vorbereitende Handeln des Fahrgastes mit dem Eisenbahnbetrieb verbindet, sondern vielmehr die seelische Einwirkung einer gewissen Hast, welche die Aufmerksamkeit auf Gefahren und Hindernisse zu vermindern geeignet ist". Ablehnend Fritsch daselbst.

Dagegen liegt ein Betriebsunfall nicht vor, wenn ein Reisender nur aus persönlichen Gründen sich eilig bewegt, ohne daß seine Eile im Bahnbetriebe ihren Grund hatte, RG 7. 11. 1906 in JW 1907 S. 845 = EisEntsch. 24 S. 280.

Im einzelnen vgl. RG 17. 1. 1896 in JW 1896 S. 111 = EisEntsch. 12 S. 351;

RG 7. 1. 1901 in JW 1901 S. 84 = EisEntsch. 18 S. 42;

RG 24. 6. 1902 in JW 1902 S. 426 (hier hatte der Schaffner den Fahrgast wegen der Kürze der Haltezeit des Zuges zur Eile gemahnt);

RG 1. 7. 1904 in JW 1904 S. 484 = EisEntsch. 21 S. 178;

RG 14. 3. 1907 in JW 1907 S. 315 = EisEntsch. 24 S. 50 (kein Betriebsunfall, wenn eine Reisende nach Verlassen des Zuges auf dem Bahnsteig gegen ein Winkeleisen stößt: das Verlangen, schnell den Zug und das Gedränge des Bahnhofsverkehrs hinter sich zu lassen, kann den ursächlichen Zusammenhang mit dem Eisenbahnbetrieb nicht herstellen; die Geschädigte wollte nicht etwa umsteigen, sich nicht nach einem anderen, alsbald abfahrenden Zuge begeben, sie strebte vielmehr nach Hause; wenn sie hierbei eilte, so hat diese Eile mit dem Bahnbetrieb nichts zu tun);

RG 7. 11. 1907 in JW 1907 S. 845 = EisEntsch. 24 S. 280 (kein Betriebsunfall, wenn die Eile des Reisenden in seinen persönlichen Verhältnissen — Aufsuchen des Aborts — ihren Grund hatte);

RG 9. 1. 1908 in EisEntsch. 24 S. 382;
RG. 30. 1. 1910 in EisEntsch. 28 S. 165;
RG 30. 6. 1913 in EisEntsch. 30 S. 231;
RG 2. 2. 1914 in JW 1914 S. 407 (Betriebsunfall, wenn der Reisende die Eile für geboten hielt, weil es notwendig war, den Zug zu verlassen und einen anderen Zug aufzusuchen);
RG 15. 3. 1915 in RGZ Bd. 86 S. 321 = JW 1915 S. 585 Nr. 19 = EisEntsch. 32 S. 336 (kein Betriebsunfall, wenn ein Reisender beim Gang über beschneite Gleise zum Zuge fällt).
Siehe ferner RG 30. 1. 1911 in EisEntsch. 28 S. 88 = WarnRspr. 1911 Nr. 179;
RG 10. 11. 1921 in JW 1922 S. 388 = WarnRspr. 1922 Nr. 21 = LeipzZtschr. 1922 S. 73 = SeuffArch. Bd. 77 S. 133 (Betriebsunfall auf dem Weg von der Bahnsteigsperre zum Zuge, weil eine große drängende Menschenmenge eilig auf dem engen Bahnsteig nach dem Zuge strebte);
v. d. Leyen daselbst meint, es gehe zu weit, die Eisenbahn für solche Unfälle verantwortlich zu machen;
RG 22. 3. 1926 in EisEntsch. 45 S. 86;
RG 23. 1. 1932 in JW 1932 S. 1728 (Eile beim Gehen von der Bahnsteigsperre zum Zuge); RG 9. 3. 1932 in EisEntsch. 53 S. 285;
KG Berlin 31. 5. 1930 in EisEntsch. 51 S. 356;
AG Gotha in EisEntsch. 51 S. 73;
LG Breslau in EisEntsch. 56 S. 86;
OLG Bamberg in EisEntsch. 57 S. 222;
OLG Celle 19. 3. 1943 in VAE 1943 Bd. 15 S. 92;
LG Stuttgart in VAE 1938 S. 283;
AG Münster in VAE 1939 S. 14;
LG Dresden in VAE 1939 S. 150;
LG Karlsruhe in VAE 1939 S. 197;
AG Naumburg 3. 3. 1941 in VAE 1941 S. 67;
AG Essen 23. 1. 1943 in VAE 1943 Bd. 15 S. 93 (ein Sturz über verschüttete Suppe im Bahnsteigtunnel ist kein Bahnbetriebsunfall);
kein Betriebsunfall ist ein Unfall auf der Rolltreppe, wenn er nicht durch Eile oder Gedränge verursacht ist, LG Berlin in VAE 1938 S. 141;
auch nicht ein Unfall dadurch, daß einem Reisenden auf dem Bahnsteig vom Dach Glas auf den Kopf fällt; unrichtig OLG Breslau in EisEntsch. 13 S. 217.
Unfälle auf dem Wege vom Bahnsteig zur Sperre können in der Regel nicht als Unfälle bei dem Bahnbetriebe angesehen werden,
RG 7. 1. 1901 in JW 1901 S. 84 = EisEntsch. 18 S. 42;
RG 1. 7. 1904 in JW 1904 S. 484;
RG 5. 12. 1918 in JW 1919 S. 316 = EisEntsch. 37 S. 170;
LG Breslau in VAE 1937 S. 316; unrichtig AG Kamenz in VAE 1941 S. 180.
Ein Unfall beim Bahnbetriebe liegt aber vor, wenn ein Elektrokarren der Bundesbahn mit besonderer Eile an einen soeben eingelaufenen Zug zwecks Durchführung des Ladegeschäfts heranfährt und dabei einen Reisenden erfaßt, OLG Braunschweig 13. 2. 1951 in VkBl. 1951 S. 331 = NiedersRpfl. 1951 S. 156.

Anm. 31

Betriebsunfälle liegen nicht vor:
beim Verlassen des Bahnhofs entlang dem Gebäude, OLG Stuttgart 20. 4. 1928 in JW 1928 S. 1756;
beim Verlassen des Bahnhofs in der Unterführung, AG Breslau 5. 12. 1940 in VAE 1941 S. 31;
nach dem Aussteigen in der Abortanlage, OLG München 28. 10. 1925 in EisEntsch. 43 S. 328 = VR 1925 Sp. 824;
auf dem Bahngelände, OLG Celle 19. 3. 1943 in VAE 1943 S. 93;
beim verbotswidrigen Überklettern der Bahnsteigsperre, OLG Köln in EisEntsch. 36 S. 214;

beim Verlassen des Bahnhofs, RG 8. 5. 1931 in EisEntsch. 51 S. 177;
nach dem Ausladen, RG 30. 11. 1912 in EisEntsch. 29 S. 426;
wenn jemand, der im Bahnhof den Fahrplan eingesehen hat, bei Winterglätte auf den Stufen der Treppe des Bahnhofstunnels stürzt — der Unfall hängt nicht ursächlich mit einem Betriebsvorgang zusammen, er konnte sich ebenso auf jeder andern winterglatten Treppe ereignen, RG 5. 7. 1928 in RGZ Bd. 121 S. 382; oder wenn jemand auf dem Wege zum Postwagen des haltenden Zuges, wo er einen Brief einwerfen wollte, über eine auf dem Bahnsteig liegende Leiter stürzt, RG 17. 1. 1896 in JW 1896 S. 111.

Anm. 32

Dagegen ist es ein Bahnbetriebsunfall, wenn ein eilig die Türen schließender Schaffner einen Reisenden umrennt,
AG Köln in EisEntsch. 50 S. 90 = VR 1931 Sp. 43.
Vgl. auch RGZ Bd. 126 S. 137 (140);
LG Köln in EisEntsch. 52 S. 89;
KG Berlin in VAE 1936 S. 209;
KG Berlin in VAE 1942 S. 177 Nr. 201 und 202;
siehe auch RG 19. 4. 1904 in JW 1904 S. 358 (ein Reisender fällt nach Ankunft des Zuges beim Verlassen des Bahnhofs, weil der Portier einen betrunkenen Reisenden gewaltsam entfernt — dies ist wohl kein Betriebsunfall).

Anm. 33

Unfälle, die durch das Öffnen oder Schließen der Eisenbahnschranken vor dem Herannahen oder nach der Durchfahrt eines Zuges verursacht werden, sind in der Regel durch die Eile des Bahnbetriebes herbeigeführt und daher Betriebsunfälle, übrigens auch dann, wenn sie im einzelnen Falle nicht mit besonderer Eile bedient werden,
RG 2. 1. 1882 in EisEntsch. 2 S. 171;
RG 2. 1. 1883 in JW 1883 S. 84 = EisEntsch. 2 S. 429;
RG 16. 11. 1894 in JW 1894 S. 592;
RG 13. 10. 1913 in JW 1914 S. 95 = EisEntsch. 30 S. 488 (eine mit besonderer Eile unmittelbar vor der Vorbeifahrt eines Zuges niedergehende Schranke fällt auf ein Pferdefuhrwerk);
RG 29. 3. 1915 in EisEntsch. 32 S. 106 = WarnRspr. 1915 Nr. 150;
RG 25. 3. 1931 in JW 1931 S. 1954;
OLG Düsseldorf in VAE 1939 S. 399 (Unfall beim Öffnen der Schranke infolge Brechens des Schrankenbaums);
OLG Breslau 11. 10. 1940 in VAE 1941 S. 92;
OLG Köln in EisEntsch. 56 S. 398;
OLG Frankfurt 15. 12. 1932 in VR 1933 Sp. 455.
Wenn aber Unbefugte die Bahnschranke in Bewegung setzen, liegt kein Betriebsvorgang vor,
RG 28. 2. 1916 in JW 1916 S. 747 = EisEntsch. 33 S. 323, zustimmend v. d. Leyen in JW 1916 S. 747.
Es ist auch kein Betriebsunfall, wenn eine Bahnschranke herabfällt, während sie gar nicht in Benützung ist, RG 1. 2. 1913 in EisEntsch. 29 S. 456 und 30 S. 90;
KG Berlin 4. 11. 1932 in VR 1933 Sp. 144;
wenn jemand gegen eine schon längst herabgelassene Bahnschranke anrennt und sich verletzt, RG 27. 5. 1909 in WarnRspr. 1909 S. 438 Nr. 459;
LG Hamburg 26. 3. 1943 in VAE 1943 S. 110.
Zutreffend Eger „Unfälle durch Bahnschranken" in VR 1933 Sp. 555;
unrichtig OLG Königsberg in VAE 1937 S. 508.
OLG Neustadt 11. 10. 1952 in NJW 1953 S. 387 = VRS Bd. 5 S. 30 nimmt beim Anfahren gegen eine geschlossene Schranke während einer Zugpause zutreffend keinen Betriebsunfall an (zustimmend Goltermann das.), ebenso LG Braunschweig 21. 5. 1948 in VRS Bd. 1 S. 129.

OLG Frankfurt 2. 6. 1927 in JW 1928 S. 3192 nimmt zutreffend einen Betriebsunfall an, wenn ein Fußgänger beim Überschreiten der Gleise deshalb zu Fall kommt, weil er durch das Ertönen der das Schließen der Schranke ankündigenden Signalglocke zum eiligen Überschreiten des Bahnüberganges angetrieben wurde.

Anm. 34

Schädigungen infolge Öffnens oder Schließens der Wagen- und Abteiltüren der Züge sind zweifellos Betriebsunfälle, RG 1. 2. 1895 in EisEntsch. 12 S. 52;

RG 25. 2. 1907 in EisEntsch. 24 S. 43 = Recht 1907 Nr. 819;

RG 1. 2. 1909 in EisEntsch. 26 S. 267;

RG 3. 7. 1913 in JW 1913 S. 995 = EisEntsch. 30 S. 232 (Tür des Speisewagens durch einen Mitreisenden aufgestoßen);

RG 2. 2. 1914 in JW 1914 S. 477 (Tür durch Bahnbeamten geschlossen); RG 27. 6. 1921 in EisEntsch. 39 S. 66;

AG Köln in EisEntsch. 50 S. 90;

LG Frankfurt/O. in EisEntsch. 55 S. 172;

LG Breslau in VAE 1938 S. 61;

AG Erfurt in VAE 1938 S. 177.

Ein Betriebsunfall liegt auch vor, wenn sich ein Fahrgast beim Schließen des Abteilfensters an der Scheibe verletzt, RG 26. 3. 1934 in VR 1934 Sp. 392.

Anm. 35

Unfälle bei dem Bahnbetriebe sind selbstverständlich alle durch die Bewegung der Bahnzüge verursachten, vor allem die Zusammenstöße der Eisenbahn oder Straßenbahn mit Kraftwagen oder anderen Fahrzeugen,

RGZ Bd. 50 S. 92;

RG 8. 12. 1890 in EisEntsch. 8 S. 87;

RG 27. 10. 1892 in EisEntsch. 9 S. 368;

auch wenn die Straßenbahn schon angehalten hatte, RG 22. 3. 1906 in EisEntsch. 22 S. 406; OLG Düsseldorf 4. 11. 1942 in VR 1943 S. 2201 (die Fahrt ist hier nur unterbrochen, nicht beendet).

Anm. 36

Typische Betriebsunfälle liegen vor bei Schädigungen infolge Hinausstürzens von Fahrgästen aus — fahrenden oder haltenden — Zügen,

RGZ Bd. 95 S. 64; Bd. 114 S. 291;

RG 4. 3. 1907 in EisEntsch. 23 S. 398;

RG 1. 6. 1908 in EisEntsch. 25 S. 76;

RG 4. 3. 1920 in JW 1920 S. 710;

RG 21. 10. 1909 in EisEntsch. 26 S. 393;

RG 4. 11. 1909 in EisEntsch. 26 S. 396;

RG 24. 5. 1922 in EisEntsch. 39 S. 282;

RG 12. 1. 1925 in EisEntsch. 42 S. 346;

RG 7. 10. 1929 in EisEntsch. 50 S. 308;

RG 1. 11. 1932 in EisEntsch. 54 S. 249;

RG 26. 3. 1934 in EisEntsch. 56 S. 92;

RG 17. 6. 1935 in EisEntsch. 58 S. 378;

RG 16. 3. 1936 in VAE 1936 S. 275;

RG 30. 3. 1936 in JW 1936 S. 2404;

RG 2. 9. 1942 in VAE 1942 S. 217;

OLG Frankfurt 29. 3. 1928 in EisEntsch. 47 S. 378;

KG Berlin in EisEntsch. 53 S. 183;

OLG Hamm 15. 9. 1934 in EisEntsch. 57 S. 220;

OLG Nürnberg 28. 8. 1936 in VAE 1937 S. 155;

LG Breslau in EisEntsch. 52 S. 277;

LG Frankfurt 3. 5. 1938 in VAE 1939 S. 147;
LG Flensburg in VAE 1939 S. 148;
OLG Stuttgart 8. 12. 1938 in VAE 1939 S. 149;
siehe auch RG 8. 10. 1903 in JW 1903 S. 403 (Hinauswerfen eines Fahrgastes durch das Personal der Straßenbahn).

Anm. 37

Trotz des Verbots des § 81 Abs. 3 EBO werden sehr häufig aus fahrenden Zügen Gegenstände hinausgeworfen, sei es von Bahnangestellten, sei es von Reisenden, und dadurch Schäden angerichtet. Die schnelle Bewegung der Züge beeinflußt dabei die Wucht des Wurfes und seine Richtung, so daß es sich zweifellos um eine durch die Bahn herbeigeführte und mit ihr verbundene Gefahr handelt. Man wird daher einen Betriebsunfall annehmen müssen. So auch RGZ Bd. 1 S. 253;
RGZ Bd. 75 S. 185;
RG 15. 5. 1905 in JW 1905 S. 405;
RG 28. 5. 1938 in JW 1938 S. 2357; Finger „EisGes." S. 11; Böhmer in DGWR 1942 S. 257; Seligsohn „HpflG" S. 31, 32; anderer Ansicht Biermann in VAE 1942 S. 106 und SHG 1953 S. 41 bis 43 (der nur dann einen Betriebsunfall annimmt, wenn ein Bahnbeamter aus betrieblichen Gründen einen Gegenstand aus dem fahrenden Zuge hinauswirft); Meyer in VAE Bd. 6 S. 337, 338; Friese „RHpflG" 1950 S. 40.

Anm. 38

Häufig entstehen Schäden dadurch, daß infolge der Bewegung des Zuges Gegenstände aus den Gepäcknetzen der Abteile herabgeschleudert werden; hier handelt es sich ohne Zweifel um Unfälle beim Bahnbetrieb,
RG 28. 11. 1907 in EisEntsch. 24 S. 268;
RG 3. 2. 1912 in EisEntsch. 29 S. 85;
RG 17. 4. 1942 in VAE 1942 S. 136;
OLG Köln in EisEntsch. 24 S. 25;
OLG München 28. 8. 1941 in VAE 1942 S. 61;
vgl. auch KG Berlin 13. 3. 1934 in EisEntsch. 55 S. 377 (Schädigung eines Reisenden infolge Herabnehmens des Koffers aus dem Netz durch einen anderen Reisenden, wobei unter Umständen auch letzterer mithaftet).

Anm. 39

Überhaupt werden Schädigungen, die von den durch Mitreisende in den Zug eingebrachten Gegenständen ausgehen, in der Regel als beim Betriebe der Bahn erfolgt anzusehen sein, z. B. Explosion eines von einem Mitreisenden in das Zugabteil mitgebrachten Gefäßes mit Vulkanisierlösung, RG 29. 4. 1920 in WarnRspr. 1920 S. 216 Nr. 172 = EisEntsch. 38 S. 72 = Recht 1920 Nr. 2929 = EisArch. 1920 S. 956; RG 13. 10. 1924 in EisEntsch. 42 S. 206;
Brand eines von einem Mitreisenden in das Zugabteil eingebrachten Benzinbehälters, RG 23. 12. 1920 in JW 1921 S. 343 = EisEntsch. 38 S. 228 = EisArch. 1921 S. 466;
Explosion zweier im Gepäckhalter des Zugabteils liegenden Handgranaten infolge sehr heftigen Rucks des Zuges, RG 16. 10. 1924 in EisEntsch. 41 S. 374 = VR 1925 S. 448 = LeipzZeitschr. 1925 S. 596; zustimmend Friese „RHpflG" 1950 S. 26;
Brand (mit Stichflamme) eines auf die Plattform der Straßenbahn verbrachten Kartons mit Filmen, abw. KG Berlin 22. 9. 1928 in VR 1929 S. 366.
Vgl. auch v. Kienitz in EisEntsch. 41 S. 291.
KG Berlin 15. 7. 1949 in VRS Bd. 1 S. 217 nimmt richtig einen Betriebsunfall an bei Schädigung durch einen infolge Funkenflugs entstandenen Brand feuergefährlichen Reisegepäcks (Filme und Benzinkanister); zustimmend v. Köhler daselbst.
Dagegen meint Schmidt-Ernsthausen in JW 1921 S. 343, derartige Zufälle gehörten dem Bahnbetriebe nur an, wenn sie durch die eigentümliche Gefährlichkeit des Betriebes beeinflußt seien; es sei nicht unbedenklich, aus der Enge der Eisenbahnabteile — einer Eigenschaft, die auch andere Verkehrsmittel aufwiesen — eine eigentümliche Gefährlichkeit des Eisenbahnbetriebes abzuleiten.

Anm. 40

Unfälle beim Entladen oder Beladen stillstehender Eisenbahnwagen können dann Unfälle bei dem Bahnbetriebe sein, wenn, sie in zeitlichem, örtlichem und ursächlichem Zusammenhange mit Bahnvorgängen und Verrichtungen stehen, die im Bereiche der Eisenbahngefahren liegen, z. B. wenn, weil der Zug nur vorübergehend anhält, um nach der Beladung oder Entladung weiterzufahren, Eile geboten ist. Der Vorgang der Beförderung wird durch den vorübergehenden Zugaufenthalt nicht unterbrochen.

Vgl. die Fälle RG 28. 12. 1880 in EisEntsch. 1 S. 343; RG 3. 1. 1883 in EisEntsch. 2 S. 435; RG 2. 6. 1883 in EisEntsch. 3 S. 76; RG 28. 12. 1880 in RGZ Bd. 3 S. 20 (besonders eiliges Abladen von Schienen wegen Herannahens eines Zuges); RG 20. 1. 1882 in RGZ Bd. 6 S. 37 (Verladen einer 8 Zentner schweren Kiste in Eile in einen Güterzug, der schon nach 5 Minuten wieder weiterfahren sollte),

RG 23. 6. 1885 in EisEntsch. 4 S. 199;
RG 16. 4. 1886 in JW 1886 S. 167 = EisEntsch. 6 S. 1;
RG 17. 6. 1886 in EisEntsch. 5 S. 281;
RG 24. 5. 1888 in JW 1888 S. 273 = EisEntsch. 6 S. 304;
RG 29. 2. 1892 in EisEntsch. 9 S. 163;
RG 21. 1. 1911 in JW 1911 S. 332 (besonders eilige Umladung von Gepäckstücken aus einem Zug in den andern, da nur 4 Minuten Zeit);

RG 9. 4. 1932 in EisEntsch. 53 S. 287 = VR 1932 Sp. 401;

dagegen liegt ein Betriebsunfall nicht vor, wenn der zu entladende Zug am Endziel angelangt, also die Beförderung beendet ist und das Ausladen nicht durch die gefährliche Eile des Eisenbahnbetriebes beeinflußt ist, sondern in Ruhe erfolgt,

RG 4. 12. 1880 in EisEntsch. 1 S. 323;
RG 7. 1. 1885 in EisEntsch. 4 S. 249;
RG 12. 5. 1902 in EisEntsch. 19 S. 63 = JW 1902 S. 367;
RG 17. 6. 1907 in EisEntsch. 24 S. 162 (Unfall nach Entladung eines Wagens beim Bahnanlieger);

RG 28. 2. 1906 in JW 1907 S. 276 (beim Abladen von Tannenstämmen brach eine Runge ab, die Stämme gerieten ins Rollen, kein Betriebsunfall);

RG 27. 2. 1911 in JW 1911 S. 412 (davon, daß das Entladen stillstehender Eisenbahnwagen nicht zum Betrieb der Eisenbahn gehört, gilt keine Ausnahme für den Fall, daß die Eisenbahn besondere Hebevorrichtungen für das Entladegeschäft zur Verfügung stellt);

RG 2. 3. 1911 in EisEntsch. 28 S. 210;

RG 26. 1. 1916 in JW 1916 S. 586 = EisEntsch. 33 S. 320 (kein Bahnbetriebsunfall, wenn beim Ausladen von Kartoffeln aus einem auf dem Anschlußgleis des Güterbahnhofs stillstehenden Eisenbahnwaggon die Schiebetür des Waggons sich aus der Laufschiene löst, herunterfällt und Schaden anrichtet; zustimmend v. d. Leyen daselbst);

RG 19. 10. 1916 in EisEntsch. 33 S. 436;
LG Rostock in VAE 1937 S. 513.

Ein Unfall beim Eisenbahnbetriebe liegt nicht vor, wenn ein Arbeiter beim Bedienen einer von der Eisenbahn gestellten Gleisabladevorrichtung bei Gleisarbeiten geschädigt wird, OLG Breslau in VAE 1938 Nr. 20,

auch nicht, wenn ein zum Entladen abgestellter Wagen durch Unberufene weggerückt und dadurch ein Schaden angerichtet wird, RG 6. 12. 1898 in JW 1899 S. 64 = EisEntsch. 15 S. 334;

RG 18. 4. 1907 in JW 1907 S. 340; RG 29. 4. 1912 in JW 1912 S. 805;
RG 14. 11. 1918 in JW 1919 S. 244 = EisEntsch. 37 S. 168;

oder wenn ein stillstehender Eisenbahnwagen nach der Entladung — ohne daß ein auch nur mit der Hand ausgeführtes Rangiermanöver stattgefunden hätte — aus nicht aufgeklärter Ursache in Bewegung gerät und Schaden verursacht, RG 29. 4. 1912 in JW 1912 S. 805 Nr. 26;

oder wenn spielende Kinder einen abgestellten Straßenbahnwagen bewegen, LG M.Gladbach 11. 1. 1951 in VersR 1953 S. 40;

wenn jemand im Schuppen von einer stillstehenden Lokomotive stürzt, wo er sich heißes Wasser geholt hatte, RG 1. 10. 1907 in EisEntsch. 24 S. 183;

wenn Kinder unbefugt einen stillstehenden Wagen einer Feldbahn in Bewegung setzen, deren Betrieb für diesen Tag beendet war, RG 18. 3. 1915 in JW 1915 S. 586 = EisEntsch. 32 S. 100.

Anm. 41

Ein Unfall beim Betriebe der Eisenbahn liegt selbstverständlich nicht vor, wenn es sich um Schädigung bei Verrichtungen handelt, die nicht unmittelbar zur Vorbereitung einer bald bevorstehenden Eisenbahnbeförderung dienen, die also in aller Ruhe vorgenommen werden können, bei denen mithin die typischen Eisenbahngefahren gar keine Rolle spielen,

wie z. B. Putzen der Fenster und Reinigen des Verdecks stillstehender Eisenbahnwagen, RG 10. 3. 1887 in JW 1887 S. 119 = EisEntsch. 5 S. 259;

Reinigen der Abteillampen auf den Wagendächern, RG 18. 11. 1886 in EisEntsch. 5 S. 208;

Putzen einer im Schuppen stehenden Lokomotive,

RG 7. 12. 1881 in EisEntsch. 2 S. 163;

RG 29. 1. 1886 in EisEntsch. 4 S. 404;

RG 2. 2. 1887 in EisEntsch. 5 S. 240;

Aufgleisen einer entgleisten Lokomotive,

RG 29. 9. 1880 in EisEntsch. 1 S. 280;

Auswechseln abgängig gewordener Schienen,

RG 16. 10. 1885 in EisEntsch. 4 S. 311;

Schließen der Tür eines Bahnschuppens,

RG 14. 11. 1879 in EisEntsch. 1 S. 8;

Bedienung einer Signalstange,

RG 30. 6. 1880 in EisEntsch. 1 S. 243;

RG 10. 2. 1880 in RGZ Bd. 1 S. 52 (mit dem Bedienen einer Signalvorrichtung ist weder unmittelbar noch mittelbar die besondere, dem Eisenbahnbetrieb eigentümliche Gefährlichkeit verbunden);

Bedienen einer Signalvorrichtung,

RG 20. 4. 1886 in EisEntsch. 5 S. 33;

muß jedoch der Signalapparat eilig bedient werden, weil der Zug sich schon nähert, und stürzt dabei eine Signalbrille herab, so liegt ein Betriebsunfall vor, so mit Recht RG 10. 7. 1880 in RGZ Bd. 2 S. 85;

Herablassen einer Signallaterne, RG 7. 2. 1880 in EisEntsch. 1 S. 125.

Eine Schädigung beim Eisenbahnbetriebe liegt vollends überhaupt nicht vor:

beim Aufstellen von Kohlenkörben auf der Rampe, RG 11. 7. 1885 in EisEntsch. 4 S. 214;

beim Niederlegen einer Eisenstange im Expeditionsgebäude, RG 22. 4. 1885 in EisEntsch. 4 S. 144;

beim Arbeiten an einer Kugelkette in der Werkstätte, RG 11. 2. 1889 in EisEntsch. 7 S. 62;

beim Tätigsein im Zollabfertigungsraum, RG 21. 1. 1896 in JW 1896 S. 100 = EisEntsch. 13 S. 40;

bei Vorführung eines Reisenden im Aufsichtsbüro nach Auseinandersetzung mit dem Zugschaffner, OLG Karlsruhe 28. 10. 1942 in VAE 1943 S. 70.

VI. Beweislast für das Vorliegen eines Betriebsunfalls

Anm. 42

Wer auf Grund des § 1 SHG wegen Beschädigung einer Sache Schadensersatz begehrt, hat die Beweislast dafür, daß die Sache bei dem Bahnbetrieb beschädigt worden ist, daß also ein Betriebsunfall die Ursache seines Schadens gewesen ist.

Hat der Geschädigte bewiesen, daß der Unfall sich in nahem zeitlichem und örtlichem Zusammenhange mit einem Bahnbetriebsvorgang im engeren Sinne, d. h. der eigentlichen Beförderungstätigkeit, ereignet hat, so haftet der Bahnbetriebsunternehmer, wenn die Möglichkeit auch eines inneren — d. h. ursächlichen — Zusammenhanges dargetan wird,

RG 10. 12. 1910 in JW 1911 S. 192 = EisEntsch. 27 S. 339 = WarnRspr. 1911 S. 192 Nr. 11; RG 4. 2. 1921 in EisEntsch. 39 S. 208.

In solchen Fällen kann nicht verlangt werden, daß der Geschädigte auch noch das Vorliegen des ursächlichen Zusammenhanges beweise, wenn die Möglichkeit eines solchen besteht.

Vielmehr liegt es dem Betriebsunternehmer ob, besondere Umstände darzutun, aus denen sich ergibt, daß der ursächliche Zusammenhang zwischen Unfall und Beförderungstätigkeit gefehlt hat,

RG 30. 6. 1880 in EisEntsch. 1 S. 243;
RG 8. 12. 1890 in JW 1891 S. 73 = EisEntsch. 8 S. 87;
RG 28. 12. 1880 in RGZ Bd. 3 S. 20 (Abladen von Schienen mit besonderer Eile wegen Herannahen eines Zuges);
RG 11. 7. 1887 in EisEntsch. 6 S. 56;
RG 24. 9. 1908 in JW 1908 S. 690 = EisEntsch. 25 S. 288 (Ausrutschen auf vereistem Trittbrett des Eisenbahnwagens);
RG 9. 1. 1902 in RGZ Bd. 50 S. 92;
RG 29. 6. 1903 in RGZ Bd. 55 S. 231;
RG 8. 11. 1915 in JW 1916 S. 122 = EisEntsch. 33 S. 109 (Unfälle, die sich beim Aussteigen aus einem haltenden Zuge ereignen, sind ohne weiteren Nachweis des ursächlichen Zusammenhangs mit einer besonderen Betriebsgefahr zu den bei dem Betriebe der Eisenbahn vorkommenden Unfällen zu rechnen, und es ist Sache des Betriebsunternehmers, im einzelnen Falle besondere Umstände darzutun, die eine abweichende Annahme zu rechtfertigen vermögen);
RG 16. 4. 1917 in JW 1917 S. 661; zustimmend Schmidt-Ernsthausen das.;
RG 26. 3. 1934 in RGZ Bd. 144 S. 206 = EisEntsch. 56 S. 89;
KG Berlin in EisEntsch. 55 S. 377;
Seligsohn „HpflG" 1931 S. 64.

Anm. 43

Auch wenn es an einem äußeren — einem nahen zeitlichen und örtlichen — Zusammenhang zwischen dem Unfall und dem eigentlichen Bahnbetriebe fehlt, so kann dennoch ein innerer — ursächlicher — Zusammenhang bestehen; dann aber ist es Sache des Geschädigten, diesen nachzuweisen. Er hat z. B. zu behaupten und zu beweisen, daß der Unfall verursacht ist durch Eisenbahnvorgänge, die im Bereiche des Gefahrenkreises der Bahn gelegen sind, wie: daß der Unfall durch starkes Gedränge der Reisenden auf dem Bahnsteig oder durch die mit dem Eisenbahnverkehr verbundene Hast und Eile herbeigeführt worden ist,

RG 10. 11. 1921 in JW 1922 S. 388 = EisEntsch. 39 S. 144 (Hinfallen eines zum Zuge eilenden Reisenden auf dem Bahnsteig auf dem Wege von der Sperre zum Zuge im Gedränge einer großen Menschenmenge);
abweichend v. d. Leyen daselbst;
RGZ Bd. 126 S. 137 = EisEntsch. 49 S. 271;
RGZ Bd. 126 S. 335.

Anm. 44

Bei Unfällen beim Aussteigen aus dem im Bahnhof angekommenen und haltenden Zuge ist der äußere, nahe örtliche und zeitliche Zusammenhang mit dem Betriebe in der Regel gegeben. Das Aussteigen schließt sich zumeist unmittelbar an den eigentlichen Beförderungsvorgang an. Wer einen Unfall beim Aussteigen aus dem Bahnzuge erleidet, braucht daher nicht zu beweisen, daß ein innerer — ursächlicher — Zusammenhang mit dem Betriebe besteht; diese Möglichkeit ist ohne weiteres gegeben, und es ist Sache des Betriebsunternehmers, darzutun, daß eine Verursachung durch den Bahnbetrieb nicht vorliege, daß der Unfall vielmehr lediglich auf eigene Fahrlässigkeit des Geschädigten zurückzuführen sei.

Gerade beim Aussteigen aus dem Zuge ereignen sich, wie die Erfahrung lehrt, häufig Unfälle, z. B. weil der Reisende bei kurz bemessener Umsteigezeit zu besonderer Eile genötigt ist oder weil ein starker Andrang von Mitreisenden vorhanden ist oder weil die Fahrgäste verhältnismäßig hohe und steile Trittbretter von geringer Breite benutzen müssen, wodurch die Gefahren und Folgen des Fehltretens bedeutend verstärkt werden,

RG 13. 6. 1907 in Recht 1907 Nr. 2220 = EisEntsch. 24 S. 69.

Anm. 45

Demgegenüber müßte der Betriebsunternehmer beweisen, daß der Unfall nicht durch einen der genannten gefährlichen Umstände verursacht worden, sondern einzig und allein auf eigenes Verschulden des Geschädigten zurückzuführen ist,

RG 31. 3. 1913 in JW 1913 S. 648 = EisEntsch. 30 S. 106.

Wird in den Zollabfertigungsräumen eines Bahnhofs ein Zollbeamter dadurch geschädigt, daß beim Zuschieben einer Schiebetür eine Tür auf ihn fällt, so ist ein örtlicher und zeitlich naher Zusammenhang mit dem Bahnbetriebe nicht vorhanden, aber auch die Möglichkeit eines ursächlichen Zusammenhanges ist nicht gegeben,

RG 21. 1. 1896 in EisEntsch. 13 S. 40.

Der Beweis hat sich darauf zu erstrecken, daß der ursächliche Zusammenhang des Unfalls mit dem Betriebe adäquat sei, d. h. daß der Bahnbetrieb nach der Erfahrung des Lebens von vornherein geeignet war — sei es allein, sei es in Verbindung mit anderen, betriebsfremden Ursachen — den Unfall herbeizuführen oder seinen Eintritt zu begünstigen.

Der adäquate Ursachenzusammenhang zwischen Betriebsvorgang und Unfall wird nicht dadurch ausgeschlossen, daß außerdem noch eine betriebsfremde Ursache mitgewirkt hat,

RG 16. 10. 1924 in EisEntsch. 41 S. 374 = LeipzZtschr. 1925 S. 595.

Anm. 46

Auch für den Nachweis des ursächlichen Zusammenhanges zwischen Unfall und Betriebsvorgang gelten die Grundsätze des Beweises des ersten Anscheins.

Über den sog. Primafaciebeweis hat BGH 25. 10. 1951 in JW 1952 S. 217 = JZ 1952 S. 118 = DAR 1952 S. 56 zutreffend ausgeführt: Dieser Beweis kommt zur Anwendung, wenn nach der Erfahrung des Lebens mit größter Wahrscheinlichkeit anzunehmen ist, daß der Unfall nur auf eine bestimmte Ursache zurückgeführt werden kann. Er ist auf die sog. „typischen Geschehensabläufe“ beschränkt, d. h. auf Fälle, in denen ein gewisser Tatbestand feststeht, der nach den Erfahrungen des Lebens auf eine bestimmte Ursache hinweist (RGZ Bd. 159 S. 235; Bd. 165 S. 336; BGH in NJW 1951 S. 70 = MDR 1951 S. 98).

Die Anwendung der Grundsätze über den Beweis des ersten Anscheins ist dann ausgeschlossen, wenn der Gegner Tatsachen nachgewiesen hat, aus denen nach freier Beweiswürdigung auf einen anderen möglichen Ursachenablauf geschlossen werden kann, der mindestens den gleichen Grad von Wahrscheinlichkeit aufweist (RG in JW 1928 S. 1747; RGZ Bd. 159 S. 239).

Der Anscheinsbeweis führt nicht zu einer Umkehrung der Beweislast, vielmehr hat der Gegenbeweispflichtige den Gegenbeweis ebenfalls nur in der Richtung auf den ersten Anschein hin zu erbringen (Heinsheimer in JW 1928 S. 1747; RG in VAE 1936 S. 581).

Vgl. hierzu auch OLG Stuttgart 13. 12. 1951 in DAR 1952 S. 57; RG 1. 11. 1938 in JW 1939 S. 559; Böhmer „RHpflG" 1950 S. 15 Anm. 6;

BGH 23. 5. 1952 in VersR 1953 S. 431 betont mit Recht, daß, wenn der Beweis des ersten Anscheins durch den Nachweis der ernsthaften Möglichkeit eines atypischen Geschehensablaufs entkräftet sei, der Geschädigte wieder den vollen Beweis seiner Behauptungen schuldig sei; wenn die Möglichkeit eines atypischen Geschehensablaufes von dem Vorliegen bestimmter Tatumstände abhänge, so sei der Beweis des ersten Anscheins erst dann entkräftet, wenn der Gegner das Vorliegen dieser Tatumstände beweise. Vgl. auch BGH 26. 5. 1954 in VersR 1954 S. 401.

VII. Begriff des Betriebsunternehmers

Anm. 47

Betriebsunternehmer einer Eisenbahn oder Straßenbahn ist derjenige, der die Bahn auf eigene Rechnung betreibt — also die Ausgaben bestreitet und die Einnahmen hat — und die Verfügungsgewalt über den Betrieb hat, ohne daß es darauf ankommt, ob ihm auch das Eigentum daran zusteht.

Schon RG 16. 4. 1880 in RGZ Bd. 1 S. 279 hat sich um eine Begriffsbestimmung bemüht. Ein Unternehmer hatte durch Vertrag mit einer Eisenbahngesellschaft das Herbeifahren von Kies auf einer Zweigbahn zu Eisenbahnzwecken übernommen (interimistischer Betrieb mit Pferden). Das RG hält hier für entscheidend, daß er den Kiestransport „für seine eigene Rechnung" übernommen hatte, daß also „das ökonomische Ergebnis des Betriebes" ihm zum Vorteil oder Nachteil gereichte, gleichgültig, ob die Eisenbahngesellschaft Eigentümerin der Zweigbahn war.

Anm. 48

RG 14. 10. 1907 in RGZ Bd. 66 S. 376 hatte folgenden Fall zu entscheiden: Eine Eisenbahnbaugesellschaft hatte vertraglich die Bauarbeiten an der Bahn einer Kleinbahngesellschaft übernommen, letztere stellte der Baugesellschaft Arbeitszüge (Lokomotive und Wagen) zur Verfügung, die Baugesellschaft trug die Betriebskosten und war verfügungsberechtigte Herrin des Bauzugsbetriebs, hier hatte sie die Leitung und Weisung, die selbständige Verfügungsmacht, während die Kleinbahngesellschaft nur nähere Anordnungen über Zugverkehr und Fahrpläne traf. Das RG hielt nicht für entscheidend, ob die Baugesellschaft ökonomische, d. i. wirtschaftliche oder geschäftliche Vorteile hatte, sondern daß sie den Bauzugbetrieb auf eigene Rechnung führte und die Verfügung darüber hatte. „Ein Eisenbahnbetrieb geht auf Rechnung dessen, der die Ausgaben für den Betrieb bestreitet und die Einnahmen daraus bezieht."

Zutreffend ist hier auch ausgeführt, daß der Beschädigte sich an den wirklichen Betriebsunternehmer halten kann, ohne Rücksicht darauf, was die beiden Beteiligten untereinander über ihre Haftung vereinbart haben: „Die vertragliche Regelung der Haftungsübernahme zwischen den Unternehmern ist für den Anspruch des Beschädigten belanglos." So auch RGZ Bd. 146 S. 343.

RG 3. 11. 1910 in RGZ Bd. 75 S. 7 (= JW 1911 S. 62) hat einen Eisenbahnbauunternehmer als Betriebsunternehmer der Bahn angesehen, weil er einen Bahnneubau für eine Eisenbahngesellschaft ausführte, mit den von der Gesellschaft gestellten Bauzügen nebst Bahnpersonal die Materialien heranschaffte, selbständig in eigenem Namen verfügte und Weisungen erteilte, während die Gesellschaft nur die Oberaufsicht führte.

RG 12. 7. 1919 in RGZ Bd. 96 S. 204 legt das Schwergewicht auf die Verfügungsgewalt, weil sie in den Stand setze, Anordnungen zur Abwendung der Betriebsgefahren zu treffen.

Anm. 49

Es kann auch vorkommen, daß beide Merkmale — Betrieb für eigene Rechnung und Verfügungsgewalt — nicht in derselben Person zusammentreffen. Sie können auf verschiedene Personen entfallen. Wenn jemand die Verfügung über einen Bahnbetrieb hat, der auf Rechnung eines andern geht, dann muß im einzelnen Fall abgewogen werden, welches der beiden Merkmale den Ausschlag zu geben hat, RGZ Bd. 75 S. 7; RG 16. 2. 1920 in JW 1920 S. 556; RG 10. 1. 1935 in RGZ Bd. 146 S. 340. Letztere Entscheidung hält eine Baufirma, der von dem eine Kleinbahn betreibenden Landkreis lediglich der Umbau von Weichen übertragen worden ist, nicht für den Bahnbetriebsunternehmer. Der einmalige Vorgang der Bewegung einer Kreuzungsweiche mit einer von der Kleinbahn gestellten Lokomotive nebst Personal machte die Baufirma nicht zum verfügungsberechtigten Betriebsunternehmer der Bahn.

Es kann auch vorkommen, daß zwei Parteien eine Kleinbahn für gemeinsame Rechnung betreiben und beide die Verfügung darüber haben; dann sind beide Betriebsunternehmer, RG 7. 9. 1943 in DR 1944 S. 36. Wussow das. nimmt gleichfalls an, daß mehrere Personen gleichzeitig Eisenbahnbetriebsunternehmer sein können, wie ein Kraftwagen mehrere Halter haben könne.

Anm. 50

Diese Rechtsprechung ist auch vom BGH gebilligt worden. In BGH 8. 3. 1951 in VRG Bd. 3 S. 217 ist gesagt, das Schwergewicht sei häufig auf die Verfügungsgewalt zu legen, weil sie in den Stand setze und verpflichte, Anordnungen zur Abwendung der Betriebsgefahren zu treffen; sie sei regelmäßig darin zu finden, daß der Unternehmer über die Bahnstrecke mit Zubehör (Bahnhöfe, Signale, rollende Fahrzeuge, Beamte, Angestellte) die Herrschaft führe, namentlich die Anweisungen für den Verkehr erlasse, Fahrpläne festsetze usw. Dem ist zuzustimmen. Es ist recht und billig, daß derjenige, von dem das Funktionieren und die Sicherheit des Eisenbahnverkehrs in erster Linie abhängt, auch für die Folgen eines Unfalls hafte. Eine Anordnung der Militärbehörde, die Eisenbahnbrücken zu überwachen, macht die Militärbehörde nicht zum Bahnbetriebsunternehmer, RG 5. 7. 1920 in JW 1921 S. 170.

Hat ein zur Leipziger Messe fahrender Sonderzug in der Ostzone einen Unfall, so ist nicht die Deutsche Bundesbahn Betriebsunternehmerin, OLG Düsseldorf 30. 8. 1951 in MDR 1952 S. 52. Ebenso nimmt BGH 29. 4. 1953 in VRS Bd. 5 S. 425 zutreffend an, daß die Deutsche Bundesbahn auch dann nicht die Verfügungsgewalt habe und nicht Betriebsunternehmerin sei, wenn die Sonderfahrt zur Messe nach Leipzig mit ihrem eigenen Bahnwagen mit eigenem Begleitpersonal geschah und der Unfall sich in Leipzig ereignete. OLG Celle 5. 6. 1952 führt richtig aus, daß am 16. 6. 1945 die Besatzungsmacht die Verfügungsgewalt über den Bahnbetrieb hatte, die Deutsche Bundesbahn daher nicht Betriebsunternehmerin war. Ebenso OLG Frankfurt 23. 3. 1950 in VRS Bd. 2 S. 222.

Anm. 51

Die Eisenbahn hat auch dann die Verfügungsgewalt über den Bahnbetrieb und bleibt Unternehmerin, wenn sie im Zuge Postwagen, die von der Postverwaltung gestellt sind, oder Speisewagen und Schlafwagen, die z. B. von der Mitropa gestellt sind, mitführt, und sie ist daher schadensersatzpflichtig, wenn in solchen Wagen bei dem Bahnbetriebe Sachen beschädigt werden.

VIII. Begriff der Sachbeschädigung

Anm. 52

§ 1 SHG gewährt Anspruch auf Schadensersatz, wenn bei dem Bahnbetriebe eine Sache beschädigt worden ist.

Der Begriff der Sache ist dem § 90 BGB zu entnehmen. Hiernach kommen nur körperliche Gegenstände in Betracht, vgl. auch § 242 und § 303 StGB.

Das BGB unterscheidet zwischen beweglichen Sachen und Grundstücken. Auch unter § 1 SHG fallen nicht nur bewegliche Sachen, sondern auch Grundstücke, wie klar aus § 4 Abs. 3 SHG hervorgeht, wo bestimmt ist, daß die Haftungsgrenze von 15 000 DM bei der Beschädigung von Grundstücken nicht gelte.

Unter einer Sache wird in Rspr. und Rechtslehre zutreffend ein begrenztes, für sich allein bestehendes körperliches Stück der den Menschen umgebenden Natur verstanden, vgl. RGZ Bd. 87 S. 45.

Außer festen Körpern kommen auch flüssige oder gasförmige Körper in Betracht.

Keine Sachen sind die freie Luft, das offene Meer, die frei fließende Wasserwelle, vgl. RGZ Bd. 53 S. 98; Bd. 92 S. 47.

Rechte sind keine Sachen, wohl aber Urkunden, Beweisurkunden, Wechsel, Wertpapiere, Inhaber- und Orderpapiere, Lebensmittelkarten, Bezugscheine, Sparkassenbücher, vgl. RGZ Bd. 91 S. 157.

Schiffe sind bewegliche Sachen.

Eine Schadensersatzpflicht des Eisenbahnbetriebsunternehmers besteht auch, wenn bei dem Betrieb einer Eisenbahn Grundstücke beschädigt werden, z. B. Häuser, Kirchen, Straßen, Plätze, Äcker, Felder, Wiesen. Vgl. OLG Kiel 24. 4. 1952 in NJW 1953 S. 106 (ein Haus ist durch Funkenflug einer vorbeifahrenden Lokomotive angezündet worden und abgebrannt); RG 4. 12. 1929 in Recht 1930 Nr. 83 (ein Haus wird durch die Erschütterung durch den Zugverkehr beschädigt).

Keine Sache ist der lebende menschliche Körper und seine ungetrennten Teile. Die Schadensersatzpflicht für die körperliche Verletzung eines Menschen ist in § 1 RHpflG geregelt.

Wohl aber ist als Sache anzusehen der in der Anatomie befindliche menschliche Leichnam, das Skelett, die Mumie, ferner abgetrennte Teile des menschlichen Körpers wie Zähne, Haare, Glieder, auch künstliche Gliedmaßen, wie z. B. eine Prothese, endlich künstliche Gebisse, Perücke, Brille, vgl. Finger „Eisenbahngesetze" S. 30 Anm. 6. Unter § 1 SHG fallen alle Gegenstände, die der vom Unfall Betroffene am Leibe trägt oder mit sich führt, wie das Handgepäck eines Reisenden, nicht dagegen das zur Beförderung oder zur Aufbewahrung von der Bahn angenommene Reisegepäck und das dem Gepäckträger übergebene Gepäck; hier richtet sich die Haftung nach der EVO (§§ 31, 35 Abs. 4, 36). Ersatz wird gewährt für die Beschädigung einer Sache. Unter Beschädigung ist zu verstehen, daß der Betrieb der Eisenbahn oder Straßenbahn so auf die Sache eingewirkt hat, daß ihr körperlicher Zustand betroffen, ihre Unversehrtheit aufgehoben wird; dies kann durch die Verletzung des Stoffs oder der für die Sache wesentlichen Form geschehen; doch muß immer hinzukommen, daß die Einwirkung die Brauchbarkeit der Sache für den Zweck, dem sie zu dienen hat, herabmindert oder sonst ein Anliegen des Eigentümers an ihrer unveränderten Erhaltung beeinträchtigt ist (so zutreffend Niethammer „Lehrbuch des besonderen Teils des Strafrechts" 1950 S. 370, 371). Eine Verletzung der Substanz, des Sachstoffes wird nicht vorausgesetzt; es genügt auch schon eine belangreiche Veränderung der äußeren Erscheinung und Form, RGSt. Bd. 64 S. 251; Bd. 74 S. 14. Die Einwirkung auf die Sache muß erheblich sein; dies ist nur dann der Fall, wenn ein nicht ganz geringfügiger Aufwand an Zeit, Mühe oder Kosten erforderlich ist, um die Sache wiederherzustellen, RGSt. Bd. 67 S. 229.

Auch Verunreinigung oder Beschmutzung kann Beschädigung sein, RGSt. Bd. 64 S. 250; Bd. 65 S. 356.

Anm. 53

Beschädigung ist selbstverständlich auch die völlige Zerstörung der Sache, ein Beschädigen so starken Grades, daß die Sache für ihren Zweck völlig unbrauchbar wird, Floegel-Hartung „StrVR" 1953 S. 665; Niethammer a. a. O.

RGSt. Bd. 33 S. 178; Bd. 55 S. 169; Bd. 66 S. 205; Bd. 74 S. 14 stellen zutreffend auch auf die Minderung der Gebrauchsfähigkeit der Sache ab, auf die Herabsetzung der Brauchbarkeit der Sache für die ihr gegebene konkrete Zweckbestimmung (z. B. Unbrauchbarmachung eines Weges, RGSt. Bd. 74 S. 14).

Anm. 54

Von Schadensersatz kann naturgemäß nur die Rede sein, wenn die beschädigte Sache einen wirtschaftlichen Wert hatte. Ist eine völlig wertlose Sache beschädigt worden, so ist ein Vermögensnachteil für den Eigentümer gar nicht entstanden (zutreffend Biermann „SHG“ 1953 S. 55). Mit Recht nimmt RGSt. Bd. 39 S. 223 eine Sachbeschädigung dann nicht an, wenn die Beeinträchtigung jederzeit und ohne Mühe beseitigt werden kann.

Anm. 55

Eine Schadensersatzpflicht nach § 1 SHG ist gegeben, wenn der Bahnbetrieb auf das Nervensystem eines lebenden Tieres übermäßig eingewirkt hat (z. B. pathologische Veränderung eines Pferdes, RGSt. Bd. 37 S. 412).

Wird eine auf den Bahnkörper entlaufene Kuh vom Eisenbahnzuge getötet, so kann der Eigentümer nach § 1 SHG Ersatz verlangen, OLG Kiel 16. 7. 1943 in VAE 1944 S. 7. Vgl. auch OLG Breslau 9. 11. 1942 in DR 1943 S. 312 (Güterzug tötet zwei Fohlen); OLG Naumburg 29. 9. 1920 in JW 1921 S. 178 (Eisenbahn überfährt einen Jagdhund).

IX. Begriff des Schadensersatzes

Anm. 56

In aller Regel wird der Eigentümer einer Sache, die beschädigt wird, dadurch einen Vermögensnachteil erleiden. Diese Einbuße hat ihm der Betriebsunternehmer zu ersetzen.

Der Vermögensschaden besteht in der ungünstigen Veränderung der Verhältnisse des Geschädigten in Ansehung der Sache. Wird z. B. ein Kraftwagen infolge Zusammenstoßes mit einem Eisenbahnzug so beschädigt, daß er nicht mehr fahrtauglich ist und unter Aufwand von Kosten repariert werden muß, so ist damit ein Nachteil für die Vermögenslage des Schädigers eingetreten. Seine Güterlage nach dem Unfall ist, verglichen mit derjenigen, die ohne den Unfall bestehen würde, eine ungünstigere.

Schadensersatz ist die Ausgleichung dieses Nachteils durch den Schädiger, die Beseitigung dieser Vermögensdifferenz.

Anm. 57

In welcher Art und Weise der Schaden zu ersetzen ist, bestimmen §§ 249 bis 251 BGB. Vgl. auch Wussow „Das Unfallhaftpflichtrecht“ 1952 S. 189. Hiernach gibt es zwei Möglichkeiten: die sogen. Naturalherstellung und die Entschädigung in Geld.

§ 249 BGB gewährt dem Geschädigten in erster Linie einen Anspruch auf Herstellung des Zustandes, der bestehen würde, wenn der Unfall nicht eingetreten wäre. Statt der Herstellung kann der Geschädigte aber auch den dazu erforderlichen Geldbetrag verlangen. Er hat insoweit ein Wahlrecht. Ist z. B. ein Kraftwagen beschädigt, so wird der Eigentümer in aller Regel den Wagen in einer Reparaturwerkstätte wieder in Ordnung bringen lassen und von dem Betriebsunternehmer Ersatz der von ihm dafür bezahlten Rechnungsbeträge verlangen. Die Reparatur darf er in einer zuverlässigen Werkstatt ausführen lassen, ohne daß er gerade die billigste nehmen müßte, doch darf er nicht ohne besonderen Grund einen erhöhten Preis bezahlen, Wussow a. a. O. Nur Geldentschädigung kommt nach § 251 BGB auch dann in Betracht, wenn die Naturalherstellung nicht möglich oder zur Entschädigung nicht genügend ist. Würde die Herstellung unverhältnismäßige Aufwendungen erfordern, so kann nach § 251 Abs. 2 BGB der Ersatzpflichtige den Geschädigten in Geld entschädigen. Entscheidend ist, welche Aufwendungen üblicherweise für die Herstellung gemacht werden müssen, Wussow a. a. O. S. 189. Wenn RGZ Bd. 71 S. 214 ausführt: „Die Wiederherstellung des früheren Zustandes bildet die Regel, die Geldentschädigung die Ausnahme“, so dürfte dies auf die Praxis des Sachhaftpflichtrechts nicht zutreffen, hier wird zumeist in Geld entschädigt. Nur in anormalen Zeiten des Warenmangels wird dem Geschädigten daran liegen, für die beschädigte Sache eine andere gleichartige und gleichwertige zu erhalten. OLG Hamm 11. 12. 1946 in MDR 1947 S. 100 gewährt dem geschädigten Pferdeeigentümer Anspruch auf Lieferung eines anderen Pferdes; OLG Hamm 19. 12. 1947 in MDR 1948 S. 178 und LG Lindau 20. 8. 1947 in

DRZ 1948 S. 97 billigen die Lieferung eines anderen Kraftwagens zu, AG Hamburg-Wandsbek 16. 1. 1947 in MDR 1947 S. 102 die Lieferung von Hühnern. Vgl. auch Bruns in MDR 1948 S. 181.

Anm. 58

Hat der Geschädigte vor der Währungsreform das Wahlrecht nach § 249 BGB ausgeübt, und statt Naturalherstellung Geldersatz verlangt, so ist er an seine Entscheidung gebunden, seine Forderung unterliegt der Umstellung 10:1, und er kann nicht Zahlung des jetzt zur Herstellung erforderlichen vollen Geldbetrages in DM verlangen, KG 30. 8. 1949 in VersR 1950 S. 71.

Wird gemäß § 249 BGB wegen Beschädigung einer Sache Schadensersatz in Geld gefordert, so ist der Geldbetrag nach der Währungsreform, wenn in diesem Augenblick die Ersatzbeschaffung oder Wiederherstellung noch nicht erfolgt war, auch dann von vornherein in DM festzusetzen, wenn das schadenstiftende Ereignis vor der Währungsreform liegt, OGH Köln 25. 11. 1949 in VersR 1950 S. 55.

Anm. 59

Über die Bemessung des Geldersatzes bei Altkraftwagen vgl. OLG Stuttgart 27. 10. 1953 in RdK 1953 S. 203; Thress in RdK 1953 S. 163.

Anm. 60

Die Geldentschädigung für wenig abgenützte, infolge des Unfalls verlorene Kleidung ist so zu bemessen, daß der Beschaffungswert für gleichartige Kleidung ohne Abzug zu gewährleisten ist,

LG Berlin 9. 5. 1942 und KG Berlin 3. 12. 1942 in VAE 1944 S. 17. Sind Kleidungsstücke beschädigt, so ist zu prüfen, ob sie so repariert werden können, daß dem Eigentümer billigerweise zugemutet werden kann, sie weiter zu benutzen, Wussow a. a. O. S. 192; geflickte Kleider zu tragen, wird in der Regel nicht anzusinnen sein. Wird ein neuer Anzug angeschafft, so muß unter Umständen ein Abzug „neu für alt" gemacht werden.

Anm. 61

Sind bei der Wiederherstellung eines Kraftwagens neue Teile eingebaut worden, ohne daß eine Wertsteigerung des Wagens herbeigeführt ist, so ist dem Geschädigten kein Abzug „neu für alt" (Vorteilsausgleichung) zu machen, OLG Oldenburg 30. 1. 1952 in VRS 4 S. 164; LG Wuppertal 29. 5. 1952 in DAR 1952 S. 138.

Zögert der Schädiger die Regulierung des an einem Lastkraftwagen entstandenen Unfallschadens ohne zwingende Veranlassung hinaus, so muß er die Folgen selbst tragen, die aus seiner verspäteten Entschließung entstanden und in der Wertminderung der Wagenreste in Erscheinung getreten sind, OLG Oldenburg 9. 11. 1953 in VRS 1954 S. 85.

Bei einem durch Unfall beschädigten Kraftfahrzeug bleibt trotz völliger Instandsetzung meist ein Minderwert, der einen Schadensersatzanspruch begründet. Dabei kann außer der technischen Wertminderung, die auf Grund der rein technischen Veränderungen am Fahrzeug bestehen kann, auch noch ein ideeller Minderwert durch Minderung des Verkaufswertes — merkantiler Minderwert — entstanden sein,

OLG Nürnberg 21. 1. 1954 in VRS 1954 S. 162; vgl. auch OLG Zweibrücken in JW 1934 S. 923. RG 19. 8. 1937 in JW 1937 S. 3308 hat zutreffend ausgesprochen, auch wenn die Reparatur des Kraftwagens die einwandfreie Betriebssicherheit wieder hergestellt habe, könne trotzdem eine unfallbedingte Wertminderung zurückbleiben, z. B. könne die Lebensdauer und der Verkaufswert des Wagens beeinträchtigt sein; auch dieser Schaden sei zu ersetzen.

Anm. 62

Neben der Zubilligung der Wiederherstellungskosten einer beschädigten Sache kann dem Geschädigten auch Ersatz für die zeitweilige Entbehrung ihrer Nutzungen zugesprochen werden, RGZ Bd. 71 S. 216.

Ist z. B. ein Trecker durch einen Triebwagen zertrümmert worden, so billigt BGH 25. 6. 1951 in VRS Bd. 3 S. 378 dem Geschädigten auch Ersatz des durch den Ausfall des Treckers entgangenen Gewinns zu.

OLG Hamm 11. 12. 1946 in MDR 1947 S. 100 gewährt Geldersatz dafür, daß der Geschädigte bei Ernte- und Bestellungsarbeiten das Pferd entbehren und einen Traktor benutzen mußte. Ähnlich hatte schon RGZ Bd. 63 S. 271 dem Eigentümer, dessen 8 Pferde von einem Eisenbahnzuge überfahren waren, nicht nur Ersatz des Wertes dieser Pferde, sondern auch des ihm durch ihren Verlust entgangenen Gewinns, also des Schadens zugesprochen, der ihm durch die Unmöglichkeit der Benutzung bis zur Beschaffung des Ersatzes erwuchs. RG 19. 8. 1943 in DR 1944 S. 242 gewährt Anspruch auf Ersatz der Kosten der Miete eines Ersatzwagens; zustimmend Herschel daselbst. Vgl. auch RGZ Bd. 142 S. 359 — entgangener Verdienst aus einem durch einen Personenzug zertrümmerten Kraftomnibus — und RGZ Bd. 148 S. 307 — Ersatz für Ausfall der Ausnutzung von Kaufgelegenheiten und für Einstellung eines Ersatzwagens, als ein Güterzug einen für geschäftliche Einkäufe benutzten Personenkraftwagen schwer beschädigt hatte —.

Siehe ferner RG 12. 2. 1917 in JW 1917 S. 549 — Waldbrand infolge Funkenflugs aus der Maschine eines Personenzuges —.

OLG Düsseldorf 8. 1. 1953 in VRS Bd. 5 S. 572 = VersR 1954 S. 12 führt zutreffend aus, daß sich die Ersatzpflicht für den durch Beschädigung eines Kraftfahrzeugs entstandenen Verdienstausfall, wenn der wirtschaftlich schwache Geschädigte die Reparaturkosten nicht aufbringen kann, nicht auf die Zeit beschränkt, die für die alsbaldige Durchführung der Wiederherstellung erforderlich gewesen wäre.

Läßt die Straßenbahn ihren beschädigten Triebwagen in eigener Werkstatt reparieren, so kann sie dem Ersatzpflichtigen 150% umgelegter Gemeinkosten in Rechnung stellen, wenn sie damit innerhalb der Grenzen bleibt, die eine fremde Herstellung kosten würde, OLG Hamm 12. 6. 1953 in VRS Bd. 5 S. 569.

Anm. 63

Das Gericht hat nach § 287 ZPO unter Würdigung aller Umstände nach freier Überzeugung darüber zu entscheiden, wie hoch sich der Schaden beläuft. Bei dieser Schadensermittlung muß das Gericht die tatsächlichen Grundlagen seiner Schätzung darlegen, BGH 30. 4. 1952 in JW 1952 S. 978.

§ 2

Die Ersatzpflicht ist ausgeschlossen, wenn der Schaden durch höhere Gewalt oder, soweit die Eisenbahn oder die Straßenbahn innerhalb des Verkehrsraums einer öffentlichen Straße liegt, durch ein unabwendbares Ereignis verursacht ist, das weder auf einem Fehler in der Beschaffenheit der Fahrzeuge oder der Anlagen der Eisenbahn oder der Straßenbahn, noch auf einem Versagen ihrer Verrichtungen beruht.

I. Haftungsausschließungsgründe

Anm. 1

Die in § 1 SHG bestimmte Schadensersatzpflicht des Betriebsunternehmers einer Eisenbahn oder Straßenbahn, die schon auf Grund der Tatsache einer — wenn auch unverschuldeten — Sachbeschädigung bei dem Betriebe begründet ist, wird in § 2 in dem Falle ausgeschlossen, daß der Schaden durch höhere Gewalt — bei Bahnen innerhalb des Verkehrsraums einer öffentlichen Straße durch ein unabwendbares Ereignis — verursacht ist.

Der Haftungsausschluß durch höhere Gewalt findet sich auch bei Personenschäden in § 1 RHpflG.

So wie es billig erscheint, daß die Schadensersatzpflicht gefährlicher Betriebe verschärft und von dem Nachweis eines Verschuldens unabhängig ist, so entspricht es andererseits auch wieder der Billigkeit, den Bahnbetriebsunternehmer nicht für solche bei dem Betrieb erfolgten Sachbeschädigungen haften zu lassen, die auf Naturkatastrophen und ähnlichen außergewöhnlichen, elementaren Ereignissen beruhen und für den Betriebsunternehmer mit zumutbaren Mitteln überhaupt nicht zu verhindern sind.

Anm. 2

§ 2 gewährt daher dem Betriebsunternehmer die Möglichkeit, sich durch den Nachweis höherer Gewalt — oder bei Bahnen innerhalb des Verkehrsraums öffentlicher Straßen durch den Nachweis eines unabwendbaren Ereignisses — von der Schadensersatzpflicht aus einem Betriebsunfall zu befreien.

Anm. 3

Die Beweislast liegt hier dem Bahnbetriebsunternehmer ob. Während dies in § 1 RHpflG deutlich gesagt ist — „sofern er nicht beweist" —, sagt § 1 SHG nur „die Ersatzpflicht ist ausgeschlossen, wenn", aber aus dieser Fassung ergibt sich, daß auch hier der Betriebsunternehmer beweispflichtig ist. So auch Biermann „SHG" 1953 S. 68.

Der Betriebsunternehmer muß also behaupten und beweisen, daß der Schaden durch ein Ereignis verursacht ist, das als höhere Gewalt anzusehen ist, daß z. B. ein Eisenbahnzug infolge eines elementaren Naturereignisses, wie es ein außergewöhnlicher Schneesturm darstellt, entgleist ist, RGZ Bd. 101 S. 94. Vgl. auch den Fall RGZ Bd. 109 S. 172.

Wenn Biermann a. a. O. ausführt, der Nachweis eines unabwendbaren Ereignisses sei „erheblich leichter" als der Nachweis, daß der Schaden durch höhere Gewalt verursacht sei, so ist dies einfach die Folge davon, daß höhere Gewalt ihrer Natur nach ein ungemein seltenes, ein ganz außergewöhnliches elementares Ereignis ist, während unabwendbare Ereignisse häufiger vorkommen.

II. Begriff der höheren Gewalt

Anm. 4

§ 2 SHG gibt — ebensowenig wie § 1 RHpflG — keine Begriffsbestimmung der die Ersatzpflicht ausschließenden höheren Gewalt. Es ist daher Sache der Rechtsprechung und Rechtslehre, diesen Begriff so zu bestimmen, daß damit Sinn und Zweck der Haftpflichtgesetze erfüllt werden. Dabei kommtes weniger darauf an, ob § 1 RHpflG an den § 25 PreußEisGes. vom 3. 11. 1838 angeknüpft hat, der nicht von höherer Gewalt, sondern von einem „unabwendbaren äußeren Zufall" spricht, als vielmehr darauf, daß die Haftpflichtgesetze gerade auch diejenigen Verkehrsopfer entschädigen wollen, deren Unfall — wenn auch auf einem äußeren unabwendbaren Zufall — auf einem Ereignis beruht, wie es im Verkehrsleben häufig ist, das sozusagen mit dem Bahnbetrieb verbunden ist, wie z. B. das Zusammenstoßen mit einer Straßenbahn.

Die Rechtsprechung des RG und der ihm folgenden Oberlandesgerichte hat im Laufe der Jahre, dem Sinn und Zweck des Gesetzes und den Bedürfnissen des praktischen Lebens Rechnung tragend, eine Begriffsbestimmung herausgearbeitet, die schließlich allgemeine Anerkennung gefunden hat. Danach müssen, damit höhere Gewalt gegeben sei, drei Voraussetzungen vorliegen:

1. das den Unfall verursachende Ereignis muß ein äußeres, betriebsfremdes, ein sogen. äußerer Zufall sein, womit gemeint ist, daß es seine Ursachen und Wurzeln außerhalb des Betriebskreises der Bahn habe;

2. es muß ein ganz außergewöhnliches sein, d. h. ein Ereignis besonderer Art, das sich von den gewöhnlichen Zufällen, wie sie alltäglich und häufig sind, durch seine gewissermaßen elementare Wucht und Schwere unterscheidet;

3. es muß unabwendbar gewesen sein, d. h. die Abwendung muß bei den gegebenen Verhältnissen auch durch die äußerste diesen Umständen angemessene Sorgfalt und durch Mittel, deren Anwendung dem Ersatzpflichtigen vernünftigerweise und

ohne den wirtschaftlichen Erfolg des Unternehmens auszuschließen zugemutet werden können, nicht möglich gewesen sein. Vgl. Böhmer „Zum Begriff der höheren Gewalt“ in DAR 1952 S. 50 (gegen die unhaltbare Entscheidung von OLG München 21. 11. 1950 in JR 1951 S. 660 und gegen Tettenborn das.); ferner Böhmer „Höhere Gewalt und unabwendbares Ereignis“ in RdK 1954 S. 19.

RG 13. 4. 1880 in RGZ Bd. 1 S. 253 hatte in einem Fall, in dem ein Eisenbahnarbeiter Schienenheber aus dem Zuge geworfen hatte, sich lediglich mit den Voraussetzungen zu 1 und 3 zu beschäftigen; höhere Gewalt wurde verneint, weil die Handlung eines Bahnbediensteten in Ausübung des Dienstes keine betriebsfremde Handlung sei, und es wurde ausgesprochen, daß höhere Gewalt unter Umständen fremde Handlungen seien, „die zu verhüten trotz äußerster Vorsicht unmöglich ist“.

In RG 13. 4. 1880, RGZ Bd. 1 S. 276 ist anläßlich des Unfalls eines Kindes, das beim Überschreiten der Bahn vom Zuge erfaßt wurde, darauf abgestellt, ob der Unfall nicht durch Mittel, deren Anwendung nach den allgemeinen Verkehrsanschauungen ratsam und möglich gewesen wäre, hätte verhütet werden können.

In einem Falle der Erblindung eines Auges durch Kohlenstaub aus einer Lokomotive hat RG 29. 3. 1884 in RGZ Bd. 11 S. 146 höhere Gewalt nicht angenommen, auch wenn es technisch undurchführbar sei, die Menschen gegen Kohlenstaubausströmungen zu schützen. Trotz der Unabwendbarkeit des Unfalls nimmt das RG hier an, höhere Gewalt sei ausgeschlossen, „wenn der Unfall die unmittelbare Folge des regelmäßigen Betriebes“, die natürliche Wirkung des Betriebes gewesen ist; man könne niemals „die Wirkung der gefährdenden Natur des Unternehmens selbst als einen vom Schadensersatz befreienden Zufall ansehen“. Hier ist also höhere Gewalt verneint worden, weil die Ausströmung von Kohlenstaub kein betriebsfremdes Ereignis ist, vielmehr ihre Ursache innerhalb des Betriebskreises der Eisenbahn hat.

Auf die Unabwendbarkeit des Unfalls stellt ab RG 18. 9. 1885 in RGZ Bd. 14 S. 82: eine Pferdebahn hatte ein vierjähriges Kind überfahren, und das RG führte aus, die Unabwendbarkeit sei nicht festgestellt, es müßte dargetan werden, daß ein mit aller denkbaren Umsicht unabwendbares Ereignis den Unfall bewirkt habe.

Anm. 5

Das Erfordernis der Außergewöhnlichkeit, der besonderen elementaren Wucht der Auftretens stellt RG 5. 1. 1887 in RGZ Bd. 19 S. 37 in den Mittelpunkt. Hier hatte ein Dampfwagenzug ein Pferd zum Scheuen gebracht und den Kläger verletzt. Das RG nimmt hier höhere Gewalt nicht an, denn dazu würde gehören, daß das Ereignis durch die besondere Art und Wucht seines Auftretens über das Gewöhnliche hinausrage und auffalle, während die Zufälle, die sich mehr oder minder häufig ereignen, nicht höhere Gewalt darstellten und von der Bahn daher zu vertreten seien.

Dagegen hat RG 23. 3. 1888 in RGZ Bd. 21 S. 13 die Klage eines dreijährigen Knaben, der, von der Seite her hinter den Pferden in den Wagen hineinlaufend, von der Pferdebahn überfahren worden war, wegen höherer Gewalt abgewiesen. Dieses Urteil wird — entgegen der Ansicht von Friese „RHpflG“ 1950 S. 84ff. — nicht zu billigen sein. Es stellt zu einseitig allein auf die Unabwendbarkeit ab, die hier ohne Zweifel vorlag, übersieht aber, daß ein solches Hineinlaufen eines Kindes in die Pferdebahn kein seltenes Ausnahmeereignis, keine Einwirkung von ungewöhnlicher und elementarer Wucht auf den Bahnbetrieb ist, sondern ein häufiges, im Straßenverkehr alltägliches Vorkommnis, für das nach Sinn und Zweck des Gesetzes eine Haftung der Bahn begründet sein sollte.

Richtig hat dann später RG 12. 6. 1899 in RGZ Bd. 44 S. 27 einem von der Straßenbahn überfahrenen sechsjährigen Knaben Schadensersatz zugesprochen, da der Unfall zwar unabwendbar, aber kein ungewöhnliches Ereignis sei, sondern ein häufig vorkommendes, für das die Bahn die Gefahr trage.

Ebenso ist höhere Gewalt verneint in RG 9. 1. 1902 in RGZ Bd. 50 S. 92 — Verletzung eines Fahrgastes der Straßenbahn beim Zusammenstoß mit einem Lastwagen —, weil derartige Ereignisse mit einer gewissen Häufigkeit aufträten.

Auch RG 11. 5. 1903 in RGZ Bd. 54 S. 404 — ein Fall, in dem ein vierjähriges Mädchen, unversehens über das Gleis laufend, von der Trambahn überfahren wurde —

hat höhere Gewalt abgelehnt, da solche Unfälle häufig seien. Dem ist beizutreten, dagegen nicht der weiteren Begründung, es sei kein von außen in den Bahnbetrieb eingreifendes Ereignis. Richtiger Ansicht nach ist das Hineinlaufen eines Kindes in die Straßenbahn ein Ereignis, das seine Ursachen und Wurzeln außerhalb des Betriebskreises der Bahn hat.

Nicht zu billigen ist RG 3. 12. 1906 in RGZ Bd. 64 S. 404: Hier wurde ein Fahrgast einer Straßenbahn dadurch verletzt, daß er von der Deichsel eines Wagens getroffen wurde, mit dem scheu gewordene Pferde gegen die Straßenbahn rasten. Das RG erkennt hier an, daß Zusammenstöße zwischen Fuhrwerken und Straßenbahn zu den Ereignissen gehören, die im Straßenverkehr einer verkehrsreichen Stadt mit einer gewissen Häufigkeit vorzukommen pflegen, daher von der Straßenbahn zu vertreten seien, nimmt aber trotzdem höhere Gewalt an, weil das Rasen der Pferde einem ungewöhnlichen, elementaren Ereignis gleichkomme — ein Ergebnis, das nicht befriedigt; Scheuwerden von Pferden im Straßenverkehr ist gar nichts Außergewöhnliches. Immerhin stellt das RG auch hier das Erfordernis der Außergewöhnlichkeit auf. Letzteres geschieht auch in RG 29. 4. 1911 in JW 1911 S. 596 — ein Radfahrer wird durch Zusammenstoß mit einem Dritten vor die Straßenbahn geschleudert — und in RG 13. 5. 1912 in JW 1912 S. 805 — eine Kraftdroschke stößt mit einem Straßenbahnwagen zusammen — in beiden Fällen ist höhere Gewalt verneint, da es sich nicht um außergewöhnliche Ereignisse, sondern um häufige, alltägliche Vorkommnisse handle.

Anm. 6

Seither hat das RG an dem Erfordernis der Außergewöhnlichkeit dauernd festgehalten, vgl. RGZ Bd. 94 S. 11; Bd. 95 S. 64; Bd. 101 S. 94; RG 4. 3. 1920 in JW 1920 S. 710; Bd. 109 S. 172; Bd. 167 S. 325; Bd. 168 S. 304. RG 15. 2. 1944 in DR 1944 S. 587; OLG Dresden 28. 5. 1948 in JR 1949 S. 282; OGH Köln 10. 2. 1950 in NJW 1950 S. 348 (mit zustimmender Anmerkung von Goltermann); vgl. auch Böhmer in RdK 1949 S. 5; DAR 1952 S. 50.

Ebenso OLG Hamm 21. 3. 1916 in RsprOLG Bd. 38 S. 169, wo höhere Gewalt zutreffend als etwas ungewöhnlich Seltenes, einem elementaren Ereignis Gleichkommendes, als eine zwingende äußere Übergewalt bezeichnet wird.

OLG Breslau 9. 11. 1942 in DR 1943 S. 312 nimmt höhere Gewalt nicht an, wenn Pferde auf die Gleise laufen und von einem Güterzug getötet werden; zur höheren Gewalt gehöre, daß das Ereignis betriebsfremd, ganz ungewöhnlich und durch elementare Naturkräfte verursacht sowie durch äußerste Sorgfalt nicht abzuwenden sei.

OLG Stuttgart 26. 1. 1954 in VersR 1954 S. 88 hat ausgesprochen, das Hineinlaufen eines Hundes in die Fahrbahn der Straßenbahn sei nicht höhere Gewalt, da Betriebsunfälle, die auf das Hineinlaufen von Tieren, Kindern usw. in die Fahrbahn oder auf das Zusammenstoßen der Straßenbahn mit Fuhrwerken oder Kraftwagen zurückzuführen seien, nichts Außergewöhnliches und daher nicht höhere Gewalt sind, vgl. auch OLG Hamm 21. 10. 1949 in VkBl. 1950 S. 14; OGH Köln 10. 2. 1950 in OGHZ 1950 S. 189; OLG Köln 23. 5. 1951 in VRS Bd. 3 S. 386.

Da sich, wie Seligsohn „HpflG" 1931 S. 109 richtig sagt, diese Begriffsbestimmung der höheren Gewalt „in langer ständiger Praxis des RG durchgesetzt hat", und auch die neuere Praxis der Gerichte sich dem anschließt, so wird man etwaige aus der Entstehungsgeschichte des RHpflG herzuleitende Bedenken nunmehr zurückstellen müssen.

Anm. 7

Auch BGH 23. 10. 1952 in VRS 1953 S. 4 hat sich der Rechtsprechung des RG angeschlossen und zur höheren Gewalt die Außergewöhnlichkeit des Ereignisses verlangt.

III. Beispiele aus der Rechtsprechung

Anm. 8

Es liegt in der Natur der Sache, daß höhere Gewalt als ein von außen auf den Bahnbetrieb einwirkendes, außergewöhnliches und unabwendbares Ereignis in der Praxis der Gerichte verhältnismäßig selten als gegeben angesehen wird. Zahlreich sind dagegen die Gerichtsentscheidungen, in denen der seitens des Bahnbetriebsunternehmers erhobene Einwand der höheren Gewalt als unbegründet zurückgewiesen worden ist. Von den Ersatzpflichtigen wird häufig der Versuch gemacht, auch die im heutigen Bahnverkehr sich ständig wieder ereignenden Zusammenstöße mit Personen, Tieren und Kraftfahrzeugen — sofern sie nur für die Bahn unabwendbar waren — als höhere Gewalt zu bezeichnen. Die Gerichtspraxis ist dem in der überwiegenden Mehrheit der Fälle entgegengetreten. Eine Fehlentscheidung wie OLG München 21. 11. 1950 in JurRdsch. 1951 S. 660 ist eine Ausnahmeerscheinung, vgl. dazu Böhmer „Zum Begriff der höheren Gewalt" in DAR 1952 S. 50 und RdK 1954 S. 19.

1. Betriebsfremdes Ereignis

Anm. 9

Höhere Gewalt kann nur angenommen werden, wenn das Ereignis seinem Ursprung nach betriebsfremd ist, d. h. seine Wurzeln nicht innerhalb des Betriebskreises der Eisenbahn oder Straßenbahn hat, mit dessen Gefahrenquellen nicht zusammenhängt, sich als sog. äußerer Zufall darstellt.

Es muß „von außen" einwirken, darf also nicht ein innerer Betriebsvorgang sein. Für seinen eigenen Betriebskreis muß der Bahnbetriebsunternehmer einstehen, nicht aber für die in ihrem Urgrund darüber hinausragenden allgemeinen Zufälle, Oertmann in JW 1928 S. 3193, soweit sie außergewöhnlich und unabwendbar sind. Betriebsfremd sind daher selbstverständlich die Eingriffe äußerer Naturgewalten, wie Erdbeben, Orkan, Blitzschlag, Hochwasser, Wolkenbruch, Erdsturz u. ä. Nicht betriebsfremd, vielmehr dem eigenen Betriebskreis der Bahn entsprungen und daher niemals höhere Gewalt sind Ereignisse wie Achsenbruch, Schienenbruch, Bruch des Eisenbahndammes, Versagen der Bremsen, Heißlaufen, Einsturz eines Bahntunnels oder einer Bahnbrücke, Explosion des Kessels einer Lokomotive, Versandung der Bahnschienen u. ä.

Ist der Verschluß der Abteiltür eines Bahnwagens nicht in Ordnung, weil er schon einem leichten Drucke nachgab und von einem dreijährigen Kinde leicht geöffnet werden konnte, und stürzt das Kind infolgedessen aus dem Zuge, so liegt höhere Gewalt nicht vor, da eine Betriebseinrichtung nicht in tadellosem Zustande war, RG 20. 1. 1906 in RGZ Bd. 62 S. 346 = JW 1906 S. 192.

Daher ist auch der Bruch eines Radreifens nicht höhere Gewalt, RG 30. 6. 1883 in JW 1883 S. 230 = EisEntsch. 3 S. 86.

Entsteht ein Schaden dadurch, daß aus einer fahrenden Lokomotive Funken, Kohlenstaub, Rauch ausströmen, so ist das kein betriebsfremder Vorgang.

Insbesondere ist Funkenflug nicht höhere Gewalt, sondern ein typischer Betriebsvorgang, er führt eine der Eisenbahn eigentümliche Gefahr herbei,

vgl. RG 13. 4. 1910 in JW 1910 S. 619;
RG 21. 11. 1910 in JW 1911 S. 93;
RG 30. 3. 1936 in JW 1936 S. 2404;
RG 22. 2. 1940 in VAE 1940 S. 73;
OLG Dresden 28. 5. 1948 in JW 1949 S. 627 = JurRdsch. 1949 S. 282;
KG Berlin 15. 7. 1949 in NJW 1949 S. 908;
OLG Gera 23. 9. 1949 in VRS Bd. 2 S. 144;
OLG Kiel 24. 4. 1952 in NJW 1953 S. 106;
Mampel in NJW 1950 S. 115.

Ferner sind nicht höhere Gewalt

Schleudern der Lokomotive, RG 11. 5. 1911 in EisEntsch. 30 S. 442;
Heißlaufen eines Wagens, OG Wien 18. 6. 1913 in EisEntsch. 30 S. 227;

Rauchentwicklung der Lokomotive, RG 18. 10. 1934 in EisEntsch. 57 S. 93 = VR 1934 Sp. 664;

OLG Hamburg 22. 2. 1940 in DR 1940 S. 1368;

OLG Hamm 12. 5. 1941 in VAE 1941 S. 246; Ausstoßen einer undurchsichtigen Wasserdampfwolke, RG 30. 3. 1936 in SeuffArch. Bd. 90 Nr. 116; Kohlenstaub, RGZ Bd. 11 S. 146;

elektrischer Schlag beim Anfassen der Haltestange der Lokomotive infolge von Versandung der Schienen, RG 19. 11. 1917 in JW 1918 S. 176 = EisEntsch. 36 S. 74;

Tunneleinsturz, RGZ Bd. 93 S. 305;

Abrutschen des Bahndammes und Bruch der Schienen, wenn die Bahngleise auf ungenügend befestigtem Damm unmittelbar am Ufer eines häufig Hochwasser führenden Baches entlang verlegt sind und nun Wolkenbruch und Hochwasser eintritt, RG 16. 4. 1943 in RGZ Bd. 171 S. 104 = DR 1943 S. 993 = VR 1944 S. 2315; hier handelt es sich um ein von innerhalb des Betriebskreises der Eisenbahn her wirkendes Ereignis;

Öffnen und Schließen der Bahnwagentüren durch Reisende ist ein typischer, gefährlicher Betriebsvorgang und daher nicht höhere Gewalt,

BGH 11. 12. 1950 in JW 1951 S. 11;

LG Aachen 7. 11. 1952 in VersR 1953 S. 214;

auch nicht Zuschlagen einer während der Fahrt aufgegangenen Abteiltüre, RG 13. 10. 1921 in VR 1921 S. 154; zu Unrecht bemerkt hierzu Hanow, hier liege ein „Schulbeispiel für höhere Gewalt" vor; im Gegenteil ist dies ein Schulbeispiel für ein betriebsinneres Ereignis, es ist innerhalb des Gefahrenkreises der Eisenbahn entsprungen;

nicht höhere Gewalt sind auch schädigende Ereignisse, die von dem in die Züge eingebrachten Gepäck ausgehen, z. B. wenn ein Fahrgast dadurch Schaden erleidet, daß er wegen der Enge des Zugabteils der Gefahr eines in Brand geratenen, von einem Mitreisenden eingebrachten Benzinbehälters nicht ausweichen kann,

RG 23. 12. 1920 in JW 1921 S. 343 = EisEntsch. 38 S. 228; anderer Ansicht Schmidt-Ernsthausen daselbst;

wenn ein als Gepäckstück ins Zugabteil eingebrachter Glasballon explodiert,

RG 29. 4. 1920 in EisEntsch. 38 S. 72 = WarnRspr. 1920 Nr. 172 = Recht 1920 Nr. 2929;

RG 13. 10. 1924 in EisEntsch. 42 S. 206; wenn ein Mitreisender leicht brennbare Gegenstände in das Zugabteil mitgenommen hat und ein Reisender durch eine Stichflamme geschädigt wird, AG Erfurt 12. 12. 1946 in JurRdsch. 1948 S. 197;

wenn infolge sehr heftigen Rucks des Zuges zwei im Gepäckhalter des Abteils liegende Handgranaten explodieren, RG 16. 10. 1924 in EisEntsch. 41 S. 374 = VR 1925 S. 448; siehe auch v. Kienitz in EisEntsch. 41 S. 281;

Explosion einer Zelluloidkiste, RG 3. 7. 1900 in EisEntsch. 18 S. 204.

Höhere Gewalt ist auch nicht die Verletzung eines Fahrgastes durch ein infolge der Erschütterung des Zuges aus dem Gepäcknetz herabfallendes Gepäckstück, RG 28. 11. 1907 in WarnRspr. 1908 Nr. 83; vgl. auch KG Berlin in EisEntsch. 55 S. 377.

Wird jemand dadurch geschädigt, daß Reisende Gegenstände aus dem fahrenden Zuge herauswerfen, so kann sich die Eisenbahn nicht auf höhere Gewalt berufen, da es sich um eine mit dem Eisenbahnbetrieb verbundene, weit verbreitete Unsitte handelt; ein derartig typisches, gefährliches Ereignis kann nicht als betriebsfremd angesehen werden,

RGZ Bd. 1 S. 253 (ein Eisenbahnarbeiter wirft Schienenheber aus dem fahrenden Zuge);

RG 15. 5. 1905 in EisEntsch. 22 S. 72 = JW 1905 S. 405;

RG 30. 1. 1908 in WarnJahrb. Bd. 1 Nr. 236;

RG 8. 12. 1910 in RGZ Bd. 75 S. 185: die bei der Natur des Eisenbahnbetriebes unvermeidliche Gefahr des Hinauswerfens von Gegenständen gehört zur Betriebsgefahr und ist vom Bahnbetriebsunternehmer zu tragen;

RG 28. 5. 1938 in JW 1938 S. 2357;

ebenso Böhmer in DGWR 1942 S. 257;

abweichend Biermann „SHG" 1953 S. 42.

III. Beispiele aus der Rechtsprechung

Nicht betriebsfremd und daher nicht höhere Gewalt sind Unfälle, die gerade auf der durch den Eisenbahnbetrieb selbst hervorgerufenen Aufregung, Verwirrung und Bestürzung von Personen beruhen, also ihre Quelle im Betriebs- und Gefahrenkreis der Bahn haben,

RG 14. 11. 1901 in JW 1902 S. 31 = EisEntsch. 18 S. 336;

RG 9. 1. 1902 in RGZ Bd. 50 S. 92 (sachwidriges Abspringen aus Bestürzung bei drohendem Zusammenstoß);

OLG Dresden 9. 3. 1903 in EisEntsch. 20 S. 226;

RG 28. 5. 1904 in EisEntsch. 22 S. 12;

RG 17. 1. 1907 in Recht 1907 Nr. 668 = EisEntsch. 23 S. 393 (keine höhere Gewalt, wenn jemand, der sonst glücklich über das Eisenbahngleis hinübergelangt wäre, von einem Genossen in einer durch die Eisenbahngefahr bedingten Bestürzung und Geistesverwirrung zurückgerissen wird und dadurch vom Zuge überfahren wird);

RG 4. 11. 1918 in RGZ Bd. 95 S. 64 = JW 1919 S. 38; anders zu Unrecht v. d. Leyen daselbst (ein Reisender hatte infolge eines kurz vorher erlebten Eisenbahnbetriebsunfalls Wahnvorstellungen und sprang aus dem Zuge);

RG 14. 12. 1922 in JW 1924 S. 51 = EisEntsch. 40 S. 295(ein achtjähriger Knabe wurde infolge des unvermutet plötzlich auftauchenden Straßenbahnwagens kopflos, unter dem lähmenden Einfluß des Schreckens, infolge dieser „seine Verstandestätigkeit für den Augenblick hemmenden Bestürzung“ lief er ganz plötzlich vor den Straßenbahnwagen; keine höhere Gewalt);

zustimmend Seligsohn daselbst;

OLG Köln in EisEntsch. 57 S. 336;

zu Unrecht nimmt RG 3. 7. 1899 in JW 1899 S. 542 = EisEntsch. 16 S. 255 höhere Gewalt an in einem Falle, in dem eine erlaubterweise auf dem Bahnkörper gehende Person durch das Herannahen des Zuges in geistige Verwirrung geriet, den vorgeschriebenen sicheren Weg verließ und in das vom Zug befahrene Gleis lief; mag auch dieser Unfall für die Eisenbahn unabwendbar sein, so liegt dennoch höhere Gewalt hier nicht vor, weil es sich nicht um ein betriebsfremdes Ereignis handelt, vielmehr gerade die dem Bahnbetriebe eigentümliche Gefährlichkeit die Bestürzung hervorgerufen und den Unfall verursacht hat.

Richtig hat denn auch RG 14. 11. 1901 in JW 1902 S. 31 (siehe oben) ausgeführt, daß Ratlosigkeit und Bestürzung eines Fußgängers im Augenblick höchster Gefahr keine höhere Gewalt sei, da die Bestürzung unmittelbar durch den Bahnbetrieb selbst herbeigeführt ist.

Höhere Gewalt liegt auch nicht vor im Falle starker Erregung eines Reisenden darüber, daß er im Abort des Bahnzuges eingeschlossen war, RG 28. 5. 1904 in EisEntsch. 22 S. 12.

Wenn die Bahn durch plötzliches Herankommen der Züge oder durch starke Geräusche auf Tiere einwirkt und dadurch Unfälle verursacht, so sind dies keine betriebsfremden Ereignisse, solche Einwirkungen entspringen vielmehr innerhalb des Betriebs- und Gefahrenkreises der Bahn, höhere Gewalt liegt daher nicht vor, vgl. RGZ Bd. 19 S. 37 (ein Dampfwagenzug der Straßenbahn brachte ein Pferd zum Scheuen, so daß der Kläger von seinem Wagen herunterfiel und vom Zug verletzt wurde; hier ist zutreffend ausgeführt: „Es liegt innerhalb der nächsten unmittelbaren Wirkungen dieser Betriebsart, daß infolge der Schnelligkeit, mit welcher die Lokomotiven fahren, oder auch des eigentümlichen Geräusches des Fahrens in unmittelbarer Nähe befindliche Zugtiere unruhig und scheu werden können“; die Bahn muß die Folgen vermöge der Haftung für die in ihrem Betrieb eigentümlichen Gefahren tragen);

RG 23. 2. 1891 in EisEntsch. 8 S. 245;

RG 1. 3. 1894 in JW 1894 S. 265 = EisEntsch. 10 S. 270;

RG 17. 2. 1899 in JW 1899 S. 185;

RG 11. 12. 1905 in RGZ Bd. 62 S. 145 (der Kläger wurde aus dem Wagen herausgeschleudert, weil ein neben der Landstraße vorbeifahrender Eisenbahnzug sein Pferd scheu machte);

RG 9. 11. 1908 in EisEntsch. 25 S. 308;

RG 21. 4. 1910 in EisEntsch. 27 S. 81;

RG 26. 11. 1931 in JW 1932 S. 785 (ein Maulesel scheute vor dem Läutewerk einer neben der Straße fahrenden Lokomotive, die Deichsel des Wagens verletzte einen Kraftradfahrer); LG Rottweil 22. 10. 1951 = 074/51 (infolge eines Pfiffs einer Rangierlokomotive scheuten die Pferde eines Wagens, gingen durch und erfaßten eine Fußgängerin).

Anm. 10

Die Berufung auf höhere Gewalt setzt zunächst einmal tadelloses Funktionieren aller Organe, der Leute und Betriebsmittel des Bahnbetriebsunternehmers voraus, RG 22. 7. 1903 in JW 1903 S. 316. Versager auf diesem Gebiet sind keine von außen einwirkenden, betriebsfremden Ereignisse.

Wird z. B. ein Schaden durch eine schon längere Zeit vorher vorhandene Paralyse des Lokomotivführers verursacht, so ist höhere Gewalt nicht anzunehmen, RGZ Bd. 117 S. 12; vgl. auch Exner in Grünhuts Ztschr. Bd. 10 S. 561.

Matthiessen in JW 1927 S. 2201 führt hierzu richtig aus, „daß gesundheitliche Defekte der Bahnangestellten, die eine plötzliche Erkrankung im Gefolge haben, niemals unter den Begriff der höheren Gewalt fallen können, da es sich nicht um ein betriebsfremdes Ereignis handelt. Die Bahnangestellten und die leblosen Betriebsmittel stehen sich insofern völlig gleich. Der Gesundheitszustand des einzelnen Bahnbeamten, soweit er zum Unfall mitgewirkt hat, ist niemals etwas Betriebsfremdes."

Anders wäre es nur, wenn auf den Bahnangestellten plötzlich eine äußere Gewalt — Blitzschlag, Steinwurf, Explosion, Schreck — eingewirkt hätte; es müßte aber ein von außen kommendes Ereignis sein, das auch einen geistig und körperlich normalen Bahnbeamten aus der Fassung bringen oder dienstunfähig machen mußte.

Anm. 11

Ganz allgemein muß das Verhalten und die Tätigkeit der Angestellten und Arbeiter der Eisenbahn und der Straßenbahn als innerer Betriebsvorgang angesehen werden, da es im Betriebskreis der Bahn seine Wurzel hat.

Insbesondere liegt ein Streik der Bahnarbeiter — sofern er aus ihrer eigenen Entschließung hervorgegangen, nicht etwa ihnen durch außerhalb des Betriebes stehende Personen oder Ereignisse aufgezwungen ist — nicht außerhalb des Betriebskreises der Bahn, stellt daher nicht höhere Gewalt dar,

RG 4. 2. 1922 in VR 1922 Sp. 391;

RG 4. 3. 1922 in RGZ Bd. 104 S. 150 = JW 1922 S. 1320;

RG 16. 2. 1925 in RGZ Bd. 110 S. 209 = JW 1925 S. 1876 = VR 1925 Sp. 262;

OLG Jena 21. 11. 1922 in VR 1924 Sp. 40;

KG Berlin 2. 4. 1924 in VR 1924 S. 227;

zutreffend ist in RGZ Bd. 110 S. 209 darauf hingewiesen, daß die streikenden Eisenbahner ja nicht aus ihrem Dienstverhältnis bei der Bahn ausgeschieden, sondern nach wie vor Betriebskräfte der Bahn sind, sie haben nur vorübergehend die Arbeit niedergelegt, dies ist ein Ereignis, das sich innerhalb des Betriebskreises der Bahn abspielt. Ein auf der Entschließung der Eisenbahner allein beruhender Streik ist eine innere Bahnbetriebsangelegenheit. Zustimmend Oertmann in JW 1925 S. 1877;

unrichtig OLG Braunschweig 31. 3. 1922 in VR 1924 Sp. 230; LG Liegnitz 28. 3. 1924 in EisEntsch. 42 S. 311;

Hartmann in VR 1922 Sp. 307;

Bovensiepen in VR 1922 S. 332;

Sperber in VR 1922 Sp. 425.

Höhere Gewalt könnte in Frage kommen, wenn der Streik auf übermächtiger Einwirkung von außen her beruhen würde, etwa bei einem allgemeinen — nicht auf die Eisenbahner beschränkten — gewaltsamen Aufruhr, vgl. Exner in Grünhuts Ztschr. Bd. 10 Sp. 562;

siehe auch Hengstenberg in VR 1924 Sp. 195;

OLG Köln 19. 3. 1928 in JW 1928 S. 3193 (ein allgemeiner Streik im Karlsruher Hafen ist höhere Gewalt, weil dieses Ereignis von außen her in den Betrieb hereingebrochen ist, nicht ein Vorgang im internen Betrieb selbst ist).

Zustimmend Oertmann daselbst: man muß nur einstehen für den individuellen Betriebskreis, aber nicht für die in ihrem Urgrund darüber hinausragenden allgemeinen Kalamitäten.

Daher ist zutreffend höhere Gewalt angenommen worden im Falle der Stillegung des Eisenbahnverkehrs durch die Bahn wegen der beim Ruhreinbruch erfolgten Besetzung der Bahnen durch die Besatzungstruppen,

RG 27. 3. 1926 in JW 1926 S. 1324: die letzte und entscheidende Ursache der Beschädigung der Baumwollgewebe waren die Maßnahmen der Besatzungsmächte, eine Ursache, die außerhalb des Eisenbahnbetriebs und seiner Einrichtungen lag. Nach BGH 16. 2. 1951 in NJW 1951 S. 357 ist das Auftreten übermächtiger Plünderermassen, gegen das die Bahn ohnmächtig ist, ein von außen kommendes, außerhalb der Betriebssphäre der Eisenbahn liegendes Ereignis, und kann höhere Gewalt darstellen. Wenn Tettenborn in NJW 1951 S. 480 meint, es sei ein Gebot der Gerechtigkeit, das Risiko der schwierigen Zustände der Nachkriegszeit im Bahnverkehr nicht einseitig der Eisenbahn aufzuerlegen, so ist zu entgegnen, daß es noch untragbarer wäre, durch Zulassung des Einwandes der höheren Gewalt dieses Risiko einseitig den Verkehrsopfern aufzuerlegen. Ähnlich liegt es, wenn infolge außenpolitischer Ereignisse die Betriebslage der Eisenbahn unvorhergesehen außergewöhnlich ungünstig sich gestaltet und daher ein Eisenbahnwagen mehrere Tage stehenbleiben muß, LG München 26. 10. 1939 in VAE 1940 S. 84.

Anm. 12

Im inneren Betriebskreis der Bahn entsprungen und daher nicht höhere Gewalt sind Ereignisse wie starkes Gedränge der Reisenden, Überfüllung der Abteile, rücksichtsloser Ansturm auf die Züge u. ä.,

vgl. RG 7. 7. 1890 in EisEntsch. 8 S. 40;

RG 9. 2. 1893 in EisEntsch. 10 S. 58;

RG 26. 3. 1914 in EisEntsch. 31 S. 226;

RG 30. 1. 1919 in EisEntsch. 37 S. 255;

RG 23. 12. 1920 in JW 1921 S. 396 = EisEntsch. 38 S. 229 (wenn jemand durch das ungestüme Gedränge der auf den Zug wartenden Menge bei der Einfahrt des Zuges geschädigt wird, so ist dies eine Gefahr, die im Eisenbahnbetriebe begründet ist); siehe auch v. d. Leyen daselbst;

RG 26. 6. 1924 in JW 1925 S. 1273 (der völlig disziplinlose Massenansturm der Fahrgäste, die trotz aller Bemühungen der Beamten in den überfüllten Zügen und auf den Trittbrettern mitfuhren, ist nicht höhere Gewalt, zumal da er vorauszusehen war und hätte verhindert werden können; vgl. auch Hanow daselbst;

RG 20. 5. 1931 in EisEntsch. 52 S. 285;

OLG Köln 24. 6. 1949 in VRS Bd. 1 S. 227 (ein ungewöhnliches, sehr heftiges Gedränge an einer Straßenbahnhaltestelle infolge einer Stockung im Straßenbahnverkehr ist ein Umstand, der dem Betrieb der Bahn eigen ist und zur Betriebsgefahr gehört, daher nicht höhere Gewalt).

Unrichtig RG 27. 3. 1888 in EisEntsch. 6 S. 222 und Röder und Hanow in VR 1922 S. 298.

Siehe noch OLG Naumburg in EisEntsch. 44 S. 85.

Anm. 13

Höhere Gewalt liegt nicht vor, wenn die Eisenbahn genötigt ist, Personen in Güterwagen zu befördern und ein Fahrgast aus dem offenen Wagen herausstürzt; dieser Unfall ist kein betriebsfremdes Ereignis, OGH Köln 10. 2. 1950 in OGHZ Bd. 3 S. 189. Auch BGH 8. 3. 1951 in NJW 1951 S. 357 nimmt höhere Gewalt nicht an, wenn die Eisenbahn im Oktober 1945 Güterwagen behelfsmäßig zum Personenverkehr verwenden muß (anders Tettenborn in NJW 1951 S. 480).

Ist ein Bahndamm unmittelbar an einem Fluß angelegt und nicht genügend befestigt und stürzt ein Triebwagen in den Fluß,, weil Hochwasser den Damm angegriffen hatte, so haben diese Gefahrumstände ihre Wurzel innerhalb des Betriebskreises der Bahn, höhere Gewalt liegt daher nicht vor, RG 16. 4. 1943 in DR 1943 S. 993.

2. Außergewöhnliches Ereignis

Anm. 14

Es gibt Ereignisse, die zwar von außen her in den Betriebskreis der Bahn einwirken, also betriebsfremd sind, aber sich im Verkehr mit einer gewissen Häufigkeit ereignen, gewissermaßen eine notwendige Begleiterscheinung des Bahnbetriebes sind, so daß nach Sinn und Zweck des Gesetzes die Bahn für sie zu haften hat, wie z. B. das Zusammenstoßen von Kraftfahrzeugen mit Eisenbahnzügen auf ungesicherten Bahnübergängen oder mit Straßenbahnen im großstädtischen Straßenverkehr. Derartige Vorfälle sind nicht außergewöhnlich und die Bahn kann sich hier — auch wenn es sich um betriebsfremde Wirkungen handelt — nicht auf höhere Gewalt berufen. Die Ansicht von Friese „RHpflG" 1950 S. 84ff., daß zur höheren Gewalt die Ungewöhnlichkeit nicht erforderlich sei und sie gleich dem „unabwendbaren äußeren Zufall" des § 25 Preuß. EisGes. v. 3. 11. 1838 sei, ist abzulehnen. Mit Recht sagt OLG Neustadt 11. 7. 1953 in VRS 1954 S. 117: „Zusammenstöße auf unbeschrankten Übergängen der Eisenbahn über öffentliche Straßen ereignen sich heute leider fast täglich", und verneint daher höhere Gewalt.

Wenn ein Kind in Angst vor einem verfolgenden Knaben in die Straßenbahn hineinläuft, RG in JW 1908 S. 210:

wenn ein Kind ein anderes Kind unter die Bahn stößt, RG in GruchBeitr. 49 S. 106;

wenn der Fahrgast eines in verkehrsreicher Stadt mit einer Straßenbahn zusammenstoßenden Omnibusses beschädigt wird, RG 10. 12. 1910 in JW 1911 S. 192;

wenn ein Radfahrer durch Zusammenstoß mit einem Fußgänger vor die Straßenbahn geschleudert wird, RG 29. 4. 1911 in JW 1911 S. 596, dann liegt höhere Gewalt nicht vor, denn es fehlt jeweils an einem außergewöhnlichen, mit dem Bahnbetrieb nicht schon seiner Natur nach verknüpften Ereignis; solche nicht außergewöhnlichen Gefahren hat der Bahnbetriebsunternehmer als Betriebsgefahr zu übernehmen; nach Sinn und Zweck des Gesetzes soll er für Vorgänge des gewöhnlichen, alltäglichen Straßenverkehrs haften.

Auch wenn eine Kraftdroschke plötzlich die Fahrtrichtung wechselt und mit der Straßenbahn zusammenstößt, RG 13. 5. 1912 in JW 1912 S. 805;

oder wenn die eiserne Weichenstellstange der Straßenbahn durch den Anprall eines Kraftwagens in die Luft geschleudert wird und eine auf dem Bürgersteig stehende Frau verletzt, RG 8. 1. 1931 in JW 1931 S. 865, handelt es sich nicht um außergewöhnliche, gewissermaßen elementare Ereignisse, sondern um alltägliche Vorkommnisse, die eine Berufung auf höhere Gewalt nicht rechtfertigen;

zustimmend Seligsohn in JW 1931 S. 865.

Abrollen eines auf dem Bahnsteig abgestellten Kinderwagens gegen einen abfahrenden Zug ist nicht höhere Gewalt, LG Liegnitz 22. 4. 1942 in VAE 1942 S. 179.

Wenn ein vorbeifahrender Güterzug einer Nebenbahn einen zu nahe an den Gleisen parkenden Lastkraftwagen beschädigt, so ist das kein außergewöhnliches Ereignis, der Bahnbetriebsunternehmer muß es wegen seiner Häufigkeit in Kauf nehmen, LG Frankfurt 17. 12. 1948 in VRS Bd. 1 S. 127.

RG 3. 12. 1906 in RGZ Bd. 64 S. 404 = EisEntsch. 23 S. 386 = JW 1907 S. 58 = DJZ 1907 S. 239 will das Durchgehen eines Gespanns und seinen Zusammenstoß mit einer Straßenbahn als ungewöhnlich ansehen; dem kann nicht gefolgt werden.

Unrichtig auch RG 1. 4. 1898 in JW 1898 S. 295;

OLG Breslau in EisEntsch. 52 S. 273;

LG Erfurt in EisEntsch. 50 S. 208;

AG Berlin 7. 6. 1940 in VR 1940 Bl. 206.

Anm. 15

Höhere Gewalt liegt auch nicht vor, wenn ein Kraftfahrzeug eine geschlossene Eisenbahnschranke durchbricht und mit einem Zug zusammenstößt; auch dies ist kein außergewöhnliches elementares Ereignis, sondern im Straßenverkehr nicht selten, und eine typische Begleiterscheinung.

vgl. RGZ Bd. 93 S. 67 = JW 1918 S. 689 (v. d. Leyen daselbst will hier höhere Gewalt annehmen);

LG Braunschweig 21. 5. 1948 in VRS Bd. 1 S. 129 (Personenzug beschädigt einen Schrankenbaum, den ein gegen die geschlossene Schranke fahrender Kraftwagen auf das Gleis gedrückt hatte);

Neumann-Duisberg in ArchZivPr. 1949 S. 285;
RG 1. 3. 1934 in EisEntsch. 56 S. 386 = VR 1935 Sp. 90;
LG Breslau in EisEntsch. 53 S. 192;
RG 25. 5. 1943 V 141/42 in VAE 1944 S. 5 (Schrankenbeleuchtung verdunkelt);
Böhmer in RdK 1949 S. 5; Geigel „HPflProzeß" 1952 S. 189.

Anderer Ansicht Biermann „SHG" 1953 S. 84, der in dem Durchbrechen einer geschlossenen Bahnschranke durch ein Kraftfahrzeug „einen Schulfall der höheren Gewalt" erblicken will;

Seligsohn „RHpflG" 1931 S. 117;
Finger „Eisenbahngesetze" S. 14;
Friese „RHpflG" 1950 S. 95 (der das Ereignis für „außergewöhnlich" hält).
Unzutreffend auch OLG München 4. 4. 1932 in EisEntsch. 53 S. 193 = VR 1933 Sp. 51;

OLG Naumburg in EisEntsch. 53 S. 286;

LG Lüneburg 28. 8. 1942 in VAE 1942 S. 233, das sogar bei einem Zusammenstoß zwischen einem Omnibus und einem Zuge auf einem unbeschrankten Bahnübergang höhere Gewalt annehmen will;

LG Erfurt in EisEntsch. 50 S. 208 = VR 1929 S. 506.

Höhere Gewalt liegt auch nicht vor, wenn eine Straßenbahn eine Eisenbahnschranke durchbricht, RG 12. 1. 1900 in JW 1900 S. 188 = EisEntsch. 17 S. 213; oder wenn die an den Bahnübergang anstoßende Straße vereist ist (OLG Naumburg a. a. O. nimmt hier fälschlich höhere Gewalt an).

Anm. 16

Das Aufspringen von Reisenden auf den fahrenden Zug oder das Abspringen von diesem, das Mitfahren auf den Trittbrettern u. ä. ist zwar nach § 81 Abs. 2 EBO verboten, kommt aber trotzdem häufig vor; als höhere Gewalt kann es nicht angesehen werden,

RG 4. 12. 1924 in EisEntsch. 42 S. 104 = Recht 1925 S. 47 (Aufspringen auf den schon anfahrenden Zug);

RG 14. 10. 1911 in JW 1911 S. 1016 = EisEntsch. 28 S. 405 (Aufspringen von Kindern auf einen Rangierzug);

RG 29. 1. 1906 in EisEntsch. 22 S. 400 (ein Kind öffnet die Wagentüre und fällt hinaus);

unzutreffend OLG München 21. 11. 1950 in JurRdsch. 1951 S. 660, welches das Aufspringen auf einen anfahrenden Zug als höhere Gewalt ansehen will; ebenso Tettenborn daselbst; dagegen eingehend Böhmer „Zum Begriff der höheren Gewalt" in DAR 1952 S. 50, wo darauf hingewiesen ist, daß das sehr häufige Aufspringen von Reisenden auf anfahrende Züge ein typisches Betriebsereignis ist und mangels Außergewöhnlichkeit niemals als höhere Gewalt angesehen werden kann (eine ganz andere Frage ist natürlich, inwieweit das verbotswidrige Verhalten des Reisenden bei der Abwägung nach § 254 BGB zu seinen Lasten ins Gewicht fällt).

3. Die Unabwendbarkeit

Anm. 17

In Rechtslehre und Rechtsprechung herrscht Einigkeit darüber, daß höhere Gewalt nur vorliegen kann, wenn das von außen auf den Bahnbetrieb einwirkende Ereignis für den Bahnbetriebsunternehmer unabwendbar war. Zu den Merkmalen der Betriebsfremdheit und der Außergewöhnlichkeit muß als drittes die Unabwendbarkeit hinzukommen. Schon § 25 des preußischen Eisenbahngesetzes vom 3. 11. 1838 verlangte einen „unabwendbaren äußeren Zufall".

Anm. 18

Der Betriebsunternehmer muß mithin beweisen, daß er und seine Bediensteten mit der äußersten möglichen Sorgfalt alle nötigen Einrichtungen getroffen und alle erforderlichen Maßnahmen ergriffen haben, die technisch möglich und wirtschaftlich vernünftigerweise zumutbar waren, um den Unfall zu verhüten.

An den Bahnbetriebsunternehmer sind in dieser Beziehung strenge Anforderungen zu stellen. Es genügt nicht der Nachweis der Beobachtung der nach § 276 BGB im Verkehr erforderlichen Sorgfalt, vielmehr muß er dartun, daß er und seine Bediensteten jede nach den besonderen Umständen des einzelnen Falles mögliche Sorgfalt angewendet haben, um den Unfall zu verhindern. Dabei sind immer die konkreten Umstände des Einzelfalles maßgebend. Es ist nicht entscheidend, ob die Abwendung überhaupt — in abstracto — möglich war, sondern es kommt auf die gegebenen Verhältnisse an,

RGZ Bd. 21 S. 13. Eine starre Regel, einen absoluten Maßstab gibt es hier nicht.

Schon RGZ Bd. 14 S. 82 hat im Falle des Überfahrens eines vierjährigen Kindes durch die Pferdebahn verlangt, daß das Ereignis, das höhere Gewalt darstellen solle, „mit aller denkbaren Vorsicht unabwendbar sei", es genüge nicht, daß den Bahnbediensteten ein Verschulden nicht beizumessen sei.

RGZ Bd. 21 S. 13 verlangt im Falle des Überfahrens eines dreijährigen Kindes durch die Pferdebahn, daß die Abwendung des Unfalls „trotz Anwendung der äußersten Sorgfalt und Vorsicht und Aufwendung aller Kräfte, welche dem Menschen überhaupt zu Gebote stehen, nicht möglich sei"; allerdings sei die Einschränkung zu machen, daß nur Mittel anzuwenden seien, die nicht „den wirtschaftlichen Erfolg des Unternehmens vollständig ausschließen"; es könne z. B. nicht gefordert werden, „daß die ganze Eisenbahnstrecke auf beiden Seiten mit Mauern versehen oder derart mit Wächtern besetzt werde, daß es unmöglich ist, die Schienen zu überschreiten".

Auch OLG Naumburg 29. 9. 1920 hält es nicht für zumutbar, entlang der Fahrbahn besondere Schutzzäune zu errichten, JW 1921 S. 178; ebenso LG Siegen 9. 6. 1936 in VAE Bd. 2 S. 485.

OLG München in RGZ Bd. 54 S. 404 hält zutreffend ein Ereignis für unabwendbar, dessen Eintritt durch Vorkehrungen nicht abzuwenden war, die zu dem durch sie zu erreichenden Erfolg nach der Verkehrsanschauung in vernünftigem Verhältnisse stehen. Vgl. auch RGZ Bd. 1 S. 276.

Mit Recht ist hier auch auf die Verkehrsanschauung und die Vernunft abgestellt. Ähnlich sagt RG 3. 12. 1906 in RGZ Bd. 64 S. 404 = JW 1907 S. 58, ein Ereignis sei unabwendbar, „wenn die schädigende Einwirkung auch durch die äußerste, nach den gegebenen Umständen gebotene Vorsicht, durch alle vernünftigerweise dem Betriebsunternehmer zuzumutenden Vorkehrungen nicht abzuwenden war".

RGZ Bd. 60 S. 300 stellt auf die höchste Zweckmäßigkeit der gefahrverhütenden Einrichtungen und auf die Unabwendbarkeit „durch menschliche Kraft und Sorgfalt" ab, RGZ Bd. 95 S. 64 betont, es müsse das Ereignis „mit wirtschaftlich erträglichen Mitteln nicht abzuwenden" sein. Ebenso verlangt RGZ Bd. 112 S. 285 nur „wirtschaftlich zumutbare Vorkehrungen". Hiernach wird dem Betriebsunternehmer die zeitweise Einstellung des Bahnbetriebes im allgemeinen nicht anzusinnen sein. Er hat auch die öffentlichen Verkehrsinteressen wahrzunehmen. Die Betriebseinstellung muß ein letztes Auskunftsmittel in äußersten Notfällen bleiben. Vgl. auch OGH Köln 24. 6. 1949 in NJW 1949 S. 669 (Unterlassen der Betriebsstillegung bei besonders starkem Andrang zu einem Straßenbahnwagen ist keine Pflichtverletzung). Zutreffend hat RGZ Bd. 101 S. 94 im Falle eines außerordentlich heftigen Schneesturmes die Unabwendbarkeit der Zugentgleisung angenommen, weil dem Bahnbetriebsunternehmer nicht zuzumuten gewesen sei, den Betrieb der Eisenbahn auf der gefährdeten Strecke einzustellen; höhere Gewalt liege vor, da der Unfall „auch bei Anwendung äußerster Sorgfalt ohne Gefährdung des ganzen Betriebes und des wirtschaftlichen Erfolges des Unternehmers nicht abzuwenden" war.

Ein Unfall, der auf starken Sturm zurückzuführen ist, kann unabwendbar sein, BGH 2. 10. 1952 in VRS 1952 S. 565.

Auch RG 14. 3. 1923 in JW 1923 S. 925 will dem Eisenbahnbetriebsunternehmer eine Umleitung des Verkehrs nur dann zumuten, wenn sie betriebstechnisch ausführbar war und nicht den geordneten Verkehr in Frage stellte; dann aber muß er „alle ihm zu Gebote stehenden Mittel" anwenden. Vgl. auch v. d. Leyen das.

Wenn allerdings die Aufsichtsbehörde dem Bahnbetriebsunternehmer zur Pflicht gemacht hatte, bei gewissen Windstärken den Betrieb der Kleinbahn einzustellen, und ihm die Gefährdung durch Sturm bekannt war, kann er sich nicht auf höhere Gewalt berufen, wenn der Kleinbahnzug dann vom Sturm umgeworfen wird,

RG 27. 3. 1905 in JW 1905 S. 321.

Wenn die Bahn durch Aufstellung einer genügenden Zahl von Bediensteten auf dem Bahnsteig die Ordnung unter der sehr großen Menge von Reisenden, mit der sie rechnen mußte, hätte aufrecht erhalten und so den Unfall verhüten können, liegt höhere Gewalt nicht vor, RGZ 9. 2. 1893 in JW 1893 S. 185 = EisEntsch. 10 S. 58.

Wenn ein Massenansturm von Fahrgästen auf die Züge vorherzusehen war, konnten Unfälle durch Verstärkung des Betriebspersonals verhütet werden, als letztes zuzumutendes Mittel blieb noch die Einstellung des Bahnbetriebes, RG 23. 12. 1920 in JW 1921 S. 396;

RG 26. 6. 1924 in JW 1925 S. 1273.

RG 7. 12. 1908 in RGZ Bd. 70 S. 98 = JW 1909 S. 80 stellt darauf ab, welche Sicherungsnmaßregeln vom Betriebsunternehmer billig zu fordern seien, und findet die Grenze zutreffend in der notwendigen vernünftigen Rücksicht auf die wirtschaftlichen Möglichkeiten.

Anm. 19

Eine beständige Bewachung von Weichen — gegen die Gefahr verbrecherischer Eingriffe — kann der Bahn billigerweise nicht zugemutet werden, jedoch ihre Beleuchtung sowie eine ausreichende Begehung der Strecke, RG 8. 3. 1926 in JW 1926 S. 2290 = EisEntsch. 46 S. 398 = VR 1926 Nr. 174.

Ein Freiladegleis kann gegen Kinder abgesperrt werden, RG 29. 9. 1924 in JW 1925 S. 254; wird dies unterlassen, so liegt höhere Gewalt nicht vor.

LG Essen 15. 11. 1929 in JW 1930 S. 1992 nimmt unzutreffend höhere Gewalt an, wenn ein spielendes Kind von 6 Jahren auf den langsam fahrenden Zug einer Anschlußbahn aufspringt. Dagegen richtig Seligsohn daselbst. Hier hätte die Bahn unschwer den Unfall verhüten können. Sie soll nur für solche Umstände nicht haften, die — abgesehen davon, daß sie betriebsfremd und außergewöhnlich sein müssen — „menschlicher Kraft und Umsicht spotten" (Biermann „SHG" 1953 S. 85).

Wenn ein kleines Kind einen ungenügend abgesperrten Bahndamm erklettert und oben vom Zuge erfaßt wird, liegt höhere Gewalt nicht vor, OLG Hamburg 30. 9. 1925 in WarnJahrb. 1926 S. 101.

Eisenbahnattentate wird der Eisenbahnbetriebsunternehmer häufig mit ihm billigerweise zuzumutenden Mitteln nicht verhüten und daher den Nachweis höherer Gewalt führen können. Zwar hat er im Rahmen des Möglichen die Gefährdung von Eisenbahnzügen durch verbrecherische Anschläge in Rechnung zu stellen und geeignete Sicherungsmaßnahmen dagegen zu treffen, z. B. die Bahnstrecke zu überwachen und Unbefugte von den Gleisen, den Weichenstellvorrichtungen und den Signalen fernzuhalten, und den Nachweis der Unabwendbarkeit hat er nur erbracht, wenn er das höchste Maß an Sorgfalt in dieser Richtung beobachtet hat, RG 8. 3. 1926 in JW 1926 S. 2290.

Hat die Eisenbahn z. B. einen halben Tag lang die Weichenstellung nicht nachgesehen, so hat sie nicht dargetan, daß sie das äußerste Maß an Sorgfalt aufgewendet hat, RG 9. 10. 1902 in JW 1902 S. 591 = EisEntsch. 19 S. 258.

Vgl. ferner RG 13. 10. 1904 in JW 1904 S. 577 = EisEntsch. 21 S. 371 = SeuffArch. 60 Nr. 170; (Unfall infolge Werfens einer Dynamitbombe dürfte unabwendbar sein und auf höherer Gewalt beruhen); Bracke in VR 1931 Sp. 375.

Nach § 46 Abs. 2 EBO muß die Bahn auf ihren ordnungsmäßigen Zustand mindestens sechsmal — bei Nebenbahnen dreimal — wöchentlich untersucht werden, was durch Begehen der Strecke geschieht. Mit den Tagen ist möglichst zu wechseln.

Vgl. ferner RG 13. 10. 1928 in EisEntsch. 47 S. 384; OLG Naumburg in EisEntsch. 45 S. 82 und VR 1925 Sp. 532. Das Ekrasitattentat auf einen Zug bei Jüterbog beruhte auf höherer Gewalt, LG Halle 28. 9. 1932 in EisEntsch. 53 S. 352.

Anm. 20

Plünderungen und Beraubungen von Eisenbahnwagen können unter Umständen auch durch äußerste Vorsichtsmaßnahmen der Bahn nicht verhindert werden — dann liegt höhere Gewalt vor,

z. B. wenn im November 1918 Mannschaften eines Militärzuges einen Eisenbahnwagen plündern, RG 26. 3. 1921 in VR 1921 S. 1;

wenn im Oktober 1918 50 bis 60 Soldaten einen Güterzug plündern, RG 7. 5. 1921 in VR 1922 Sp. 181;

anders, wenn die Eisenbahn die Plünderung hätte verhindern können; vgl. auch LG Hamburg 12. 5. 1947 in VRS Bd. 1 S. 60 (große Menschenmenge plündert einen Waggon mit Steinkohlen); BGH 16. 2. 1951 in NJW 1951 S. 357 (Überhandnehmen von Plünderungen bis in den Winter 1946/47 hinein kann bei Fehlen des Polizeischutzes der Bahn höhere Gewalt darstellen; Ohnmacht der Bahn beim Auftreten übermächtiger Plünderungsmassen);

bei Beraubung eines Eisenbahnwagens durch Aufständische im März 1920, RGZ Bd. 108 S. 276 und RGZ Bd. 112 S. 284 = JW 1926 S. 1436;

RG 28. 1. 1921 in VR Bd. 2 Sp. 182;

RG 4. 3. 1922 in RGZ Bd. 104 S. 150 = JW 1922 S. 1320;

höhere Gewalt liegt bei Beraubung eines Eisenbahnwagens durch Revolutionäre nicht vor, wenn es der Eisenbahn betriebstechnisch möglich gewesen wäre, den Wagen umzuleiten und ihn so vom Aufstandsgebiet fernzuhalten, RG 14. 3. 1923 in JW 1923 S. 325 = Recht 1923 Nr. 919.

Abwendbar und daher nicht höhere Gewalt war auch der Verlust einer der Eisenbahn am 31. 7. 1914 zur Beförderung nach Brüssel übergebenen Ladung, da die Bahn die Sendung schuldhaft ohne Begleitpapiere in die kriegsgefährdete Gegend befördert hat, RGZ Bd. 89 S. 342 = JW 1917 S. 471. Wenn die Eisenbahn im Jahr 1919 eine für Straßburg bestimmte Waggonladung versehentlich ohne Begleitpapiere nach Saarbrücken sandte und die französische Militärbehörde sie dort beschlagnahmte, so lag höhere Gewalt nicht vor; dieses Ereignis war für die Eisenbahn nicht unabwendbar, denn sie hat durch eigenes schuldhaftes Verhalten verursacht, daß die Ladung durch Eingreifen der Besatzungsbehörde verlorenging, RG 2. 2. 1925 in JW 1925 S. 1487. Zustimmend Hanow in JW 1925 S. 1487.

Zutreffend hat neuerdings BGH 16. 2. 1951 in MDR 1951 S. 287 ausgesprochen, daß das Überhandnehmen von Plünderungen in den Jahren 1946/1947 unter Umständen höhere Gewalt sein könne.

Anm. 21

Eingriffe unbefugter Personen in den Bahnbetrieb können höhere Gewalt sein, wenn die Bahn sie auch durch die äußerste Sorgfalt nicht hätte verhüten können.

Wenn z. B. Unbefugte im Depot der Straßenbahn Wagen in Bewegung setzen, diese dann auf eine haltende Straßenbahn auffahren und dadurch Schaden verursachen, liegt höhere Gewalt nicht vor, wenn durch gehörige Aufsicht der Unfall hätte abgewendet werden können, RG 26. 5. 1910 in EisEntsch. 27 S. 93 = WarnRspr.

1910 Nr. 278. Sind Bahnschranken geschlossen, dann aber von Unbefugten wieder gehoben worden, so liegt höhere Gewalt nicht vor, falls die Bahn dies hätte verhindern können, OLG München in EisEntsch. 45 S. 92.

Ein Steinwurf einer dritten Person gegen einen fahrenden Zug stellt höhere Gewalt dar, denn solche Vorfälle kann die Eisenbahn auch durch die äußerste ihr vernünftigerweise zuzumutende Sorgfalt nicht verhüten, es handelt sich hier um betriebsfremde, außergewöhnliche und unabwendbare Ereignisse, RG 13. 6. 1927 in EisEntsch. 46 S. 95 = EisEntsch. 45 S. 93 = SeuffArch. 81 S. 308; OLG Hamm in EisEntsch. 45 S. 93; LG Hamburg in EisEntsch. 45 S. 317.

Daß ein Mitglied einer angeheiterten Jagdgesellschaft von einem Genossen aus dem fahrenden Zuge gestoßen wird, kann von der Eisenbahn nicht verhindert werden, OLG Frankfurt 29. 3. 1928 in VR 1928 S. 283 = EisEntsch. 46 S. 378.

Mußte allerdings die Eisenbahn mit Schlägereien im Zuge rechnen und hat sie nichts getan, so liegt höhere Gewalt nicht vor, RG 11. 2. 1907 in EisEntsch. 23 S. 396 = DJZ 1907 S. 483.

Vgl. auch Hanow in VR 1925 Sp. 155ff.

Anm. 22

Wird ein Reisender während der Eisenbahnfahrt von einem Mitreisenden im Abteil ermordet, so ist dies für die Eisenbahn ein unabwendbares Ereignis, vgl. den Fall RG 22. 10. 1908 in RGZ Bd. 69 S. 357 = JW 1908 S. 721.

Ebenso ist es, wenn ein Schuß mitreisender Soldaten eine Reisende so erschreckt, daß sie aus dem fahrenden Zuge springt, RG 13. 11. 1924 in RGZ Bd. 109 S. 172 = JW 1925 S. 619; zustimmend Schmidt-Ernsthausen daselbst.

Letzterer hält mit Recht das Einsteigen eines Mannes in ein Frauenabteil auf der Station für abwendbar.

Dagegen wird es in der Regel ein unabwendbarer Zufall für die Bahn sein, wenn jemand einen anderen in Mordabsicht vor den heraunbrausenden Schnellzug stößt oder wenn vom Bahnsteig aus ein Blumentopf in den fahrenden Zug geworfen wird und Schaden anrichtet, OLG Königsberg 30. 11. 1939 in VAE 1940 S. 43.

Anm. 23

Führt die Eisenbahn durch private Weidekoppeln und hat die Bahn die vorhandene Einfriedigung des Bahnkörpers entfernt, so liegt, wenn eine weidende Kuh auf den Bahnkörper läuft und vom Zuge getötet wird, höhere Gewalt nicht vor,

OLG Kiel 16. 7. 1943 in VAE 1944 S. 7.

Anm. 24

Das Merkmal der Außergewöhnlichkeit des Ereignisses unterscheidet die höhere Gewalt von dem unabwendbaren Ereignis.

Dieser Unterschied ist in § 2 SHG ausdrücklich gemacht. Die Ersatzpflicht der Eisenbahnen und Straßenbahnen, die nicht innerhalb des Verkehrsraums einer öffentlichen Straße liegen, erstreckt sich bis zur höheren Gewalt, während die Bahnen innerhalb des Verkehrsraums einer öffentlichen Straße sich schon durch den Nachweis unabwendbaren Zufalls entlasten können, also sich einer Erleichterung ihrer Haftung erfreuen, insofern sie nicht darzutun brauchen, daß ein ganz außergewöhnliches Ereignis vorliege.

Unabwendbares Ereignis ist also gegenüber der höheren Gewalt der weitere Begriff, so schon RG 16. 11. 1912 in JW 1913 S. 218 (wo das unverschuldete Hineinlaufen von Kindern in das rollende Fahrzeug nicht als höhere Gewalt bezeichnet ist),

Die Ansicht von RGZ Bd. 21 S. 13, wonach unabwendbarer Zufall dasselbe bedeute wie höhere Gewalt, ist nicht zu billigen, vollends nicht, seit in § 2 SHG ausdrücklich zwischen höherer Gewalt und unabwendbarem Ereignis unterschieden ist.

Ein unabwendbares Ereignis kann vorliegen, auch wenn das Ereignis nicht außergewöhnlich, sondern im Straßenverkehr nicht selten ist, wie das unvorhergesehene Hineinlaufen eines Kindes in die Fahrbahn der Straßenbahn.

Auch darin unterscheidet sich die höhere Gewalt von dem unabwendbaren Ereignis, daß bei ersterer die Ursache des Unfalls außerhalb des Betriebskreises der Bahn liegen muß, während ein unabwendbares Ereignis auch dann vorliegen kann, wenn seine Ursachen nicht außerhalb des Betriebes und seiner Einrichtungen liegen.

IV. Bahn innerhalb des Verkehrsraums einer öffentlichen Straße

Anm. 25

Eine Straßenbahn oder eine Eisenbahn liegt innerhalb des Verkehrsraumes einer öffentlichen Straße, wenn sie dem Zuge dieser Straße folgt, wenn also die Gleise in der Längsrichtung der öffentlichen Straße verlaufen, nicht aber dann, wenn die Bahn die öffentliche Straße nur kreuzt.

Dies ergibt sich eindeutig aus der amtlichen Begründung. So auch Biermann „SHG" 1953 S. 89; Geigel „HpflPr." 1952 S. 66. Vgl. auch die Ausf.-Best. zur StraßenbBauBetrO vom 26. 3. 1938 (RVerkBl. B S. 59). Überquert also eine Eisenbahn eine öffentliche Straße — sei der Übergang nun mit Schranken gesichert oder nicht —, so liegt die Bahn nicht innerhalb des Verkehrsraums einer öffentlichen Straße, vielmehr nehmen die Gleise nur ein verhältnismäßig kleines Stück der Straße für die Bahn in Anspruch, die Bahn kann die Kreuzung mit den üblichen hohen Geschwindigkeiten überqueren, während sie, wenn sie die öffentliche Straße in der Längsrichtung befährt, also sie wie die Kraftwagen benutzt, nicht mit derartig hoher Geschwindigkeit fährt und ihre Betriebsgefahr mehr derjenigen der Kraftfahrzeuge ähnelt. Aus diesem Grunde hat § 2 SHG die Haftung für die innerhalb des Verkehrsraumes einer öffentlichen Straße fahrenden Bahnen gemildert: der Betriebsunternehmer kann hier seine Haftung schon dadurch ausschließen, daß er beweist, der Schaden sei durch ein unabwendbares Ereignis verursacht, das weder auf einem Fehler in der Beschaffenheit der Fahrzeuge oder der Anlagen der Bahn noch auf einem Versagen ihrer Verrichtungen beruht.

Diese Bestimmung entspricht dem § 7 Abs. 2 Satz 1 StVG/KFG.

Es kann — worauf Däubler in DR 1940 S. 997 zutreffend hinweist — vorkommen, daß ein und dieselbe Bahn (Eisenbahn oder Straßenbahn) mit einer Teilstrecke innerhalb und mit einer anderen Teilstrecke außerhalb des Verkehrsraums einer öffentlichen Straße verläuft; sie untersteht dann verschiedenen Haftpflichtvorschriften, je nachdem, ob sich der Unfall auf der einen oder anderen Strecke zugetragen hat.

V. Begriff des unabwendbaren Ereignisses

Anm. 26

Bei Eisenbahnen oder Straßenbahnen, die innerhalb des Verkehrsraums einer öffentlichen Straße liegen, ist der Betriebsunternehmer nach § 2 SHG dann nicht schadensersatzpflichtig, wenn der Schaden durch ein unabwendbares Ereignis verursacht ist, das weder auf einem Fehler in der Beschaffenheit der Fahrzeuge oder der Anlagen der Eisenbahn oder der Straßenbahn noch auf einem Versagen ihrer Verrichtungen beruht.

Eine ganz ähnliche Bestimmung enthält § 7 Abs. 2 Satz 1 KFG (StVG) für Unfälle bei dem Betriebe eines Kraftfahrzeugs.

Wie die amtliche Begründung zum SHG besagt, ist es unbillig erschienen, die Haftung für Sachschaden nur in so engem Maße wie in § 1 RHpflG, also nur bei Verursachung des Schadens durch höhere Gewalt, auszuschließen. § 2 schränkt also die Haftung des Betriebsunternehmers dahin ein, daß er sich schon von der Haftung befreien kann, wenn er nachweist, daß der Schaden durch ein unabwendbares Ereignis der oben bezeichneten Art verursacht ist, ein Nachweis, der ihm in der Regel leichter gelingen wird als der Beweis der — nach der Rechtsprechung sehr selten vorliegenden — höheren Gewalt.

Diese Einschränkung der Haftung ist billig erschienen, weil auch die Halter von Kraftfahrzeugen — die ja gleichfalls den Verkehrsraum öffentlicher Straßen benutzen — mit dieser Beschränkung haften, und man angenommen hat, es bestehe hinsichtlich der Betriebsgefahr kein allzu großer Unterschied zwischen den im Zuge öffentlicher Straßen fahrenden Straßenbahnen und Eisenbahnen und den dort fahrenden Kraftfahrzeugen, während bei Bahnen, die einen eigenen Bahnkörper benutzen und daher ganz erheblich größere Geschwindigkeiten erzielen, die Betriebsgefahr so hoch ist, daß es gerechtfertigt ist, die Haftung nur bei höherer Gewalt auszuschließen. Vgl. dazu Böhmer „Höhere Gewalt und unabwendbares Ereignis“ in RdK 1954 S. 10.

Anm. 27

Zum Begriff des „unabwendbaren Ereignisses“ führt die amtliche Begründung aus er sei „derselbe wie im KFG und durch die Rspr. zu diesem Gesetz bereits hinreichend geklärt“. Es ist daher hier die Rspr. zum KFG weitgehend heranzuziehen. Diese versteht unter unabwendbarem Ereignis ein solches, das auch bei Anwendung äußerster, nach den Umständen möglicher Sorgfalt nicht zu verhüten war, vgl. RGZ Bd. 86 S. 149 (151); Bd. 152 S. 52; Bd. 164 S. 273, 280;

BGH 2. 10. 1952 in VRS Bd. 4 S. 565 verlangt „höchstmögliche Sorgfalt“; vgl. auch OLG Karlsruhe 29. 8. 1951 in DAR 1952 S. 27.

Schon in RGZ Bd. 86 S. 151 ist zutreffend ausgeführt, es genüge nicht die allgemeine im Verkehr erforderliche Sorgfalt des § 276 BGB, es sei vielmehr die äußerste mögliche Sorgfalt, „jene besondere, überlegene, gesammelte Aufmerksamkeit, die durch die Gefahr nicht beeinflußt wird und das richtige Handeln auch in schwerer Lage zu finden weiß“, zu verlangen, und RGZ Bd. 152 S. 280 hält eine wesentlich gesteigerte, hochgespannte Sorgfalt für erforderlich. Ebenso RGZ Bd. 92 S. 38; Bd. 96 S. 130; RG 12. 1. 1928 in JW 1928 S. 797; RG 12. 3. 1928 in JW 1928 S. 1723; RG 20. 4. 1931 in JW 1932 S. 777; OLG Köln 24. 10. 1949 in VRS Bd. 2 S. 122; Krille in DAR 1952 S. 120; OLG Koblenz 20. 11. 1953 in VersR 1954 S. 23.

Die Vielgestaltigkeit des Lebens erfordert es — wie BGH 21. 6. 1951 in VRS Bd. 3 S. 401, allerdings zum Entlastungsbeweis nach § 831 BGB, ausführt —, daß hier nicht von starren Regeln ausgegangen, sondern den besonderen Verhältnissen des einzelnen Falles Rechnung getragen werde. Die erhöhte Sorgfaltspflicht setzt nicht erst in einer plötzlichen Gefahrenlage ein, vielmehr muß von vornherein alles vermieden werden, was zu einer solchen Lage führen kann, OLG Koblenz a. a. O. Bezold in JW 1928 S. 797 betont mit Recht, daß so strenge Anforderungen an die Sorgfalt mit Rücksicht auf die Betriebsgefährlichkeit gestellt werden dürfen und müssen. Wenn Biermann „SHG“ 1953 S. 91 ausführt, es sei nicht zu verlangen, daß der Betriebsunternehmer „jede mögliche oder jede erdenkliche Sorgfalt“ beobachtet haben müsse, so ist dies dahin einzuschränken, daß ein unabwendbares Ereignis nur angenommen werden kann, wenn die äußerste zumutbare Sorgfalt angewendet worden ist: es muß, wie OLG Koblenz 20. 11. 1953 in VersR 1954 S. 23 ausführt, „jede nach den gegebenen Umständen vernünftigerweise zumutbare Vorkehrung zur Schadensverhütung“ getroffen sein.

Anm. 28

Kraft ausdrücklicher gesetzlicher Bestimmung in § 2 schließt nur ein solches Ereignis die Ersatzpflicht aus, das weder auf einem Fehler in der Beschaffenheit der Fahrzeuge oder der Anlagen der Eisenbahn oder der Straßenbahn noch auf einem Versagen ihrer Verrichtungen beruht; z. B. wenn beim Fahren einer Straßenbahn ein Tragedraht reißt, haben die Verrichtungen versagt, RG 15. 1. 1900 in JW 1900 S. 158; ebenso wenn der Dampfkessel einer Lokomotive explodiert, RG 13. 4. 1881 in EisEntsch. 2 S. 12; RGZ Bd. 56 S. 263 (267); OLG München in EisEntsch. 22 S. 173. Diese sogen. „inneren Betriebsgefahren“ muß der Betriebsunternehmer auf sich nehmen, mögen sie auch unabwendbar gewesen sein.

Ein Ereignis, das auf einem verborgenen Materialfehler des Fahrzeugs oder auf einer Blockierung der Bremsen beruht, führt nicht zur Haftungsbefreiung, Lütkes

„StrV" 1953 S. 32 Anm. 6. Vgl. auch OLG Naumburg 7. 3. 1933 in JW 1933 S. 2159 wo der Grundsatz ausgesprochen ist, daß alle aus der Eigentümlichkeit des Betriebes erwachsenden und in ihr ruhenden Gefahren auch ohne Verschulden zu vertreten seien. Dagegen Peters a.a.O.

§ 2 SHG führt nicht — wie § 7 Abs. 2 Satz 2 StVG — Beispiele für das Vorliegen eines unabwendbaren Ereignisses an, sagt also nicht ausdrücklich, daß ein Ereignis insbesondere dann als unabwendbar gelte, wenn es auf das Verhalten des Verletzten oder eines nicht bei dem Betrieb beschäftigten Dritten oder eines Tieres zurückzuführen sei und der Betriebsunternehmer und seine Angestellten jede nach den Umständen des Falles gebotene Sorgfalt beobachtet hätten. Diese Beispiele haben aber auch Geltung für das SHG, da die amtliche Begründung ausdrücklich ausführt, der Begriff des unabwendbaren Ereignisses sei derselbe wie im KFG (StVG), vgl. Biermann „SHG" 1953 S. 90. Die Anführung der Beispiele will nicht erschöpfend sein, es sind hier nur einige Fälle im Gesetz hervorgehoben, die besonders wichtige oder häufige unabwendbare Ereignisse darstellen; natürlich sind auch weitere Fälle möglich und denkbar. Zustimmend OLG Koblenz 20. 11. 1953 in VersR 1954 S. 23: es liege keine abschließende Aufzählung von Beispielen vor.

Ein Unfall, der sich infolge einer behördlich angeordneten Verdunkelung ereignet, kann möglicherweise sich als unabwendbares Ereignis darstellen. Anderer Ansicht Biermann a. a. O. S. 92. Die von ihm angeführte Entscheidung RGZ Bd. 167 S. 325 stützt seine Ansicht nicht, sie besagt nur, daß die Verdunkelung nicht höhere Gewalt sei.

Plötzliches Scheuen eines Pferdegespannes kann ein unabwendbares Ereignis sein, LG Heidelberg 10. 6. 1953 in VersR 1954, S. 70.

§ 3

Hat bei der Entstehung des Schadens ein Verschulden des Geschädigten oder desjenigen, der die tatsächliche Gewalt über die Sache ausübt, mitgewirkt, so gilt § 254 des Bürgerlichen Gesetzbuches.

I. Der Grundsatz der Schadensverteilung

Anm. 1

Das Schadensersatzrecht des BGB ist von dem Grundsatz beherrscht, daß in den Fällen, in denen bei der Entstehung des Schadens ein eigenes Verschulden des Beschädigten mitgewirkt hat, unter Abwägung der beiderseitigen Verursachung des Schadens der Schaden entsprechend auf den Schädiger und den Beschädigten zu verteilen ist. Sind mehrere Schadensersatzpflichtige vorhanden, so kann die Abwägung gegenüber den mehreren Schädigern verschieden ausfallen, d. h. der eine dem Beschädigten zu einem höheren Bruchteil haften als der andere, BGH 6. 2. 1954 in VersR 1954 S. 191, 192. Die Verursachung durch den schuldhaft handelnden Beschädigten kann so sehr überwiegen, daß er seinen gesamten Schaden allein tragen muß. Umgekehrt kann aber auch der Schaden so vorwiegend von dem Schädiger verursacht sein, daß ihm trotz mitwirkenden Verschuldens des Beschädigten der Ersatz des gesamten Schadens aufzuerlegen ist. Diese Abwägung der beiderseitigen Verursachung ist immer quaestio facti. Jeder Fall liegt hier anders, und allgemeine Grundsätze über eine bestimmte prozentuale Verteilung des Schadens lassen sich nicht aufstellen. Aus den zahlreichen in der Fachpresse veröffentlichten Gerichtsentscheidungen lassen sich lediglich gewisse Richtlinien oder Anhaltspunkte gewinnen. Wenn z. B. OLG Hamm 3. 11. 1949 in VkBl. 1950 S. 16 einem beim Mitfahren auf dem Trittbrett einer Straßenbahn Verunglückten nur $\frac{1}{3}$ seines Schadens zubilligt, da sein eigenes Verschulden gegenüber der Betriebsgefahr der Straßenbahn als überwiegend anzusehen sei, so mag das in diesem Falle richtig sein, es wäre aber falsch, nunmehr in jedem Falle des verbotenen Mitfahrens auf dem Trittbrett ganz schematisch nur $\frac{1}{3}$ zu gewähren. Der einzelne Fall kann sehr wohl so liegen, daß weniger oder mehr als $\frac{1}{3}$ angemessen erscheint. Die Abwägung und Schadensverteilung nach § 254 BGB gehört dem Gebiet der tatsächlichen Würdigung an; lassen die Unterlagen der getroffenen Abwägung jedoch einen Rechtsirrtum erkennen, so kann, wenn alle erforderlichen Unterlagen vorliegen, das Revisionsgericht die Abwägung selbst vornehmen, BGH 27. 11. 1952 in RdK 1953 S. 45 = VersR 1953 S. 35; das Revisionsgericht kann die Abwägung nachprüfen, wenn sie Denkgesetze oder Erfahrungssätze verletzt, BGH 17. 12. 1952 in RdK 1953 S. 67. Vgl. auch Böhmer „Abwägung der Betriebsgefahr von Kraftwagen und Eisenbahn" in VersWirtsch. 1954 S. 370.

Anm. 2

§ 3 SHG hat — abweichend von § 1 RHpflG — ausdrücklich angeordnet, daß bei Sachschaden § 254 BGB anzuwenden sei, daß also, wenn bei Entstehung des Sachschadens ein Verschulden des Geschädigten oder des Gewalthabers der Sache mitgewirkt hat, eine Abwägung der beiderseitigen Verursachung und eine entsprechende Schadensverteilung vorzunehmen sei. Hiernach ist es im Sachschadenrecht also nicht so, daß der Geschädigte bei eigenem mitwirkenden Verschulden überhaupt keinen Schadensersatzanspruch gegen den Betriebsunternehmer hätte. Es würde auch unbillig sein, wenn bei Beschädigung einer Sache durch einen Bahnbetriebsunfall der Geschädigte, auch wenn ihm nur eine ganz geringe Fahrlässigkeit nachgewiesen würde, überhaupt keinen Schadenersatz erhalten würde.

Anm. 3

Ebenso unbillig würde dies bei Personenschäden sein. Zwar ist in § 1 RHpflG der § 254 BGB nicht ausdrücklich angeführt. Daß er aber auch hier anzuwenden sie, ist seit mehr als 50 Jahren einhellige Rechtsprechung. Schon RG 24. 11. 1902 in RGZ Bd. 53 S. 75 hat ausgeführt, daß der Anwendung des § 254 BGB auch für den Rechtskreis des RHpflG grundsätzliche Bedenken nicht entgegenstehen, das BGB sei zusammen mit dem RHpflG eine „einheitliche Kodifikation", der besondere Zweck und gesetzgeberische Gedanke des RHpflG stehe der Anwendung des § 254 BGB nicht entgegen, diese Anwendung beschränke sich nicht auf Fälle, in denen das RHpflG ausdrücklich auf eine Bestimmung des BGB verweise, § 254 BGB ergänze das RHpflG in förderlicher Weise (vgl. auch ähnlich RGZ Bd. 53 S. 398). In der Entscheidung RGZ Bd. 56 S. 154 wird zur Begründung dieser Ansicht auch auf die Analogie des § 833 BGB — Haftung des Tierhalters — verwiesen, bei dem § 254 BGB zweifellos anzuwenden sei. Dem ist beizutreten, vgl. auch RGZ Bd. 51 S. 276, wo ausgeführt ist, daß § 254 BGB im Fall des § 833 BGB anzuwenden sei. § 1 RHpflG ist eben in seiner praktischen Bedeutung durch § 254 BGB von vornherein modifiziert worden, der die Abwägung und Schadensverteilung allgemein vorschreibt (RGZ Bd. 56 S. 154).

Dieser Standpunkt ist auch in RGZ Bd. 62 S. 346 und in RGZ Bd. 63 S. 332 beibehalten worden. Er ist vom BGH 11. 12. 1950 in VRS Bd. 3 S. 213 und 25. 6. 1951 in BGHZ Bd. 2 S. 355 = NJW 1951 S. 757 = VRS Bd. 3 S. 432 ausdrücklich gebilligt worden. In letzterer Entscheidung ist zutreffend ausgeführt: „Es ist kein gesetzgeberischer Grund ersichtlich, warum das mitwirkende Verschulden des Geschädigten gegenüber der Haftung des Eisenbahnunternehmers bei Tötung oder Verletzung eines Menschen anders beurteilt werden sollte als gegenüber der Haftung des Eisenbahnunternehmers für Sachschäden." Vgl. ferner BGH 21. 11. 1952 in VersR 1954 S. 11. In § 3 SHG hat also die frühere einhellige Rechtsprechung über die Anwendung des § 254 BGB auf die Personenschadenshaftung des § 1 RHpflG ausdrücklich gesetzliche Anerkennung gefunden.

Damit ist die Auffassung von Friese „RHpflG" 1950 S. 108, 109 und NJW 1951 S. 336, wonach „unleugbar gewichtige Gründe" gegen die Auffassung des RG sprächen, da Art. 42 EGBGB trotz Anpassung des RHpflG an das BGB die besonderen Vorschriften in § 1 RHpflG nicht gestrichen habe, als nunmehr überholt anzusehen. Auf ihre eingehende Widerlegung in BGHZ Bd. 2 S. 355 kann hier verwiesen werden.

Wie hier auch BGH 11. 12. 1950 in VRS Bd. 3 S. 213;
Goltermann in DAR 1953 S. 204;
Böhmer in „RHpflG“ 1950 S. 55 Anm. 1 bis 4;
Seligsohn „HpflG“ 1931 S. 142, der anerkennt, daß Erwägungen der Zweckmäßigkeit und Billigkeit eine Fortbildung des § 1 RHpflG in Gemäßheit des § 254 BGB als erwünscht erscheinen lassen müssen: „als besonders ungerecht müßte empfunden werden, wenn ein verhältnismäßig geringfügiges Versehen des Verletzten geeignet sein sollte, die Haftpflicht des Unternehmers ganz auszuschließen.“ Mit Recht weist Seligsohn auch auf die analoge Vorschrift des § 9 StVG/KFG hin.

II. Eigenes Verschulden

A. Allgemeines

Anm. 4

Dem nach § 3 SHG anzuwendenden § 254 BGB liegt folgender Gedanke zugrunde: Es ist von jedem zu verlangen, daß er sich und das Seine unter Anwendung der im Verkehr erforderlichen Sorgfalt tunlichst vor Schaden bewahre. Hat er diese Umsicht und Aufmerksamkeit in eigener Sache in erheblichem Maße nicht angewendet, so würde es in der Regel Treu und Glauben — § 242 BGB — widersprechen, wenn er trotzdem von dem Schädiger vollen Schadensersatz verlangen würde. Es ist daher gerecht und billig, in solchen Fällen eine Abwägung der beiderseitigen Verursachung und eine entsprechende Schadensverteilung anzuordnen. Vgl. auch Schale in NJW 1949 S. 340; Böhmer in RdK 1949 S. 17, 18; Esser „Die Verantwortlichkeit des Verletzten“ in JZ 1952 S. 257. Der Verletzte, der sich unaufmerksam verhält, verletzt ein „Gebot des eigenen Interesses“, RGZ Bd. 149 S. 7. Vgl. auch BGH 2. 6. 1954 in VersR 1954 S. 391.

Es bedarf hier nicht der nicht unbedenklichen Konstruierung eines „Verschuldens gegen sich selbst“.

Anm. 5

Fahrlässig im Sinne des § 254 BGB handelt hiernach, wer es in bezug auf seine Person und seine Sachen an der Aufmerksamkeit fehlen läßt, die im Straßenverkehr — vor allem gegenüber Straßenbahnen — und im Eisenbahnverkehr von jedem verständigen Menschen gefordert werden muß. Rechtfertigt der Tatsachenvortrag der Parteien die Anwendung des § 254 BGB, so ist darin der Einwand eigenen Verschuldens des Verletzten — das nicht von Amtswegen, sondern nur auf Einwand des Ersatzpflichtigen zu berücksichtigen ist — zu erblicken, DAR 1952 S. 78.

Für den Begriff des Verschuldens nach § 254 BGB ist § 276 BGB maßgebend, RGZ Bd. 59 S. 221. Die im Verkehr erforderliche Sorgfalt „ist ein allgemeines Normalmaß der von einem ordentlichen Menschen in dem konkreten Verhältnisse des Verkehrs anzuwendenden Sorgfalt“, RGZ Bd. 68 S. 423. Die Anforderungen sind „nach einem objektiven Maßstab zu bestimmen, nämlich nach dem, was der regelrechte und gesunde Verkehr unter Berücksichtigung der jeweiligen Verhältnisse erfordert. Die berechtigten Anschauungen des Verkehrs entscheiden also darüber, welches Maß von Umsicht und Sorgfalt zur Vermeidung des Schadens aufgewendet werden muß“, RGZ Bd. 119 S. 400; ebenso RGZ Bd. 95 S. 16, 17; Bd. 152 S. 140.

Zum mitwirkenden Verschulden des Verletzten genügt es, daß er mit einer Gefährdung hätte rechnen und der Gefahr sich hätte entziehen können und müssen; er braucht sich nicht einer ihm drohenden Gefahr bewußt gewesen zu sein, BGH 29. 10. 1951 in RdK 1953 S. 63.

Doch können bei der nach § 254 BGB vorzunehmenden Abwägung des Maßes des Verschuldens z. B. eines minderjährigen Beschädigten gegenüber der Betriebsgefahr der Eisenbahn die individuellen Verhältnisse seiner kindlichen Erfahrung berücksichtigt werden, RGZ Bd. 68 S. 423. So hat BGH 21. 11. 1953 in VersR 1954 S. 12 zutreffend ausgeführt, es sei bei der Abwägung zu berücksichtigen, daß bei

Jugendlichen ein gewisser Mangel an Besonnenheit eher verzeihlich sei als bei Erwachsenen (vgl. RG in JW 1931 S. 3321). OLG Stuttgart 20. 10. 1953 in VersR 1953 S. 438 berücksichtigt richtig zugunsten des Kindes, daß im jugendlichen Alter von 8 Jahren die Einsicht in drohende Gefahren noch nicht gefestigt zu sein pflegt. Vgl. auch RGZ Bd. 114 S. 291; RG 19. 6. 1911 in EisEntsch. 28 S. 237; RG 21. 1. 1931 in JW 1931 S. 3319 über die Berücksichtigung der Individualität des Einzelnen bei der Abwägung.

Zu berücksichtigen ist jede, auch nur geringe Fahrlässigkeit, RGZ Bd. 123 S. 216; Bd. 152 S. 140. Doch kann bei ganz geringer Fahrlässigkeit des Geschädigten die Abwägung nach § 254 BGB zu dem Ergebnis führen, daß der Betriebsunternehmer den Schaden voll zu ersetzen hat.

Eine Fahrlässigkeit liegt regelmäßig nicht vor, wenn jemand in unverschuldeter Gefahrenlage kopflos handelt, BGH 25. 10. 1951 in DAR 1952 S. 56 = VRS Bd. 2 S. 91.

Vor allem kann der Eisenbahnbetrieb unter Umständen derartig auf einen Menschen einwirken, daß er die Besonnenheit verliert und verkehrswidrig handelt; in solchen Fällen kann es an einem mitwirkenden eigenen Verschulden des Geschädigten fehlen, RG in JW 1902 S. 31 = EisEntsch. 18 S. 336.

So hat RG 9. 1. 1902 in RGZ Bd. 50 S. 92 = JW 1902 S. 136 = EisEntsch. 19 S. 18 zutreffend ein eigenes Verschulden eines Straßenbahnfahrgastes verneint, der, einen Zusammenstoß voraussehend, in der Meinung, sich durch Abspringen vom Wagen retten zu können, den Fuß auf das Trittbrett setzte; das RG hat hier die Ansicht als unrichtig bezeichnet, „daß ein zurechnungsfähiger Mensch auch dann schuldhaft handle, wenn er im Moment der Gefahr etwas Sachwidriges tut“, und spricht aus, „daß drohende Gefahr den Mangel an besonnener Überlegung entschuldigen und trotz sachwidrigen Verhaltens das Vorliegen von Fahrlässigkeit ausschließen könne“.

RG 14. 12. 1922 in JW 1924 S. 51 = EisEntsch. 40 S. 295 verneint ein mitwirkendes eigenes Verschulden, wenn ein plötzlich auftauchender Straßenbahnwagen eine die Verstandestätigkeit für den Augenblick hemmende Bestürzung und damit ein kopfloses Verhalten hervorgerufen hat; zustimmend Seligsohn in JW 1924 S. 51.

RG 14. 2. 1927 in JW 1927 S. 1141 nimmt an, daß Erregung und Bestürzung eines Reisenden sein Verschulden erheblich mindern können.

Anm. 6

Auch ein sachwidriges Handeln des Geschädigten, das auf einem entschuldbaren Irrtum beruht, kann sein mitwirkendes Verschulden ausschließen, z. B. wenn er vernünftigen Grund hatte, anzunehmen, der Zug halte schon und er müsse aussteigen; anders aber, wenn er bei Anwendung der erforderlichen Sorgfalt hätte erkennen müssen, daß der Zug noch fahre, OLG Darmstadt in EisEntsch. 19 S. 200.

B. Verschulden von Kindern

Anm. 7

Ist der Geschädigte ein Kind unter 18 Jahren, so findet § 828 BGB Anwendung, RGZ Bd. 51 S. 275; RGZ Bd. 54 S. 411; Bd. 59 S. 221; Bd. 68 S. 422; Bd. 108 S. 89; Bd. 156 S. 202;

OGH Köln 14. 7. 1950 in NJW 1950 S. 905;
OLG Tübingen 19. 12. 1952 in VersR 1953 S. 212;
OLG Karlsruhe 28. 2. 1953 in VersR 1953 S. 368.

Es handelt sich nicht um eine unmittelbare, sondern nur um eine entsprechende Anwendung des § 828 BGB, OLG München 5. 2. 1952 in VersR 1952 S. 229.

Da ein geschädigtes Kind, das nicht das siebente Lebensjahr vollendet hat, für einen Schaden nicht verantwortlich ist, so kann ihm der Schädiger, der eine Sache dieses Kindes beschädigt hat, gemäß § 828 Abs. 1 BGB nicht entgegenhalten, daß das Kind durch sein Verhalten den Schaden mitverursacht habe. Bei einem noch nicht siebenjährigen Kind kann von einem Verschulden im Sinne des § 254 BGB überhaupt nicht die Rede sein. Damit scheidet die Anwendung des § 254 BGB aus, denn eine bloße Verursachung des Schadens durch das Kind genügt nicht, da § 254 BGB ausdrücklich ein Verschulden fordert. Bei einem fünfjährigen Kinde z. B. kann § 254 BGB nicht — auch nicht analog — angewendet werden, OLG Tübingen 26. 3. 1953 in RdK 1953 S. 79; vgl. auch RGZ Bd. 54 S. 410; Bd. 59 S. 222; Bd. 68 S. 423.

Die abweichenden Ausführungen von Pfizer in DJZ 1904 S. 711 können nicht gebilligt werden.

Anm. 8

Bei Kindern von sieben bis achtzehn Jahren kann eine Abwägung nach § 254 BGB nur dann erfolgen, wenn sie die nach § 828 Abs. 2 BGB erforderliche Einsicht hatten, und ihnen ein Verschulden im Sinne des § 276 BGB zur Last fällt, BGH 23. 12. 1953 in VersR 1954 S. 118.

Bei einem Betriebsunfall im Eisenbahn- oder Straßenbahnverkehr ist daher Voraussetzung der Anwendung des § 254 BGB, daß das Kind geistig so entwickelt war, daß es die zur Erkenntnis der Gefährlichkeit seines eigenen Verhaltens nötige Einsicht hatte, RG 27. 5. 1908 in EisEntsch. 25 S. 76;

RG 29. 4. 1931 in JW 1931 S. 2562;

OGH Köln a. a. O.; OLG München 5. 2. 1952 in VersR 1952 S. 229;

Böhmer in RdK 1950 S. 6;

siehe auch RGZ Bd. 76 S. 187.

Nach § 828 Abs. 2 BGB gilt im Zweifel jedes Kind, das das siebente Lebensjahr vollendet hat, als einsichtsfähig und schuldfähig, OLG Stuttgart 4. 11. 1953 in VersR 1953 S. 500.

Anm. 9

Diese Einsicht wird heute — vor allem bei Großstadtkindern — angesichts des großen Umfangs und der Bedeutung des Schnellverkehrs selten fehlen. Doch ist in jedem einzelnen Falle unter Berücksichtigung der jeweils vorliegenden besonderen Umstände, wie Alter, Herkunft, Umgebung, Begabung und geistige Entwicklung, Erziehung und Belehrung, festzustellen, ob der Jugendliche die Gefahr, die er durch sein Verhalten heraufbeschwor, zu erkennen vermochte. Zur Beantwortung der Frage nach der Verantwortlichkeitseinsicht genügen allgemeine Erwägungen nicht, es ist vielmehr die Prüfung der Verhältnisse des einzelnen Falles erforderlich, OLG München 5. 2. 1952 in VersR 1952 S. 229.

Das Vorliegen der nötigen Einsicht ist bejaht worden in den Fällen RG 30. 4. 1903 in EisEntsch. 20 S. 160;

RG 18. 10. 1909 in EisEntsch. 26 S. 313;

RG in VR Bd. 7 S. 131;

RG 23. 1. 1945 V 84/44 in RdK 1950 S. 6;

verneint in RG 18. 10. 1906 in EisEntsch. 23 S. 285 = JW 1906 S. 747;

RG 24. 6. 1920 in EisEntsch. 38 S. 73;

RG 2. 6. 1924 in EisEntsch. 41 S. 373;

ein Verschulden eines Jugendlichen ist verneint in RG 14. 12. 1922 in EisEntsch. 40 S. 295;

OLG München 5. 2. 1952 in VersR 1952 S. 229 (schwachentwickeltes Kind von 10 Jahren, schlechte Schulzeugnisse, unterdurchschnittliche Leistungen).

Ein neunjähriger Schuljunge weiß heutzutage, daß er die Straße nur überqueren darf, wenn es ohne Gefährdung möglich ist, OLG Stuttgart 4. 11. 1952 in VersR 1952 S. 500. Ebenso bei einem achtjährigen Schüler OLG Tübingen 26. 2. 1953 in RdK 1953 S. 46. Vgl. auch OLG Stuttgart 8. 5. 1954 in VersR 1954 S. 372 (fast 15 Jahre alter Radfahrer).

Anm. 10

Behauptet das geschädigte Kind, es habe die nach § 828 Abs. 2 BGB nötige Einsicht nicht besessen, so hat es hierfür die Beweislast, RGZ Bd. 51 S. 30; Bd. 61 S. 239; Bd. 74 S. 143; Bd. 76 S. 187;

OLG Stuttgart 13. 10. 1953 in VersR 1953 S. 438; es hat die gesetzliche Vermutung des § 828 Abs. 2 BGB zu widerlegen, BGH 23. 12. 1953 in VersR 1954 S. 118.

Vgl. auch RG 6. 7. 1905 in JW 1905 S. 531; RG 31. 5. 1906 in JW 1906 S. 473; RG 27. 5. 1908 in EisEntsch. 25 S. 76; RG 6. 3. 1911 in WarnRspr. 1911 Nr. 269; RG 19. 6. 1911 in EisEntsch. 28 S. 237; RG 6. 6. 1921 in EisEntsch. 1939 S. 210; RG 1. 7. 1933 in SeuffArch Bd. 90 S. 50.

§ 828 Abs. 2 BGB ist dahin zu verstehen, daß im Zweifel jedes Kind über 7 Jahre deliktsfähig ist, und daß die Deliktsunfähigkeit nur bei Einrede zu prüfen ist, d. h. der Mangel der erforderlichen Einsicht muß erst besonders geltend gemacht sein, wenn er in Betracht gezogen werden soll; das Kind muß besondere Gegengründe darlegen, wenn von der Annahme der erforderlichen Einsicht abgegangen werden soll, RG 6. 7. 1905 a.a.O.

Der Jugendliche muß beweisen, daß ihm die erforderliche Einsicht, die zur Kenntnis der Gefahr befähigt, gefehlt habe, Wussow „Das Unfallhaftpflichtrecht" 1952 S. 6 u. 220. Dieser Beweis wird am besten durch Vernehmung der Lehrer und Eltern, des Pfarrers, durch amtsärztliches Gutachten, durch Schul- und Arbeitszeugnisse geführt werden können.

Von der Frage der Einsichtsfähigkeit des Kindes ist die Frage nach dem Verschulden im konkreten Falle zu trennen, BGH 23. 12. 1953 in VersR 1954 S. 118.

III. Entsprechende Anwendung des § 829 BGB

Anm. 11

Ob § 829 BGB entsprechend angewendet werden kann, wenn bei einem Betriebsunfall das Verhalten eines nach § 828 BGB nicht verantwortlichen Kindes, das dabei einen Sachschaden erlitten hat und Ersatz begehrt, ursächlich mitgewirkt hat, ist bestritten.

In RGZ Bd. 59 S. 223 ist § 829 BGB als eine Ausnahmevorschrift bezeichnet worden, und das Urteil ist wohl dahin zu verstehen, daß das geschädigte Kind sich nicht entgegenhalten zu lassen brauche, daß die Billigkeit eine Abwägung nach § 254 BGB erfordere.

So auch LG München 3. 1. 1933 in VR 1934 Sp. 46; Friese „RHpflG" 1950 S. 100; Wussow „Unfallhaftpflichtrecht" 1952 S. 221; letzterer führt aus, § 829 begründe lediglich einen besonderen Anspruch aus Gründen der Billigkeit gegen den reichen Schädiger, dagegen könne das Vorliegen der Voraussetzungen des § 829 auf seiten des Verletzten niemals aus dem Gesichtspunkt des § 254 BGB eine veränderte Verteilung des Schadens herbeiführen. Gegen die Anwendung des § 829 BGB auch Achilles-Greiff 1949 Anm. 4 zu § 829.

Anderer Ansicht Weimar in DR 1944 S. 608;

LG Köln 1. 10. 1952 in MDR 1953 S. 41 = VersR 1953 S. 72; Palandt Anm. 4 zu § 829; Erman Anm. 4 zu § 829; Geigel „Der Haftpflichtprozeß".

OLG Tübingen 26. 3. 1953 in VersR 1953 S. 213 läßt die Frage unentschieden.

In der Regel wird hier § 829 BGB schon deshalb nicht angewendet werden können, weil seine übrigen Voraussetzungen nicht vorliegen werden, insbesondere wird sich der Betriebsunternehmer einer Eisenbahn oder Straßenbahn einem Kinde gegenüber wohl selten darauf berufen können, daß die Billigkeit eine Herabsetzung der Schadensersatzansprüche des Kindes erfordere.

Sollte jedoch nach den Umständen die Billigkeit es erfordern, daß dem Kinde für seine bei einem Bahnbetriebsunfall beschädigte Sache nur ein Teil des Schadens durch den Betriebsunternehmer ersetzt werde, so wird man gegen eine analoge Anwendung des § 829 BGB keine Bedenken erheben können.

So hat OLG München 2. 4. 1953 in DAR 1953 S. 114 den § 829 BGB entsprechend angewendet in einem Falle, in dem das schuldunfähige Kind die Hauptursache für den ihm zugefügten Schaden gesetzt hatte.

Ebenso LG Fulda 16. 8. 1953 in VersR 1954 S. 69, mit zustimmender Anmerkung von Friedrich; LG Lüneburg 28. 5. 1953 in VersR 1953 S. 295.

IV. Beispiele eigenen Verschuldens der Geschädigten

1. Verschulden im Eisenbahnverkehr

A. Eigenes Verschulden der Fahrgäste der Eisenbahn

Anm. 12

Da dem Bahnbetriebsunternehmer eine so strenge Haftung auferlegt ist, muß auch von den Fahrgästen verlangt werden, daß sie die zur Verhütung von Unfällen gebotenen und jedermann geläufigen Sicherheitsvorkehrungen benutzen, RG 25. 6. 1906 in JW 1906 S. 575.

Die EBO vom 17. 7. 1928 enthält Vorschriften, die von allen Reisenden zu beachten sind. Zuwiderhandlungen gegen diese Vorschriften werden in der Regel als ein Verschulden im Sinne des § 3 SHG anzusehen sein und gemäß § 254 BGB zu einer Abwägung und Schadensverteilung führen müssen, bei der, wenn das Verschulden ein besonders grobes ist, auch eine völlige Abweisung der Ansprüche des Geschädigten in Frage kommt.

§ 77 EBO bestimmt allgemein, daß die Reisenden den allgemeinen Vorschriften, die von der Bahnverwaltung zur Aufrechterhaltung der Ruhe, Sicherheit und Ordnung innerhalb des Bahngebiets und im Bahnverkehr erlassen werden, nachzukommen haben.

§ 81 EBO bestimmt in seinem Abs. 2: „Solange ein Fahrzeug sich in Bewegung befindet, ist das Öffnen seiner Türen, das Ein- und Aussteigen, der Versuch oder die Hilfeleistung dazu, das Betreten der Trittbretter und Plattformen, soweit der Aufenthalt hier nicht ausdrücklich gestattet ist, verboten." Vgl. hierzu auch § 19 Abs. 1 EVO: „Nach dem Abfahrzeichen darf niemand mehr einsteigen." Es ist eine Fahrlässigkeit, wenn der Reisende während der Fahrt des Zuges, dem ausdrücklichen Verbot zuwider, die Abteiltür öffnet, RG 28. 10. 1909 in EisEntsch. 26 S. 315;
RG 11. 11. 1912 in JW 1913 S. 144;
KG Berlin 1. 11. 1932 in VR 1933 Sp. 328;
RG 19. 1. 1944 in VAE 1944 S. 26;
KG Berlin 23. 7. 1936 in VAE 1936 S. 555 (Spielen am Türschloß).
Schuldhaft ist es jedoch nicht, wenn ein Reisender sich in der Nähe der Tür aufstellt, RG 24. 5. 1922 in JW 1923 S. 121 = EisEntsch. 39 S. 282.

Ebensowenig ist es fahrlässig, wenn der Fahrgast nach Feststellung, daß der Türgriff nach oben zeigt, also auf „geschlossen" steht, sich an die Wagentür anlehnt, RG 5. 1. 1943 in WarnRspr. 1943 S. 144. Doch kann ein Anlehnen an die Wagentür ohne Prüfung, ob sie geschlossen ist, schuldhaft sein, RG 17. 5. 1906 in JW 1906 S. 421;
OLG Hamm 15. 9. 1934 in VR 1935 Sp. 265;
KG Berlin 16. 4. 1942 in VAE 1942 S. 175.
Nicht unbedenklich RG 4. 11. 1909 in JW 1909 S. 736 = EisEntsch. 26 S. 396, wo ein Verschulden des Fahrgastes verneint ist, der sich an die Abteiltür gelehnt hat, ohne sich zu vergewissern, ob sie fest verschlossen war. Die oben erwähnte Entscheidung RG JW 1906 S. 421 befriedigt mehr: wenn ein Fahrgast nach dem Einsteigen die Abteiltür hinter sich zuzieht, und beim Versuch, das Fenster zu öffnen, die Tür sich öffnet und er herausfällt, so ist es mit Recht als fahrlässig angesehen worden, daß er sich nicht zuverlässig überzeugt hat, daß er die Tür auch fest und sicher verschlossen habe.

RG 2. 9. 1942 in VAE 1942 S. 217 bezeichnet ein Anlehnen an die mangelhaft verschlossene Bordwand eines Materialwagens der Bahn als fahrlässig.

Vgl. auch AG Zwenkau 5. 11. 1940 in VAE 1941 S. 30.

Das Stehen im Abteil trotz Vorhandenseins von Plätzen ist noch kein Verschulden, RG 15. 2. 1917 in EisEntsch. 35 S. 90.

Es ist auch nicht fahrlässig, wenn sich ein Reisender wähernd der Fahrt im Seitengang des D-Zuges aufstellt, RG 1. 7. 1909 in EisEntsch. 26 S. 194.

Anm. 13

§ 81 Abs. 2 EBO verbietet ausdrücklich das sehr gefährliche Einsteigen in einen schon abfahrenden Zug oder das Aussteigen aus einem noch nicht haltenden Zug. Das Zuwiderhandeln gegen dieses — allgemein bekannte — Verbot ist als eine besonders grobe Fahrlässigkeit anzusehen. Jedermann weiß heute, daß das Aufspringen auf einen schon in Bewegung befindlichen Zug oder das Abspringen von einem noch fahrenden Zug äußerst riskant ist und schon viele sehr schwere Unfälle verursacht hat. Ein derartig leichtsinniges Verhalten von Fahrgästen muß daher bei der Abwägung und Schadensverteilung nach § 254 BGB zu Lasten des Geschädigten besonders gewichtig in die Waagschale fallen,

vgl. RG 14. 2. 1899 in JW 1899 S. 185 = EisEntsch. 16 S. 48;

RG 23. 9. 1907 in DJZ 1907 S. 1322 Br. 2 = EisEntsch. 24 S. 260 versagt jeden Ersatz in einem Falle, in dem eine Reisende, die in dem irrigen Glauben, ihr Reiseziel erreicht zu haben, an einer Haltestelle ausgestiegen war, nach Kenntnis von ihrem Versehen in der Angst, an dem Abend ihr Ziel nicht mehr erreichen zu können, neben dem schon wieder abfahrenden Zug herlief, aufzuspringen versuchte und dabei verunglückte;

RG 4. 11. 1907 in EisEntsch. 24 S. 278;
RG 2. 7. 1908 in EisEntsch. 25 S. 188;
RG 1. 3. 1909 in EisEntsch. 26 S. 45;

RG 6. 2. 1909 in JW 1909 S. 190 gewährt einem Reisenden, der, als der Zug sich wieder in Bewegung setzte, das Aussteigen noch nicht beendet hatte, schon auf der untersten Stufe der Waggontreppe war und dann absprang, Ersatz von $^3/_4$ seines Schadens: sein Verschulden war nicht so erheblich, weil auch das Umdrehen und Wiederaufsteigen gefährlich gewesen wäre;

RG 17. 10. 1910 in JW 1911 S. 62 = EisEntsch. 27 S. 318 versagt jeden Schadensersatz im Hinblick auf das grobe Verschulden des Verletzten: daß er mit Hund und Schirm auf den fahrenden Zug aufsprang, war eine sehr große Unvorsichtigkeit;

vgl. ferner RG 8. 3. 1909 in EisEntsch. 26 S. 47 = WarnRspr. 1909 S. 251;
RG 20. 2. 1919 in WarnRechtspr. 1919 Nr. 73;
RG 11. 11. 1920 in LeipzZtschr. 1921 Sp. 178;

RG 21. 1. 1929 in JW 1929 S. 2815 gewährt einem elfjährigen Schüler, der auf den fahrenden Zug zu springen versuchte, teilweise Ersatz, da die Eisenbahn es an der Überwachung der etwa 100 Schulkinder hatte fehlen lassen und da das Verschulden eines Kindes keineswegs so hart beurteilt werden könne, daß es die Bahnbetriebsgefahr weit überwiege und daß dem Kind die ganzen Schadensfolgen aufgebürdet würden.

Hanow daselbst will das Kind allein die Folgen tragen lassen und meint, es könne der Eisenbahn im Ernst nicht zugemutet werden, jedesmal einen besonderen Wärter aufzustellen (?).

RG 14. 11. 1929 in JW 1931 S. 45 = EisEntsch. 50 S. 88 erblickt in dem Versuch eines Reisenden, auf den Packwagen des fahrenden Zuges aufzuspringen, ein außerordentlich grobes Verschulden, das so erheblich und überwiegend sei, daß die Betriebsgefahr der Eisenbahn dagegen völlig zurücktrete. Zustimmend Hanow daselbst.

Vgl. ferner OLG Naumburg 21. 3. 1924 in VR 1924 Sp. 540; KG Berlin 20. 12. 1924 in EisEntsch. 43 S. 112 = VR 1925 Sp. 579;

OLG München 14. 11. 1936 in JW 1937 S. 328 gewährt einem Reisenden keinen Ersatz, der aus dem schon mit erheblicher Geschwindigkeit fahrenden Zuge trotz eindringlicher Warnung, und obwohl er durch Gegenstände in beiden Händen behindert war, absprang; mit Recht wird bei einer Unvorsichtigkeit von so außergewöhnlichem Ausmaß die Klage abgewiesen;

OLG Köln 20. 3. 1940 in VAE 1940 S. 111;
KG Berlin 4. 11. 1940 in VAE 1941 S. 7;
OLG Breslau 14. 3. 1941 in VAE 1941 S. 131;
OLG Celle 16. 10. 1942 in VAE 1943 S. 70;
OLG Dresden 5. 1. 1943 in VAE 1943 S. 72;
OLG Nürnberg 29. 10. 1942 in VAE 1943 S. 28;

OLG Stuttgart 16. 10. 1941 in VAE 1942 S. 139;
OLG Stuttgart 25. 3. 1942 in VAE 1942 S. 139;
LG Innsbruck 16. 8. 1941 in VAE 1941 S. 194;
LG Kiel 5. 8. 1941 in VAE 1942 S. 6.

Anm. 14

Aber auch, wenn der Zug hält, ist der Reisende verpflichtet, beim Einsteigen und Aussteigen die im Bahnverkehr erforderliche Sorgfalt zu beobachten.

Es kann fahrlässig sein, wenn der Reisende es unterläßt, sich beim Einsteigen oder Aussteigen über hohe, schmale oder steile Trittbretter an der Schutzstange oder dem Handgriff festzuhalten, RG 25. 6. 1906 in JW 1906 S. 575 bezeichnet das Sichfesthalten an den Seitengriffen beim Aussteigen, zumal bei Frost, als „die nächstliegende und allergewöhnlichste Vorsicht", die verlangt werden muß;

RG 21. 10. 1907 in EisEntsch. 24 S. 272 = WarnRspr. 1908 S. 17 Nr. 20; RG 3. 4. 1911 in WarnRspr. 1911 S. 324 Nr. 284;
RG 8. 11. 1915 in WarnRspr. 1916 Nr. 18;
RG 11. 11. 1920 in LeipzZtschr. 1921 Sp. 178;
OLG Nürnberg 27. 11. 1931 in VR 1933 Sp. 140;
OLG Breslau 24. 9. 1940 in VAE 1941 S. 3.

Beim Aussteigen aus dem Zuge bei winterlicher Glätte ist es fahrlässig, wenn der Reisende das Trittbrett nicht daraufhin ansieht, ob es vereist oder verschneit ist, oder sich nicht vorsichtig mit beiden Händen festhält, OLG Dresden 31. 5. 1935 in JW 1935 S. 3049; ebenso hält OLG Hamburg 29. 5. 1940 in VAE 1940 S. 165 es für schuldhaft, wenn sich ein Reisender beim Einsteigen über ein vereistes Trittbrett nicht mit beiden Händen an den Handgriffen festhält; dies mag bei Eisglätte gelten, in der Regel wird jedoch ein Festhalten mit beiden Händen nicht zu verlangen sein, RG 8. 6. 1943 in RGZ Bd. 171 S. 137 = DR 1943 S. 994 = VAE 1943 S. 49; der Reisende wird eine Hand für sein Handgepäck brauchen!

Vgl. auch OLG Breslau 24. 9. 1940 in VAE 1941 S. 3.

Anm. 15

Ein Verschulden kann auch darin liegen, daß ein Fahrgast außerhalb des Bahnhofs aus dem Zuge aussteigt. Nach § 20 Abs. 2 EVO ist es verboten, bei einem Betriebsaufenthalt außerhalb des Bahnhofs auszusteigen; dies darf nur mit Zustimmung des Schaffners geschehen, und die Reisenden müssen sich sofort von den Gleisen entfernen und auf das erste Zeichen des Zugführers wieder einsteigen.

RG 10. 10. 1912 in JW 1913 S. 23 findet mit Recht eine Fahrlässigkeit darin, daß ein ortskundiger Reisender bei unvorschriftsmäßigem Anhalten des Zuges blindlings aussteigt, ohne sich zu vergewissern, ob der Bahnhof schon erreicht ist, und gewährt ihm nur 3/4 seines Schadensersatzanspruchs. Es ist die Pflicht des Reisenden, sich vor dem Aussteigen zu überzeugen, ob der Zug am Ziel angekommen ist, und damit zu rechnen, daß andernfalls der Zug sich plötzlich mit einem Ruck wieder in Bewegung setzen kann.

Auch RG 2. 1. 1905 in JW 1905 S. 112 = EisEntsch. 21 S. 292 erblickt eine Fahrlässigkeit darin, daß eine Reisende auf freier Strecke ausstieg und einen Abhang hinunterfiel, sie hatte die Pflicht, vor dem Aussteigen die Örtlichkeit zu prüfen, auf den Ausruf des Schaffners zu achten und sich zu vergewissern, ob ein erleuchteter Bahnsteig vorhanden sei oder ob der Zug außerhalb des Bahnhofs hielt.

Vgl. auch RG 22. 1. 1940 in VAE 1940 S. 46;

OLG Oldenburg 14. 12. 1949 in VkBl. 1950 S. 29 billigt einem Reisenden nur 3/4 des Schadens zu, weil es ein Verschulden darin erblickt, daß er, als wegen Kürze des Bahnsteigs die letzten Wagen außerhalb desselben standen, unbesorgt in der Dunkelheit auf das 1 Meter tiefer liegende Bahngelände ausstieg.

Siehe aber auch RG 8. 1. 1943 in VAE 1943 S. 49.

Wer beim Aussteigen, ohne das untere Trittbrett zu benutzen, einen Sprung von 65 cm tut und sich dabei Schaden zuzieht, hat nach OLG Breslau 3. 10. 1939 in VAE

1940 S. 3 durch seine Unachtsamkeit den Unfall so überwiegend verursacht, daß er keinen Ersatzanspruch gegen die Eisenbahn hat.

In der Regel braucht der aussteigende Reisende nicht damit zu rechnen, daß sich zwischen Wagentrittbrett und Erdboden ein ungewöhnlich großer Abstand befindet, der das Aussteigen erschwert; es ist dann nicht fahrlässig, wenn er beim Aussteigen nicht Bahnbeamte zu Hilfe ruft,

RG 30. 3. 1908 in EisEntsch. 24 S. 402;

RG 30. 11. 1908 in JW 1909 S. 59 = EisEntsch. 25 S. 316 (hier bestand der ungewöhnliche und gefährliche Zustand, daß der Abstand zwischen Trittbrett und Erdboden 70 cm betrug; hierauf brauchte der Reisende nicht gefaßt zu sein, noch dazu bei Dunkelheit);

RG 29. 2. 1912 in EisEntsch. 29 S. 95;

OLG Stuttgart 22. 9. 1927 in JW 1928 S. 2332 (ein Beinamputierter mit Prothese muß, wenn der Zug außerhalb des Bahnsteigs hält und die Entfernung vom Trittbrett zum Boden unerwartet groß ist, durch Inanspruchnahme des Bahnpersonals und der Mitreisenden für ungefährdetes Aussteigen selbst sorgen);

KG Berlin 3. 3. 1941 in VAE 1941 S. 112;

siehe aber OLG Köln 13. 10. 1906 in EisEntsch. 23 S. 190.

Anm. 16

Es ist fahrlässig, wenn der Reisende — dem Verbot des § 81 Abs. 2 EBO zuwider — während der Fahrt die Plattform oder die Trittbretter des Eisenbahnwagens betritt.

Allerdings ist das Verschulden geringer, wenn die Bahnbeamten wegen Überfüllung des Zuges geduldet haben, daß der Reisende auf der Plattform mitfuhr.

RG 12. 7. 1926 in RGZ Bd. 114 S. 292 gewährt einem 13jährigen Fahrgast die Hälfte seines Schadens, weil er trotz des im Wagen angeschlagenen Verbots, allerdings mit Duldung der Bahnbeamten, sich auf die überfüllte Plattform gestellt hat, von der er dann infolge eines unfreiwilligen Stoßes eines Mitreisenden hinunterfiel.

RG 28. 6. 1915 in JW 1915 S. 1016 billigt einem Fahrgast, der wegen Überfülle des Zuges mit Duldung der Bahnbeamten auf der Plattform mitfuhr und über das geschlossene Abschlußgitter hinunterfiel, ¾ des Schadens zu, weil er sich schuldhaft keinen festen Stand gesucht habe.

Vgl. ferner OLG Marienwerder 8. 6. 1928 in EisEntsch. 48 S. 84; OLG Innsbruck 24. 10. 1940 in VAE 1941 S. 4.

Betreten des Trittbretts, solange der Zug noch fährt, ist besonders leichtsinnig, OLG Hamm 12. 3. 1942 in VAE 1942 S. 138.

Anm. 17

Verboten ist das Sichhinauslehnen aus dem Wagenfenster während der Fahrt, weil es wegen des Gegenverkehrs sehr gefährlich ist und schon zu schweren Unfällen, z.B. Abreißen der Hand durch einen auf dem Nebengleis herankommenden Gegenzug, geführt hat.

Es wird meistens eine sehr grobe Fahrlässigkeit darin liegen, daß ein Reisender den Arm weit zum Fenster hinausstreckt oder weit hinaus winkt,

vgl. RG 16. 5. 1931 in JW 1932 S. 2064 = EisEntsch. 52 S. 380: einem Reisenden, der weit zum Zug hinauswinkte, wurde auf nicht aufgeklärte Weise die Hand abgerissen; RG gewährte ihm Ersatz von ²/₃ seines Schadens, da kein besonders grobes Verschulden vorliege; man wird aber wohl mit Seligsohn daselbst annehmen müssen, daß ein solches Zuwiderhandeln gegen ein bekanntes strenges Verbot kein leichtes Verschulden ist.

Vgl. ferner OLG Nürnberg 28. 1. 1928 in VR 1928 Sp. 389; KG Berlin 16. 11. 1939 in VAE 1940 S. 70; LG Berlin 5. 4. 1940 in VAE 1940 S. 177.

Ein Fahrgast jedoch, der den Kopf nur wenige Zentimeter aus dem Abteilfenster herausstreckt und dabei gegen einen Brückenmast stößt, handelt nicht fahrlässig, OLG Marienwerder 3. 1. 1939 in VAE 1939 S. 154.

Anm. 18

Fahrlässig ist es, wenn der Reisende die offene Wagentür, mit deren Schließung — sei es durch Bahnbeamte, sei es durch Mitreisende — er rechnen muß, derart mit der Hand berührt, daß diese beim Zuschlagen der Tür gequetscht wird, RG 30. 6. 1896 in JW 1896 S. 417 = EisEntsch. 13 S. 238;
RG 1. 2. 1907 in EisEntsch. 24 S. 36;
RG 25. 2. 1907 in EisEntsch. 24 S. 43;
RG 29. 4. 1909 in EisEntsch. 26 S. 67;
RG 22. 4. 1911 in EisEntsch. 28 S. 111;
RG 13. 10. 1913 in EisEntsch. 30 S. 366;
RG 2. 2. 1914 in JW 1914 S. 477 (hier war die Abfahrtszeit des Zuges verstrichen, also mit alsbaldigem Schließen der Türen zu rechnen, überdies war vor Schließen der Tür laut und deutlich „Vorsehen!" gerufen worden, trotzdem hat der Reisende mit den Fingern in die Türangel gefaßt, so daß sie ihm geklemmt wurden);
RG 21. 4. 1928 in EisEntsch. 48 S. 83;
KG Berlin 28. 4. 1928 in VR 1928 S. 475;
OLG Darmstadt 1. 3. 1932 in EisEntsch. 53 S. 190;
LG Erfurt 13. 12. 1927 in VR 1928 Sp. 433;
LG Erfurt 30. 6. 1930 in VR 1931 Sp. 41;
LG Aschaffenburg 29. 9. 1938 in VAE 1939 S. 18;
AG Schweinfurt 4. 4. 1941 in VAE 1941 S. 155;
AG Ratibor 9. 6. 1942 in VAE 1942 S. 213;
LG Aachen 7. 11. 1952 in VersR 1953 S. 214 (der Verletzte darf sich nicht darauf verlassen, daß das Schließen der Tür, wie es häufig geschieht, vorher angekündigt werden würde). Vgl. auch BGH 11. 12. 1950 in NJW 1951 S. 110 (vorzeitiges Öffnen der Wagentür).

B. Eigenes Verschulden dritter Personen im Eisenbahnverkehr

Anm. 19

Auch für das Verhalten der Personen, die nicht Fahrgäste der Eisenbahn sind, enthält die EBO Vorschriften.

§ 77 EBO bestimmt, daß auch „das sonstige Publikum" den allgemeinen Vorschriften, die von der Bahnverwaltung zur Aufrechterhaltung der Ruhe, Sicherheit und Ordnung innerhalb des Bahngebiets und im Bahnverkehr erlassen werden, nachzukommen hat und den dienstlichen Anordnungen der Bahnpolizeibeamten Folge zu leisten hat.

§ 78 EBO regelt das Betreten der Bahnanlagen der freien Strecke und der Anlagen der Bahnhöfe, Haltestellen und sonstigen Haltepunkte außerhalb der dem Publikum bestimmungsgemäß geöffneten Räume: es ist dieses Betreten nur bestimmten Beamten oder nur gegen Erlaubniskarte gestattet, sonst aber verboten. Wo die Bahn zugleich als Weg dient, ist sie bei Annäherung eines Zuges oder anderer Eisenbahnfahrzeuge zu räumen, § 78 Abs. 9 EBO; der Eisenbahnverkehr geht hier dem Straßenverkehr vor, Finger „Eisenbahngesetze" S. 386.

§ 79 EBO lautet:

„Die Eisenbahn darf nur an den dazu bestimmten Stellen (Übergängen) überquert werden. Die Benutzung der Übergänge ist jedoch verboten, wenn

a) sich ein Eisenbahnfahrzeug nähert,

b) am Übergang durch hörbare oder sichtbare Zeichen vor einem sich nähernden Eisenbahnfahrzeug gewarnt oder das Schließen der Schranken angekündigt wird,

c) die Schranken bewegt werden oder geschlossen sind oder

d) die Sperrung des Straßenverkehrs auf dem Übergang in anderer Weise kenntlich gemacht ist.

In den Fällen zu 1 müssen Straßenfahrzeuge und Tiere vor den Warnkreuzen oder, wo solche nicht vorhanden sind, in entsprechender Entfernung vor der Bahn angehalten werden. Fußgänger müssen bei beschrankten Übergängen vor den Schranken, bei unbeschrankten vor den Warnkreuzen oder in entsprechender Entfernung vor der Bahn haltmachen.

Bei Annäherung an Übergänge und bei ihrer Benutzung ist besondere Aufmerksamkeit anzuwenden. Hiervon sind die Wegbenutzer auch an beschrankten Übergängen sowohl bei geschlossenen als auch bei geöffneten Schranken nicht befreit.

Es ist verboten, die Schranken oder sonstige Einfriedigungen eigenmächtig zu öffnen.

Viehherden dürfen innerhalb 10 Minuten vor dem mutmaßlichen Eintreffen eines Eisenbahnfahrzeuges nicht mehr über die Bahn getrieben werden.

Pflüge, Eggen und andere Geräte sowie Baumstämme und andere schwere Gegenstände, die die Bahnanlagen beschädigen können, dürfen nur mit besonderer Vorsicht über die Bahn geschafft werden.

Privatübergänge dürfen nur von den Berechtigten und nur unter den von der Aufsichtsbehörde genehmigten Bedingungen benutzt werden". Vgl. hierzu Guelde „Eisenbahnübergang" in DAR 1952 S. 84ff., 100; Hünemörder in RdK 1950 S. 36.

Anm. 20

Ein Zuwiderhandeln gegen diese Bestimmungen wird in aller Regel ein Verschulden im Sinne des § 254 BGB darstellen und kann dazu führen, daß dem Geschädigten kein Schadensersatz oder nur teilweise Ersatz gewährt wird.

Es ist in der Regel ein grobes Verschulden, wenn jemand die Gleise außerhalb der erlaubten Übergänge betritt (§ 79 Abs. 1 EBO), RG 29. 5. 1885 in EisEntsch. 4 S. 183;

RG 18. 6. 1895 in EisEntsch. 13 S. 194;

RG 7. 10. 1918 in RGZ Bd. 94 S. 11 (wer an verbotener Stelle den Bahndamm betritt, begeht eine grobe Fahrlässigkeit, die jeden Schadensersatzanspruch auszuschließen geeignet ist);

OLG Frankfurt 3. 11. 1027 in VR 1928 Sp. 128;

KG Berlin 7. 5. 1935 VR 1935 Sp. 578 Nr. 347; in

OLG Hamm 31. 5. 1943 in VAE 1943 S. 92;

LG Kiel 2. 9. 1941 in VAE 1942 S. 143;

OLG Düsseldorf 17. 4. 1952 in VkBl. 1952 S. 367 (wer die Eisenbahngleise an einer dafür nicht vorgesehenen Stelle überschreitet, begibt sich bewußt in eine vermeidbare besondere Gefahrenlage und handelt einem allgemein bekannten Verbot vorsätzlich zuwider, er muß daher den daraus entstehenden Schaden selbst tragen).

Wenn jemand unter dem Einfluß des Alkohols die Gleise an verbotener Stelle überschreitet, kann gegenüber diesem groben Verschulden die Betriebsgefahr der Eisenbahn völlig zurücktreten, RG 18. 9. 1943 V 25/43.

Auch OLG Breslau 21. 2. 1930 in JW 1932 S. 2451 hat ausgesprochen, daß die Eisenbahn nicht hafte, wenn jemand infolge von Trunkenheit den ordnungsmäßigen beleuchteten Dorfstraßenübergang verfehlt und in Nebel und Dunkelheit zwischen den Telegrafenstangen auf den Bahnkörper gerät.

Weniger schuldhaft ist jedoch das Überschreiten des Bahnkörpers an einer an sich verbotenen Stelle, wenn die Eisenbahn das Überschreiten durch die Anwohner jahrelang geduldet hat, RG 29. 4. 1922 in VR 1924 Sp. 75.

§ 79 Abs. 2 EBO verbietet auch ein zu nahes Herantreten an die Gleise. Ein solches kann schuldhaft sein, RG 20. 2. 1928 in VR 1928 Sp. 235;

OLG Bamberg 28. 4. 1941 in VAE 1942 S. 179;

LG Klagenfurt 15. 11. 1942 in VAE 1943 S. 48.

Es ist schuldhaft, wenn ein in unmittelbarer Gleisnähe Beschäftigter sein Augenmerk nicht auf den Zugverkehr richtet, RG 17. 3. 1904 in JW 1904 S. 232.

Doch dürfen auch an das Maß der Sorgfalt, das von einem neben den Gleisen beschäftigten Arbeiter zu verlangen ist, nicht zu hohe Anforderungen gestellt werden; er kann nicht dauernd nach Zügen ausschauen, sondern darf sich darauf verlassen, daß rechtzeitige Warnung erfolgt, RG 23. 3. 1938 in SeuffArch. Bd. 92 Nr. 142.

Anm. 21

Da nach § 79 Abs. 1 EBO die Benutzung der Eisenbahnübergänge verboten ist, wenn sich ein Eisenbahnfahrzeug nähert, so wird es in der Regel grobfahrlässig sein, wenn jemand ohne vorsichtige Umschau nach etwa sich nähernden Zügen die Gleise überschreitet oder gar versucht, trotz Erblickens des Zuges noch vorher hinüberzueilen, § 79 Abs. 3 EBO verlangt die Anwendung besonderer Aufmerksamkeit, und dazu gehört sorgfältige Umschau nach Zügen und Achten auf die Geräusche und Warnsignale (Läuten, Pfeifen) des Zuges, RG 23. 2. 1897 in JW 1897 S. 195;

RGZ Bd. 38 S. 162 (hier war ein Fußgänger an einem unbeschrankten Übergang über das Gleis gegangen, ohne sich nach dem herannahenden Zug umzusehen und ohne die vor dem Übergang stehende Warnungstafel zu beachten, in Gedanken versunken, den Kopf zur Erde geneigt!); RG 6. 7. 1899 in JW 1899 S. 578 = EisEntsch. 16 S. 258; RG 12. 2. 1903 in RGZ Bd. 53 S. 394 = EisEntsch. 20 S. 52;

RG 23. 2. 1905 in JW 1905 S. 229 = EisEntsch. 22 S. 54 (es ist ein grobes Verschulden, wenn man sich auf das Ertönen des Läutewerks verläßt, statt sich selbst durch Umschau zu vergewissern, ob ein Zug naht); RG 26. 9. 1907 in EisEntsch. 24 S. 265;

RG 23. 9. 1907 in DJZ 1907 S. 1322 Nr. 1 (ein besonders krasser Fall: der Geschädigte war mit den örtlichen Verhältnissen an dem unbeschrankten Eisenbahnübergang völlig vertraut, hatte den Zug schon längere Zeit gesehen und gewußt, daß er zurückfahren und den Übergang kreuzen müsse; er hat die allergewöhnlichste Vorsicht außer acht gelassen, seine Schadensersatzansprüche sind daher mit Recht vom RG ganz abgewiesen worden);

RG 10. 2. 1908 in WarnRspr. 1908 S. 206;

RG 8. 2. 1909 in EisEntsch. 26 S. 41 = WarnRspr. 1909 S. 252.

RG 21. 9. 1909 in JW 1909 S. 667 (wenn ein Postaushelfer, der in dienstlicher Eigenschaft einen Postkarren über die Gleise schieben muß und schon deshalb vermöge seiner Beschäftigung in höherem Maße als andere Personen den Gefahren des Eisenbahnbetriebes ausgesetzt ist, unvorsichtig über die Gleise fährt, ist sein Verhalten milder zu beurteilen);

RG 18. 10. 1909 in JW 1910 S. 37 (Verschulden eines Neunjährigen, der mit den örtlichen Bahnverhältnissen vertraut und in unmittelbarer Nähe der Bahn aufgewachsen war);

RG 13. 1. 1910 in Recht 1910 Nr. 787;

RG 15. 12. 1910 in EisEntsch. 28 S. 68;

RG 16. 10. 1911 in JW 1912 S. 30 (Verschulden eines auf dem Bahnhof beschäftigten Postschaffners beim Überschreiten der Gleise);

RG 21. 9. 1912 in EisEntsch. 29 S. 320;

RG 19. 6. 1913 in EisEntsch. 30 S. 228;

RG 19. 4. 1916 in EisEntsch. 33 S. 331 = WarnRspr. 1916 Nr. 146;

RG 12. 5. 1924 in JW 1924 S. 1157 (einem Arbeiter werden 1/3 seines Schadens zugesprochen, weil sein Verschulden deshalb geringer ist, weil Kanalbauarbeiten beiderseits der Eisenbahnlinie vorgenommen wurden und die Arbeiter während der Arbeit häufig den Bahnkörper überschreiten mußten);

RG 28. 3. 1927 in VR 1927 Sp. 402;

RG 2. 5. 1944 V /44;

vgl. auch RG 23. 5. 1908 in EisEntsch. 25 S. 168;

RG 28. 9. 1909 in EisEntsch. 26 S. 307;

OLG Frankfurt 2. 6. 1927 in JW 1928 S. 3192 (einem Fußgänger steht kein Anspruch gegen die Eisenbahn zu, wenn er beim Ertönen der den Schrankenschluß ankündigenden Signalglocke noch eilig die Gleise zu überschreiten versucht — was nach § 79 Abs. 1 b EBO ausdrücklich verboten ist);

OLG Nürnberg 19. 10. 1928 in JW 1929 S. 954;

OLG Bamberg 28. 4. 1941 in VAE 1942 S. 179.

Besonders große Fahrlässigkeit liegt hier bei trunkenem Zustand vor, OLG Darmstadt 15. 11. 1927 in VR 1928 Sp. 432; OLG Tübingen 16. 2. 1950 in VkBl. 1950 S. 103

(hier ist die Hälfte des Schadens zuerkannt, weil der Verunglückte zwar in angeheitertem Zustande auf den Bahnkörper gelangt war, aber die Möglichkeit, die in einer öffentlichen Verkehrsstraße liegenden Gleise zu überschreiten, auch außerhalb der Übergänge ohne weiteres gegeben war).

§ 79 Abs. 1 c EBO verbietet die Benutzung des Bahnübergangs, wenn „die Schranken bewegt werden oder geschlossen sind". Es ist die Bewegung nach unten, nicht die nach oben gemeint, RG in DJ 1940 S. 1150; Finger „Eisenbahngesetze" S. 387 Anm. 2. Es ist daher ein erhebliches Verschulden, wenn ein Fußgänger die Gleise überschreitet, während die Schranken schon herabgelassen werden, RG 29. 3. 1915 in EisEntsch. 32 S. 106 = WarnRspr. 1915 Nr. 150,

oder wenn er unter einer geschlossenen oder sich senkenden Bahnschranke hindurchkriecht, RG 9. 7. 1934 in VR 1934 Sp. 460.

Anm. 22

Kraftfahrzeugführer handeln besonders fahrlässig, wenn sie beim Überfahren von Bahnübergängen die Vorschriften der §§ 9 Abs. 2 StVO und des § 79 EBO nicht beachten.

§ 9 Abs. 2 StVO bestimmt, daß an Eisenbahnübergängen in Schienenhöhe in besonderem Maße die Vorschrift gilt, daß der Kraftfahrzeugführer die Fahrgeschwindigkeit so einzurichten hat, daß er jederzeit in der Lage ist, seinen Verpflichtungen im Verkehr Genüge zu leisten, und daß er das Fahrzeug nötigenfalls rechtzeitig anhalten kann. § 79 Abs. 3 EBO betont, daß bei der Annäherung an Übergänge und bei ihrer Benutzung besondere Aufmerksamkeit anzuwenden ist. Dies muß vor allem gelten, wenn Kraftfahrzeuge unbeschrankte Bahnübergänge befahren.

Es ist eine grobe Fahrlässigkeit, wenn ein Kraftfahrzeugführer einen nicht durch Schranken gesicherten Eisenbahnübergang benutzt, ohne sich zuvor besonders sorgfältig durch Beobachtung der Bahnstrecke und Horchen auf Warnsignale überzeugt zu haben, daß sich kein Eisenbahnzug in gefährlicher Nähe befindet. Wegebenutzer müssen dabei jederzeit mit der Annäherung von Zügen rechnen.

BGH 20. 3. 1952 in NJW 1952 S. 713 = JR 1952 S. 286 hat klar ausgesprochen, daß der Kraftfahrer bei Benutzung eines Bahnübergangs das der Eisenbahn zustehende Vorfahrtsrecht unter allen Umständen zu beachten habe. „Welches Maß an Aufmerksamkeit und Vorsicht zu beachten ist, läßt sich nur nach Lage des einzelnen Falles entscheiden. Dabei spielen der Zustand der Straße, die Verkehrslage, die Sicht und die Wetterverhältnisse eine wichtige Rolle". Es ist fahrlässig, wenn er sich der Möglichkeit, Läutewerk- und Pfeifwarnzeichen des Zuges zu hören, dadurch beraubt, daß er sein mit ziemlicher Lautstärke spielendes Rundfunkgerät nicht abschaltet.

Vor allem hat der Kraftfahrer vor dem Überqueren rechtzeitig und sorgfältig nach beiden Seiten der Bahnstrecke Ausschau zu halten, RG 8. 3. 1937 in JW 1937 S. 1776; RG 13. 4. 1944 in VAE 1944 S. 53.

Vgl. auch OLG Düsseldorf 23. 4. 1940 in VAE 1941 S. 47. Ein Kraftfahrer, der weiß, daß ein unbeschrankter Bahnübergang bevorsteht und Schienen und Warnkreuz rechtzeitig sieht, ist zu gesteigerter Aufmerksamkeit verpflichtet und muß beiderseitige Ausschau halten, OLG Bremen 20. 11. 1953 in VRS 1954 S. 120.

Je größer die Schwierigkeit für den Kraftfahrer ist, sich die Gewißheit zu verschaffen, daß kein Zug sich nähert, um so höher sind die Anforderungen an seine Aufmerksamkeit. Kann er sich nur durch Aufbietung eines Höchstmaßes von Sorgfalt diese Sicherheit verschaffen — z. B. wenn die Bahnstrecke schwer einzusehen ist, Dunkelheit, Nebel oder Schneetreiben herrscht —, so ist es fahrlässig, wenn er diese gesteigerte Sorgfalt nicht anwendet.

Die konkrete Sachlage kann erfordern, daß er sich nur mit Schrittgeschwindigkeit an den Bahnübergang herantastet, um gegebenenfalls sofort anhalten zu können; vgl. OLG Oldenburg 13. 3. 1951 in VkBl. 1951 S. 307 (besonderer Gefahrenpunkt, weil ein Haus den Bahnkörper verdeckt). Unter besonders schwierigen Sichtverhältnissen muß sogar verlangt werden, daß der Kraftfahrer in geeignetem Abstand vom Bahnübergang anhält, sein Fahrzeug verläßt und Umschau hält, wenn er sich in anderer Weise keine zuverlässige Kenntnis verschaffen kann, BayrObLG 7. 12. 1928 in JW 1929 S. 1485. Auch BayrObLG 5. 8. 1952 in VRS 1953 S. 51 verlangt, daß bei besonderer Gefahrenlage angehalten werden müsse. LG Braunschweig 11. 1. 1949 in VRS Bd. 1 S. 123 fordert, daß bei dichtem Nebel, der die Sicht auf die Bahnstrecke völlig aufhebt, ein Kraftomnibus kurz anhalte und einen Beobachter vorausschicke. Doch wird dies dem Kraftfahrer nur in besonderen Ausnahmefällen zuzumuten sein; in der Regel braucht er vor einem Bahnübergang nicht anzuhalten, RG 15. 5. 1931 in JW 1931 S. 3321.

Im allgemeinen ist die Forderung, der Kraftfahrer müsse anhalten und, falls vorhanden, einen Begleiter vorschicken, als überspannt abzulehnen, Guelde in DAR 1952 S. 102. Bei einem ungewöhnlich gefährlichen, besonders unübersichtlichen Übergang muß angehalten werden, OLG Oldenburg 4. 10. 1949 in VRS Bd. 1 S. 300.

Besonders an einem stark befahrenen, unübersichtlichen, unbeschrankten Bahnübergang muß der Kraftfahrer besonders vorsichtig und langsam fahren, RG 30. 5. 1930 in JW 1931 S. 870 = EisEntsch. 50 S. 306;

RG 15. 11. 1930 in JW 1931 S. 869;

siehe auch RG 7. 1. 1932 in JW 1932 S. 2067.

Es ist fahrlässig, wenn der Kraftfahrer weder die Warnzeichen am Straßenrand noch die Warnsignale des Zuges noch die Lichter der Lokomotive beachtet;

in RGZ Bd. 142 S. 356 (363) und RGZ Bd. 157 S. 193 (195) — an sich Fälle beschrankter Übergänge — ist ausgesprochen, daß bei unbeschrankten Eisenbahnübergängen jederzeit mit dem Herankommen von Zügen gerechnet werden und der Wegebenutzer sich bereithalten müsse, das auf § 79 EBO beruhende Vorrecht der Eisenbahn zu beachten.

Vgl. ferner OLG Köln 4. 4. 1935 in VR 1935 Sp. 466 Nr. 286;

OLG Stuttgart 12. 9. 1940 in VAE 1940 S. 206;

OLG Celle 15. 8. 1941 in VAE 1942 S. 30.

Anm. 23

Doch dürfen die Anforderungen an den Kraftfahrer auch nicht überspannt werden. Es wird nicht verlangt werden können, daß er vor Antritt der Fahrt die Eisenbahnfahrpläne studiert. RG 30. 3. 1931 in JW 1931 S. 1956 bezeichnet es als mit Recht zu weitgehend, von einem Kraftwagenführer zu verlangen, daß er sich vor der Fahrt an Hand einer Karte so genau unterrichte, daß er auf der Fahrt unter allen Umständen und jederzeit wisse, an welcher Stelle er gerade sei. Zustimmend Goltermann daselbst S. 1957. Zu weit geht wohl RG 8. 3. 1937 in JW 1937 S. 1776, wonach ein Kraftfahrer, der die zu befahrende Strecke nicht mehr genau in Erinnerung habe, vor Fahrtantritt die Karte einsehen und sich die möglicherweise Gefahren mit sich bringenden Stellen ins Gedächtnis zurückrufen müsse. Eine Karte, aus der zu ersehen ist, ob Eisenbahnübergänge beschrankt oder unbeschrankt sind, wird der Kraftfahrer wohl kaum besitzen.

Richtig sieht OLG Köln 21. 5. 1910 in RheinArch. 108 S. 292 kein Verschulden eines Kraftfahrers darin, daß er nicht vor der Fahrt ein genaues Kartenstudium hinsichtlich der zu überquerenden Eisenbahnkörper vorgenommen hat.

Anm. 24

Auch bei beschrankten Eisenbahnübergängen kann eine Fahrlässigkeit des Kraftwagenführers vorliegen. Es kann vorkommen, daß aus irgendwelchen Gründen — Fahrlässigkeit oder plötzliche Krankheit des Schrankenwärters, Eingreifen unbefugter Personen — eine Bahnschranke offen steht, obwohl ein Zug herankommt. Auch damit muß der Benutzer des Bahnübergangs rechnen und seine Fahrweise darauf einstellen.

§ 79 Abs. 3 EBO schreibt denn auch vor, daß die Wegebenutzer auch an beschrankten Übergängen — sowohl bei geschlossenen wie bei geöffneten Schranken — von der Pflicht zu besonderer Aufmerksamkeit nicht befreit sind. Das ist zu billigen. Andererseits muß auch hier der Vertrauensgrundsatz gelten. Die Eisenbahn gibt durch die Schrankenstellung dem Verkehr Zeichen, nach denen sich die Straßenbenutzer richten sollen: Offenstehen der Schranke zeigt an, daß die Bahn den Übergang zur Zeit nicht in Anspruch nehmen will, daß sie ihn dem Straßenbenutzer freigibt, RG 5. 11. 1940 in DR 1941 S. 47; hierauf darf sich der Kraftfahrer zunächst verlassen, ohne doch die nötige besondere Aufmerksamkeit außer acht zu lassen. Vgl. Böhmer in JZ 1953 S. 142, 144. Zu Unrecht meint Finger „Eisenbahngesetze" S. 387 Anm. 5, offene Schranke heiße nicht „Fahrt frei!".

BGH 8. 3. 1951 in NJW 1951 S. 479 führt hierzu — im Anschluß an RGZ Bd. 142 S. 364, 366; RGZ Bd. 157 S. 195 — richtig aus: Auch bei Annäherung an einen beschrankten Eisenbahnübergang ist der Kraftfahrer zur Vorsicht in der Bemessung seiner Fahrgeschwindigkeit genötigt, wenn auch die in dieser Hinsicht an ihn zu stellenden Anforderungen nicht so groß sind, wie wenn es sich um einen unbeschrankten Eisenbahnübergang handelt. Ein Offenstehen oder zu spätes Schließen der Schranken schließt nicht ohne weiteres ein Verschulden des Kraftfahrers aus. Die Pflicht, seine Aufmerksamkeit in erster Linie und fortgesetzt bis zur Überquerung darauf zu richten, ob die Schranke offen ist, ob sie offen bleibt oder im Begriff ist, sich zu senken, daneben aber auch die vor ihm liegende Strecke seiner Fahrbahn zu beobachten, steht an erster Stelle.

Vgl. hierzu auch RG 4. 2. 1935 in VR 1935 Sp. 209; RG 21. 10. 1937 in JW 1938 S. 31 = DJ 1938 S. 117 = DAR 1937 S. 381; RG 18. 7. 1938 in RGSt. Bd. 72 S. 286 = VAE 1938 S. 363;
OLG Köln 24. 11. 1932 in VR 1933 Sp. 519;
OLG Marienwerder 14. 7. 1939 in VAE 1940 S. 1;
KG Berlin 21. 11. 1939 in VAE 1940 S. 70;
RG 24. 6. 1943 in VAE 1944 Bd. 16 S. 31;
RG 24. 9. 1943 in VAE 1944 Bd. 16 S. 16;
OLG Jena 5. 5. 1941 in DAR 1942 S. 48;
LG Hamburg 26. 3. 1943 in VAE 1943 S. 110;
LG Breslau 6. 8. 1942 in VAE 1943 S. 29.

Es ist fahrlässig, wenn der Kraftfahrer nicht darauf achtet, daß die Bahnschranken sich schon senken, OLG Hamburg 27. 6. 1934 in VR 1935 Sp. 322.

Fahrlässigkeit des Kraftfahrers liegt nicht vor, wenn nach Durchfahrt eines Zuges die Bahnschranken sich öffnen, der Kraftfahrer nunmehr über das Gleis fährt und dabei von einem zweiten Zug erfaßt wird, RG 10. 7. 1940 in VAE 1940 S. 177; es ist kein Verstoß gegen § 79 Abs. 1 c, wenn beim Hochgehen der Schranken mit dem Überqueren begonnen wird.

Befinden sich die Bahnschranken nicht in der Abwärts-, sondern in der Aufwärtsbewegung, so bestehen im allgemeinen keine Bedenken gegen das Befahren des Übergangs, Guelde in DAR 1952 S. 102.

Ein besonders grobes Verschulden liegt vor, wenn ein Kraftfahrer die geschlossene Bahnschranke eigenmächtig öffnet und dann die Gleise überquert, vgl. das ausdrückliche Verbot des § 79 Abs. 4 EBO.

Anm. 25

Es ist nicht fahrlässig, wenn jemand ein zum Scheuen vor der Eisenbahn geneigtes Pferd verwendet, falls er das bahnscheue Pferd nicht unnötigerweise den Einwirkungen des Bahnbetriebes aussetzt und sachgemäße Maßnahmen ergreift, RGZ Bd. 62 S. 145 (147);

RG 17. 2. 1899 in JW 1899 S. 185 = EisEntsch. 16 S. 51; RG 29. 4. 1907 in JW 1907 S. 369 = EisEntsch. 24 S. 61 (hier hat der Fuhrmann, als der Zug nahte, das Pferd am Kopf gefaßt, selbst angehalten und dem Lokomotivführer gewinkt, daß er anhalte; RG verneint ein Verschulden; die Landstraße sei in erster Linie für den Fuhrverkehr, nicht für die Eisenbahn bestimmt).

Im Falle RG 2. 2. 1914 in EisEntsch. 31 S. 109 aber ist zutreffend ein Verschulden bejaht. Ein Gespannführer handelt fahrlässig, wenn er mit lebhaften Pferden unter einer Eisenbahnunterführung durchfährt, während gerade ein Zug darüberfährt, RG 4. 6. 1934 in VR 1934 Sp. 397.

Hinsichtlich der an die Einfriedigung und Bewachung eines Fohlengartens in der Nähe der Eisenbahnstrecke zu stellenden Anforderungen vgl. RG 11. 7. 1935 in VR 1935 Sp. 446 Nr. 266.

Anm. 26

Bei der Abwägung nach § 254 BGB ist zu beachten, daß auch die Eisenbahn Verkehrsteilnehmer im Sinne des § 1 StVO ist — RGSt Bd. 74 S. 318; BGH in VRS Bd. 4 S. 434; BGH 19. 3. 1953 in VRS Bd. 5 S. 304; Martin in DAR 1954 S. 79 — und daher die allgemeine Sorgfaltspflicht hat.

Das Bahnpersonal hat, wenn es erkennt oder erkennen muß, daß an höhengleichem Bahnübergang ein Zusammenstoß mit Straßenbenutzern droht, jede nur mögliche Sorgfalt anzuwenden, BGH 5. 3. 1953 in VRS Bd. 5, S. 284, 287. Ein Verschulden in dieser Hinsicht ist bei der Abwägung nach § 254 BGB zum Nachteil der Eisenbahn zu berücksichtigen.

2. Eigenes Verschulden des Geschädigten im Straßenverkehr

A. Eigenes Verschulden der Straßenfahrbahngäste

Anm. 27

Für die Straßenbahnfahrgäste gilt § 43 BOStrab und § 36 StVO, ein Verstoß gegen diese — allgemein bekannten — Bestimmungen wird in der Regel schuldhaft sein.

Von besonderer Bedeutung ist hier § 36 Abs. 2 StVO, welcher lautet: „Die Fahrgäste dürfen die öffentlichen Verkehrsmittel nur an den dazu bestimmten Haltestellen betreten und verlassen. Das Auf- und Abspringen während der Fahrt und das Hinauslehnen ist verboten.“

Dieses Verbot wird sehr häufig übertreten. Aber die weitverbreitete Unsitte des Aufspringens auf einen schon fahrenden Straßenbahnwagen oder des Abspringens während der Fahrt kann nicht dazu führen, ein so gefährliches Verhalten nicht als grobfahrlässig erscheinen zu lassen.

Wird ein Fahrgast infolge solcher Fahrlässigkeit geschädigt, so wird die Abwägung gemäß § 254 BGB häufig dahin führen, daß er überhaupt keinen oder nur geringne Schadensersatz erhält.

Vgl. hierzu RG 14. 2. 1882 in EisEntsch. 2 S. 202;

RG 15. 11. 1886 in EisEntsch. 5 S. 114;

RG 30. 4. 1896 in EisEntsch. 13 S. 163 = JW 1896 S. 343;

RG 8. 11. 1906 in JW 1907 S. 9 = EisEntsch. 23 S. 294 (hier ist dem Geschädigten jeder Ersatz versagt, weil eine grobe Außerachtlassung der erforderlichen Vorsicht darin erblickt worden ist, daß er versucht hat, auf den durch eine Türe abgeschlossenen Hinterperron eines langsam fahrenden Straßenbahnmotorwagens aufzuspringen);

RG 28. 10. 1907 in JW 1907 S. 740 = EisEntsch. 24 S. 277 = WarnRspr. 1908 S. 16 (hier ist dem Geschädigten die Hälfte seines Schadens zugesprochen worden, weil die elektrische Straßenbahn, von der er absprang, die Fahrt bereits so verlangsamt hatte, daß er das Anhalten erwarten konnte, dann aber plötzlich die Fahrt beschleunigte);

RG 1. 6. 1908 in WarnRspr. 1908 Nr. 607;

RG 6. 2. 1908 in EisEntsch. 25 S. 45;

RG 24. 11. 1910 in JW 1911 S. 109 (Abspringen von einem Wagen, der auf die Bitte des Geschädigten langsamer fuhr und dann vorzeitig wieder schneller fuhr);

RG 6. 10. 1913 in JW 1914 S. 45;

RG 17. 9. 1917 in JW 1918 S. 38 (hier ist grundsätzlich anerkannt, daß der Geschädigte beim Aufspringen auf einen fahrenden Triebwagen keinen Ersatz erhält, daß aber beim Vorliegen triftiger Entschuldigungsgründe — hier des Irrtums, der bloß rangierende Wagen fahre schon ab — teilweise Ersatz gewährt werden müsse — hier 3/4; vgl. hierzu v. d. Leyen daselbst, der dahingestellt läßt, ob das Verschulden nicht allzu milde beurteilt sei);

RG 20. 2. 1919 in WarnRspr. 1919 S. 111;
RG 13. 11. 1919 in WarnRspr. 1920 S. 62;
RG 8. 12. 1919 in WarnRspr. 1920 S. 61;
RG 5. 12. 1927 in VR 1928 Sp. 28;
RG 15. 12. 1927 in VR 1928 Sp. 131;
RG 17. 4. 1928 in EisEntsch. 48 S. 83 Nr. 35 = VR 1928 Sp. 288;
OLG Zweibrücken 26. 1. 1944 in DJ 1944 S. 222;
OLG Köln 18. 6. 1953 in MDR 1953 S. 616: auch während der Auslaufbewegung der Straßenbahn an der Haltestelle, also noch vor dem Anhalten, darf der Fahrgast nicht auf- oder abspringen; gegenüber solchem grobfahrlässigem Verhalten tritt die allgemeine Betriebsgefahr der Bahn völlig zurück; da sie aber hier erhöht war, erhält der Geschädigte immerhin ¼ seines Schadens.
Bedenklich RG 22. 3. 1928 in EisEntsch. 48 S. 83 Nr. 34.
Siehe auch Schneider in VR 1935 Sp. 178.

Anm. 28

Ein Verschulden liegt aber nicht vor, wenn der aussteigende Fahrgast in entschuldbarem Irrtum der Meinung war, der Wagen halte schon, RG 19. 2. 1906 in JW 1906 S. 235 = EisEntsch. 22 S. 403;
RG 29. 5. 1943 V 176/42;
oder wenn der Wagenführer ihm zugesichert hatte, er werde langsamer fahren, damit er abspringen könne, und diese Zusage nicht eingehalten hat, RG 24. 11. 1910 in EisEntsch. 27 S. 335.

Wenn der Fahrgast während des Anhaltens schon die Griffe erfaßt hat und dann beim Anfahren noch aufzusteigen versucht, so handelt er nicht fahrlässig, RG 1. 6. 1908 in EisEntsch. 25 S. 77 = WarnRspr. 1908 Nr. 607; auch nicht, wenn der Wagen sich wieder in Bewegung setzt, ehe der Fahrgast das Aussteigen vollendet hat, OLG Dresden 18. 10. 1908 in EisEntsch. 26 S. 22.

Aussteigen aus einem außerhalb der Haltestelle haltenden Wagen kann schuldhaft sein, OLG Braunschweig 4. 11. 1910 in EisEntsch. 27 S. 328.

Das Betreten des Trittbretts während der Fahrt kann schuldhaft sein, RG 14. 11. 1904 in JW 1905 S. 43 = EisEntsch. 21 S. 288, vor allem, wenn Schnee auf dem Trittbrett liegt, der das Feststehen erschwert, und der Fahrgast außerdem noch ein Paket trägt;
RG 1. 2. 1906 in JW 1906 S. 192.

Die aus- und einsteigenden Fahrgäste der Straßenbahn haben sich so zu verhalten, daß kein anderer Verkehrsteilnehmer mehr als unvermeidbar behindert oder belästigt wird, BayerObLG 25. 11. 1953 in VRS 1954 S. 221.

B. Eigenes Verschulden anderer Personen im Straßenverkehr

Anm. 29

Für das Verhalten der Personen, die nicht Fahrgäste der Straßenbahn sind, gelten die §§ 41, 42 der Straßenbahnbau- und -betriebsordnung vom 13. 11. 1937 sowie die §§ 1, 9 Abs. 4, 10 Abs. 4, 13 Abs. 2, 16 Abs. 1 Ziff. 7, 37 StVO. Ein Zuwiderhandeln gegen diese Bestimmungen wird in der Regel eine Fahrlässigkeit darstellen.

Vor allem gilt die Grundregel des § 1 StVO: der Verkehr der Straßenbahn darf nicht gefährdet werden, sie darf nicht geschädigt oder mehr, als nach den Umständen unvermeidbar, behindert oder belästigt werden.

Es ist schuldhaft, wenn ein Kraftfahrzeugführer zu schnell an die Straßenbahnschienen heranfährt, ohne auf die Straßenbahn Rücksicht zu nehmen, RG 22. 10. 1943 in VAE Bd. 17 (1944) S. 55,
wenn ein Kraftfahrer ohne vorsichtige Umschau kurz vor einem herannahenden Straßenbahnwagen in das Gleis einbiegt, KG Berlin 17. 11. 1938 in VAE 1939 S. 71;

RG 23. 4. 1931 in JW 1931 S. 1959 (es ist sehr fahrlässig, wenn ein Kraftradfahrer die Straßenbahngleise, die einen gesonderten, nur an Übergängen für andere Fuhrwerke befahrbaren Bahnkörper hatten, überquert, ohne sich zu vergewissern, ob ein Straßenbahnwagen komme).

Anm. 30

Der Fahrer eines Pferdefuhrwerk handelt fahrlässig und erhält nur die Hälfte seines Schadens, wenn er ohne aufmerksame Umschau noch in einem Zeitpunkt über die Gleise fährt, in dem die Straßenbahn schon so nahe war, daß ein Zusammenstoß kaum vermeidbar war, RG 27. 10. 1904 in JW 1905 S. 14.

Fahrlässig handelt der Postillon eines Postwagens, der versucht, noch vor der Straßenbahn über die Gleise zu kommen, RG 20. 11. 1924 in JW 1925 S. 942.

Daß Fuhrwerke auf oder an den Gleisen der Straßenbahn fahren, ist an sich noch nicht schuldhaft, RG 28. 9. 1903 in JW 1903 S. 390 = EisEntsch. 20 S. 248.

Vgl. ferner RG 10. 5. 1909 in EisEntsch. 26 S. 170;

RG 1. 10. 1903 in JW 1903 S. 403 (Radfahrer).

Fahrlässig handelt ein Fuhrmann, der sein Pferd, das beim Nahen der Straßenbahn störrisch wird, nicht beim Kopfe faßt, RG 5. 7. 1913 in EisEntsch. 30 S. 344.

Ein Radfahrer handelt schuldhaft, wenn er ganz dicht hinter einem Straßenbahnwagen herfährt, OLG Naumburg 23. 2. 1926 in VR 1926 S. 311.

Anm. 31

Fußgänger müssen, bevor sie Gleise der Straßenbahn überschreiten, ihre Aufmerksamkeit nach beiden Seiten hin darauf richten, ob sich kein Straßenbahnwagen nähert,

RG 22. 1. 1903 in JW 1903 S. 102;

RG 18. 9. 1905 in JW 1905 S. 686 = EisEntsch. 22 S. 189 (ein Fußgänger, der vor einer nahenden Straßenbahn unaufmerksam das Gleis betrat, um noch vorher die Straße zu kreuzen, erhielt nur ¼ seines Schadens);

RG 11. 4. 1906 in JW 1906 S. 350 = EisEntsch. 23 S. 55 (Klage eines Fußgängers ganz abgewiesen, weil er nachts blindlings in das Straßenbahngleis gelaufen ist und die allergewöhnlichste Vorsicht außer acht gelassen hat);

RG 14. 5. 1906 in JW 1906 S. 437 (grobe Unvorsichtigkeit eines mit den örtlichen Straßenbahnverhältnissen völlig vertrauten Fußgängers);

RG 8. 7. 1907 in EisEntsch. 24 S. 174;

RG 28. 9. 1908 in EisEntsch. 25 S. 290;

RG 7. 12. 1908 in JW 1909 S. 47 (ein Fußgänger, der achtlos die Straßenbahngleise entlang geht, ist zu eigener Vorsicht verpflichtet und darf sich nicht unbedingt darauf verlassen, daß er von einem hinter ihm fahrenden Straßenbahnwagen durch Läutezeichen besonders gewarnt werde);

RG 8. 5. 1911 in JW 1911 S. 578 (ein 15jähriger Fußgänger, der sich leichtfertig in Gefahr begab, indem er in die Fahrbahn der Straßenbahn lief, ohne sich nach rechts und links umzusehen, erhält nur ⅓ seines Schadens);

RG 12. 1. 1928 in VR 1928 S. 525; RG 10. 10. 1907 in EisEntsch. 24 S. 269; RG 26. 1. 1922 in VR 1922 S. 257.

Eine Fahrlässigkeit liegt unter Umständen nicht vor, wenn ein Fußgänger in der Bestürzung im Augenblick höchster Gefahr sachwidrig handelt,

RG 14. 11. 1901 in JW 1902 S. 31;

RG 14. 12. 1922 in JW 1924 S. 51.

Daß ein Fußgänger sich darauf verlassen dürfte, der Straßenbahnführer werde ihn schon rechtzeitig durch ein Klingelzeichen warnen, wird man angesichts des heutigen lebhaften Straßenverkehrs nicht mehr unbedingt als richtig anerkennen können; RG 5. 1. 1905 in JW 1905 S. 119 = EisEntsch. 21 S. 388 dürfte daher heute wohl überholt sein; vgl. auch RG 13. 2. 1908 in EisEntsch. 25 S. 47.

In erster Linie hat der Fußgänger mit größter Sorgfalt nach etwa heranahenden Straßenbahnwagen Umschau zu halten.

Überschreitet ein Fußgänger zwei Straßenbahngleise, so ist es ein grobes Verschulden, wenn er außer acht läßt, daß auf dem zweiten Gleis eine Straßenbahn in entgegengesetzter Richtung herankommen kann, RG 14. 4. 1904 in JW 1904 S. 287;
RG 5. 7. 1905 in EisEntsch. 22 S. 183;
RG 22. 10. 1908 in EisEntsch. 25 S. 375;
RG 19. 1. 1911 in EisEntsch. 28 S. 81;
RG 23. 1. 1919 in WarnRspr. 1919 S. 112 Nr. 74.

Gebrechliche, Schwerhörige und behinderte ältere Personen sind zu besonderer Vorsicht im Straßenbahnverkehr verpflichtet,
RG 7. 12. 1908 in JW 1909 S. 47 = EisEntsch. 25 S. 318 (75jähriger Fußgänger, der nicht mehr im Besitz voller Sinnesschärfe und Beweglichkeit ist);
RG 22. 6. 1903 in JW 1903 S. 92 = EisEntsch. 20 S. 179;
RG 30. 1. 1905 in JW 1905 S. 170 = EisEntsch. 22 S. 38 (Schwerhörige); vgl. auch RG 18. 11. 1941 in RGZ Bd. 167 S. 325 (Unsicherheit in den Beinen wegen Altersgebrechlichkeit; nur ½ des Schadens zugebilligt).

An sich ist ein Überschreiten der Straßenbahngleise nicht schuldhaft, RG 4. 4. 1899 in JW 1899 S. 310 = EisEntsch. 16 S. 139;
RG 2. 11. 1899 in EisEntsch. 16 S. 333;
RG 14. 12. 1900 in EisEntsch. 18 S. 35;
doch ist es fahrlässig, wenn die Übersicht behindert ist, RG 15. 3. 1900 in EisEntsch. 17 S. 228.

Anm. 32

Ist die Straßenbeleuchtung und die Beleuchtung der Fahrzeuge verdunkelt, so haben alle Verkehrsteilnehmer mit besonderer Vorsicht auf die Straßenbahn zu achten Es ist fahrlässig, wenn der Fußgänger diese erhöhte Sorgfalt außer acht läßt, RG 6. 1 1942 in RGZ Bd. 168 S. 304 (hier wird ihm nur ½ des Schadens zugebilligt);
RG 20. 12. 1941 in DR 1942 S. 578 (Leuchtsäule nicht beachtet);
RG 13. 4. 1943 V 8/1943;
RG 14. 9. 1943 in DR 1944 S. 197 (nur ½ des Schadens).

Es ist ein grobes Verschulden, wenn ein Fußgänger eine Sense so unvorsichtig trägt daß sie von der Straßenbahn erfaßt wird, er erhält daher nur ⅓ des Schadens, RG 10. 5. 1906 in JW 1906 S. 422.

V. Durchführung der Abwägung

Anm. 33

§ 254 BGB macht die Schadensverteilung von den Umständen, insbesondere davon abhängig, welcher Beteiligte den Schaden überwiegend verursacht hat.

Bei der Durchführung der Abwägung ist daher in erster Linie von dem Maß der Verursachung auszugehen, in dem die Beteiligten zu der Schadensentstehung beigetragen haben; das Verschulden der Beteiligten ist nur ein Faktor der Abwägung,
RGZ Bd. 112 S. 286; Bd. 141 S. 353 (357); Bd. 156 S. 193 (202); Bd. 164 S. 264; Bd. 169 S. 84 (95); RG 10. 4. 1940 in DR 1940 S. 1287; RG 28. 6. 1940 in DR 1940 S. 1947;
BGH 11. 12. 1950 in NJW 1951 S. 11;
BGH 14. 10. 1953 in VersR 1954 S. 59;
OLG Karlsruhe 7. 12. 1949 in DAR 1951 S. 82; Arndt das.; OLG München 17. 9. 1951 in DAR 1953 S. 130.

Entscheidend ist, wer die erste und wichtigste Ursache für den Unfall gesetzt hat RG 11. 7. 1944 V 156/43.

Anm. 34

Unrichtig ist es, entscheidendes Gewicht allein auf das Maß des Verschuldens zu legen; das ursächliche Verhalten der Beteiligten ist in erster Linie ins Auge zu fassen, RG 12. 1. 1933 in JW 1933 S. 830; RG 17. 10. 1933 in LeipzZtschr. 1933 Sp. 1458.

Fehlerhaft würde es auch sein, nur nach dem Grad der beiderseitigen Verursachung abzuwägen; in zweiter Linie ist auch das Verschulden als Ursache zu berücksichtigen, es müssen sämtliche mitwirkenden Umstände zusammen herangezogen werden, RG 21. 1. 1944 V 62/44.

Anm. 35

Eine Abwägung ist erst dann möglich, wenn das Gericht Art und Umfang der Verursachung sowie die Größe des Verschuldens und der Betriebsgefahr festgestellt hat, RG 10. 4. 1940 in DR 1940 S. 1287; die bloße Unterstellung eines Verschuldens, ohne ausdrückliche Feststellung, genügt regelmäßig nicht, RG 12. 10. 1933 in JW 1933 S. 2949; RG 15. 11. 1930 in JW 1931 S. 869; Seligsohn das. hält ebenfalls eine Abwägung nach § 254 BGB nur für möglich, wenn eine allseitige gründliche Aufklärung aller in Betracht kommenden ursächlichen Umstände erfolgt ist.

Anm. 36

Aber auch auf Grund dieser Feststellungen ist naturgemäß eine mathematische Berechnung des Prozentsatzes der beiderseitigen Verursachung und des Schadensverteilungsquotienten nicht möglich, und die Schätzungen der Gerichte weichen denn auch vielfach voneinander ab, zumal da jeder Fall anders liegt. Die üblichen Maßstäbe von $1/4 : 3/4$ oder $1/2 : 1/2$ oder $1/3 : 2/3$ sind doch nur sehr grobe Abgrenzungen. Immerhin läßt sich doch eine gerechte und billige Abwägung erreichen. Vgl. Böhmer in VersWirtsch. 1954 S. 370.

Es kommt immer auf die besonderen ursächlichen Umstände des einzelnen Falles an. Auch über die Bewertung der Betriebsgefahr lassen sich allgemeine Sätze nicht aufstellen. Zutreffend sagt z. B. RG 30. 1. 1936 in JW 1936 S. 1899, es gebe keine allgemeingültige Regel, daß die Betriebsgefahr der Eisenbahn an sich schon größer sei als die eines Personenkraftwagens, dies sei nur bei gleichzeitigem Befahren einer Kreuzung von Bahn und Straße der Fall. OLG Hamburg 8. 4. 1952 in VersR 1952 S. 405 nimmt an, die Betriebsgefahr einer Eisenbahn sei auf einer unübersichtlichen verkehrsreichen ungesicherten Kreuzung größer als die eines Kraftlastzuges.

Die Betriebsgefahr der Eisenbahn ist auch dann zu ihren Lasten zu berücksichtigen, wenn sie Schadensersatz von einem Tierhalter fordert, dessen Kuh auf dem Bahndamm vom Zug überfahren ist, wobei der Zug entgleist ist, OLG Kassel 3. 3. 1953 in RdL 1953 S. 157.

VI. Erhöhte Betriebsgefahr

Anm. 37

Bei der Abwägung nach § 3 SHG, § 254 BGB spielt die sog. Erhöhung der Betriebsgefahr eine sehr wichtige Rolle. Vgl. hierzu Böhmer „Der Begriff der erhöhten Betriebsgefahr“ in „RdK“ 1950 S. 50, 51.

Der Begriff der erhöhten Betriebsgefahr ist in den Bestimmungen des SHG wie auch des RHpflG und des StVG/KFG nicht ausdrücklich enthalten, er ist in der Rechtsprechung entwickelt worden.

Dieser durchaus berechtigte Begriff beruht auf der Bestimmung des § 254 BGB, wonach die Schadensverteilung von dem Maß der Verursachung des Schadens durch die auf beiden Seiten vorliegenden kausalen Umstände abhängt. Führt ein Eisenbahnzug durch Zusammenstoß mit einem Kraftwagen einen Sachschaden herbei, so ist in aller Regel auf beiden Seiten je die normale Betriebsgefahr in die Waagschale zu werfen.

Der Fall kann nun aber so liegen, daß — z. B. auf seiten der Eisenbahn — kausale Umstände ins Gewicht fallen, die gewöhnlich nicht vorzuliegen pflegen, also zusätzlich zu Lasten der Bahn zu berücksichtigen sind. Wenn ein Bahnwärter es grobfahrlässig unterlassen hat, trotz Nahens eines D-Zuges die Bahnschranken zu schließen, und der Zug dann einen Kraftwagen zertrümmert, so gehört dieses Verschulden des Schrankenwärters zweifellos zu den Umständen, von denen nach § 254 BGB das Ausmaß des von der Eisenbahn zu ersetzenden Schadens abhängt: zu der gewöhnlichen Betriebsgefahr kommt ein weiterer Umstand hinzu. In diesem Fall spricht man zutreffend von erhöhter Betriebsgefahr. Biermann „SHG" 1953 S. 54 meint, der Begriff der erhöhten Betriebsgefahr sei durch die Rechtsprechung „aus Gründen der Billigkeit" eingeführt. Das trifft nicht zu; die Berücksichtigung gefahrerhöhender Umstände beruht auf § 254 BGB, also auf Gesetz!

Die gegen die Verwendung dieses Begriffes erhobenen Einwendungen sind hiernach unbegründet und unverständlich, da es sich um nichts anderes als um die Anwendung der in § 254 BGB enthaltenen Grundsätze der Abwägung handelt. Biermann „SHG" 1953 S. 50 und in VAE 1943 S. 7ff. sagt sehr gut, es wäre unbillig und würde dem Rechtsgefühl widersprechen, wenn der Geschädigte nicht das Recht hätte, bei der Abwägung der beiderseitigen Verursachung des Schadens Umstände, die offensichtlich mit der regelmäßigen — normalen — Betriebsgefahr der Eisenbahn nichts zu tun haben, aber im einzelnen Fall in erheblichem Maße zum Schaden beigetragen haben, z. B. das Nichtschließen der Schranken bei einem beschrankten Bahnübergange (vgl. z. B. RG 30. 1. 1936 in JW 1936 S. 1899), zu seinen Gunsten besonders geltend zu machen; denn selbstverständlich könne im einzelnen Fall infolge besonderer Umstände die Betriebsgefahr der Eisenbahn größer sein, als sie regelmäßig ist.

Wenn v. Kienitz in JW 1932 S. 798 meint, die sog. erhöhte Betriebsgefahr sei eine „bedenkliche Redewendung" — siehe auch Abitz-Schultze in VAE 1937 S. 440ff. —, wenn Staks in VAE 1942 S. 127 den Begriff für „rechtlich ebenso überflüssig wie schädlich" hält, wenn Friese „RHpflG" 1950 S. 109 von der „inneren Haltlosigkeit dieses Begriffs" spricht, so sind das unsachliche Übertreibungen. Gegen den Begriff „erhöhte Betriebsgefahr" auch Pittner in VAE Bd. 9 Nr. 2, der ihn für „abwegig" erklärt.

Es kann auch nicht gesagt werden, das Gesetz mache keinen Unterschied, ob die Betriebsgefahr der Eisenbahn größer oder geringer sei; denn tatsächlich macht § 254 BGB diesen Unterschied, indem er anordnet, daß sämtliche kausalen Umstände abzuwägen seien, und dazu gehören auch diejenigen Umstände auf seiten der Eisenbahn, die gewöhnlich nicht vorhanden sind und im Einzelfalle in erhöhtem Maße zur Verursachung des Unfalls beigetragen haben. Diese gefahrerhöhenden mitursächlichen Umstände sind bei der normalen Betriebsgefahr der Eisenbahn noch nicht berücksichtigt, müssen daher zu ihren Lasten in die Waagschale fallen, RG 10. 10. 1944 V 54/44. Daß auf diese Weise die Betriebsgefahr der Bahn doppelt zu ihrem Nachteil berücksichtigt werde und dies im Gesetz keine Grundlage finde, ist daher unzutreffend.

Der Ansicht von v. d. Leyen in JW 1920 S. 434, das Gesetz mache keinen Unterschied, ob die Betriebsgefahren größer oder geringer, ob sie gewöhnliche oder erhöhte seien, kann im Hinblick auf § 254 BGB nicht beigetreten werden. Abzulehnen ist auch die Meinung von v. Kienitz, das Gesetz gehe von einer einheitlichen Betriebsgefahr aus, die sich nicht in „Normalgefahr, Untergefahr oder Übergefahr" zerlegen lasse. Die Betriebsgefahr „ist bei der verschiedenen Art der Anlagen, der verschiedenen Art ihrer Benutzung (z. B. Geschwindigkeit), der Verschiedenheit der gesamten örtlichen Verhältnisse und Sicherungseinrichtungen verschieden hoch", die Höhe der Gefahr abzuschätzen, ist Sache des Tatrichters, RG 6. 5. 1939 in DR 1939 S. 1446 = VAE 1939 S. 283.

RG 8. 12. 1919 in JW 1920 S. 434 = EisEntsch. 37 S. 353 hat sehr gut ausgeführt: „Es ist die besondere Gestaltung der Betriebsgefahr im einzelnen Falle, die naturgemäß den Maßstab bei der Abwägung bilden muß. Kommen hierbei Umstände in Betracht, die nicht schlechthin und regelmäßig mit dem Betriebe der Eisenbahn verbunden sind, wie örtliche Verhältnisse, die den Eisenbahnbetrieb für den Verkehr mit besonderen Gefahren umkleidet erscheinen lassen, z. B. unverwahrte Wegübergänge oder Kurven und Straßenkreuzungen bei Straßenbahnen, und zeitliche Schwierigkeiten, z. B. Mangel an Betriebspersonal oder übermäßige Abnutzung des Betriebsmaterials während der Kriegsjahre, so wird von einer erhöhten oder verstärkten Betriebsgefahr der Eisenbahn gesprochen".

Anm. 38

Eine andere Frage ist die, wann, in welchen Fällen anzunehmen ist, daß im Einzelfall die gewöhnliche Betriebsgefahr durch besonders mitwirkende Umstände gesteigert ist, wo also die normale Betriebsgefahr aufhört und die erhöhte Gefahr beginnt. Allgemeine Grundsätze lassen sich hier naturgemäß nicht aufstellen, eine genaue Grenze läßt sich nicht allgemein ziehen (vgl. hierzu v. Kienitz in EisEntsch. 50 S. 92). Dies ist aber auch nicht erforderlich. Im einzelnen Falle läßt sich jeweils feststellen, daß bei dem Unfall besondere, die Eisenbahnbetriebsgefahr steigernde Umstände mitgewirkt haben, die sonst normalerweise eben nicht vorhanden sind. Daß in der Rechtsprechung die Feststellung einer erhöhten Betriebsgefahr „fast den Regelfall" bilde, während die normale Betriebsgefahr nur ausnahmsweise angenommen werde, wie Biermann „SHG" 1953 S. 51 meint, ist eine unzutreffende Übertreibung. Unzutreffend auch Friese „RHpflG" 1950 S. 112: daß die Rechtsprechung die erhöhte Betriebsgefahr zur Regel und die normale zur Ausnahme mache. Daß die Gerichte geneigt wären, allein schon in dem gewöhnlichen Betriebe der Eisenbahn immer eine besondere Gefahr zu sehen — so Hanow in JW 1927 S. 1687 —, trifft nicht zu; die Rechtsprechung unterscheidet vielmehr scharf zwischen normaler und erhöhter Betriebsgefahr. Vgl. hierzu RG 15. 10. 1928 in JW 1929 S. 918 = EisEntsch. 48 S. 399; RG 15. 5. 1931 in JW 1931 S. 3321.

Die Rechtsprechung hat sich immer um einen gerechten Ausgleich bemüht, z.B. trotz sehr erhöhter Eisenbahnbetriebsgefahr dem Geschädigten, wenn ihm ein erhebliches mitwirkendes Verschulden zur Last fiel, nur teilweise Ersatz zugesprochen. RG 17. 1. 1931 in JW 1932 S. 797 gewährt dem mit größter Sorglosigkeit über einen Bahnübergang fahrenden Verletzten nur die Hälfte seines Schadens, obwohl die Eisenbahnbetriebsgefahr dadurch stark erhöht war, daß der schienengleiche Bahnübergang ungesichert, infolge eines Geländeeinschnitts unübersichtlich und Läutewerk und Pfiffsignale mangelhaft waren. Der Umstand, daß starker Nebel herrschte, hätte aber, wie Hanow S. 798 richtig bemerkt, nicht der Eisenbahn allein aufgebürdet werden dürfen, da auch der Geschädigte sich auf den Nebel hätte einstellen müssen. Zutreffend führt RG hier auch aus, das Verschulden des Verletzten könne so überwiegend sein, daß ihm trotz erhöhter Betriebsgefahr kein Anspruch zustehe. So hat OLG Breslau 21. 2. 1930 in JW 1932 S. 2451 die Klage abgewiesen, als ein Betrunkener auf den Bahnkörper geraten und vom Zuge überfahren war, hier mußte die Eisenbahnbetriebsgefahr ganz zurücktreten (zustimmend Hanow das.). Ebenso hat RG 23. 9. 1907 in DJZ 1907 S. 1322 Nr. 1 jeden Ersatz versagt trotz erheblich erhöhter Betriebsgefahr der Eisenbahn! Es ist daher eine Übertreibung, wenn Finger in AkZtschr. 1941 S. 197 ausführt, die Rechtsprechung verwehre den Schienenbahnen zumeist „zufolge der Konstruktion erhöhter Betriebsgefahr die Berufung auf Eigenverschulden des Verunglückten", und wenn Joachimi in EisEntsch. 57 S. 366 meint, in der Rechtsprechung werde kaum ein Verschulden eines Verletzten als groß genug angesehen, um nicht durch die erhöhte Betriebsgefahr ausgeglichen zu werden.

Neuerdings hat sich auch BGH 8. 3. 1951 in VkBl. 1951 S. 158; BGH 14. 7. 1952 in DAR 1953 S. 10; BGH 2. 10. 1952 in VersR 1953 S. 26 und BGH 21. 11. 1953 in VersR 1954 S. 11 für die Berücksichtigung erhöhter Eisenbahnbetriebsgefahr bei der Abwägung ausgesprochen, ebenso OLG Hamburg 8. 4. 1952 in VersR 1952 S. 405; OLG Neustadt 11. 7. 1953 in VersR 1953 S. 371; OLG Düsseldorf 17. 4. 1952 in VkBl. 1952 S. 367; bezüglich der Straßenbahn OGH Köln 24. 6. 1949 in NJW 1949 S. 669; OLG Braunschweig 11. 12. 1951 in NiedersRpfl. 1952 S. 69; OLG Köln 18. 6. 1953 in MDR 1953 S. 616; OLG Karlsruhe 28. 2. 1953 in VersR 1953 S. 368.

Anm. 39

Selbstverständlich darf erhöhte Betriebsgefahr nur dann angenommen werden, wenn bei dem Unfall nicht lediglich die normalen, mit jeder Bahnfahrt verbundenen Umstände mitgewirkt haben, sondern wenn besondere Unmstäde hinzutreten, die durch ihre Gefährlichkeit zur Herbeiführung des Unfalls und zum Ausmaß des Schadens beigetragen haben. Diejenigen gefahrbringenden und für den Unfall ursächlichen

Umstände, die, wie die große Geschwindigkeit der Züge, die Schwere der bewegten Massen, die Gebundenheit an Schienen und die Unmöglichkeit des Ausweichens und sofortigen Anhaltens, in aller Regel beim Eisenbahnbetriebe vorliegen, können nicht zur Annahme einer erhöhten Betriebsgefahr herangezogen werden. So auch Pittner „Was alles erhöhte Betriebsgefahr der Eisenbahn ist" in VAE 1940 S. 17; Gülde in DR 1941 S. 208: „Erhöhte Betriebsgefahr bedeutet eine solche Betriebsgefahr, die über die Regelgefahr des Betriebes hinausgeht." Vgl. auch Seligsohn „RHpflG" 1931 S. 142, 143. Wussow in DR 1941 S. 170 verlangt das Vorliegen eines „Ausnahmetatbestandes".

Anm. 40

Darauf, ob die besonderen betriebsgefahrerhöhenden Umstände von dem Betriebsunternehmer verschuldet sind, kommt es nicht an; es genügt ihr objektives Vorliegen und Mitverursachen, da es sich ja um eine reine Erfolgs- oder Verursachungshaftung handelt. Wussow in DR 1941 S. 170 spricht zutreffend von „Faktoren rein objektiver Natur". Ist rein tatsächlich die Betriebsgefahr der Bahn im Einzelfalle gegenüber der gewöhnlichen Betriebsgefahr gesteigert, so ist dies zum Nachteil der Bahn zu berücksichtigen, RG 23. 11. 1914 in JW 1915 S. 200; RG 20. 9. 1930 in JW 1931 S. 868 = EisEntsch. 51 S. 182 = SeuffArch. Bd. 85 S. 79 (80); RG 15. 5. 1931 in JW 1931 S. 3321; RG 5. 2. 1938 in VAE 1938 S. 178 = SeuffArch. Bd. 92 S. 342; OLG Köln 4. 2. 1926 in JW 1926 S. 2305; OLG Breslau in VAE 1937 S. 233.

Liegt z. B. wegen Fehlens von Schranken erhöhte Betriebsgefahr vor, so fällt dies auch ohne Verschulden der Bahn zu ihrem Nachteil in die Waagschale; tritt aber noch ein Verschulden des Betriebsunternehmers in bezug auf die Nichtanbringung von Schranken hinzu, so wird die Betriebsgefahr noch mehr gesteigert, RG 15. 5. 1931 a. a. O.

Anm. 41

Zu berücksichtigen sind nur diejenigen Gefahrumstände, die auch wirklich beim Unfall kausal gewesen sind. Seligsohn in JW 1931 S. 869 weist richtig darauf hin, daß die Steigerung der allgemeinen Bahnbetriebsgefahr durch das Fehlen von Schranken am Bahnübergang unter Umständen nicht als ursächlich in Betracht kommt, wenn dem Geschädigten die örtlichen Verhältnisse genau bekannt waren. OLG Stuttgart 7. 4. 948 in VRS Bd. 1 S. 47 hält zutreffend das Fehlen von Bahnschranken dann nicht für ursächlich, wenn der mit Vollgas herankommende Lastkraftwagenfahrer die Schranken durchbrochen haben würde.

Anm. 42

Die gewöhnliche Betriebsgefahr der Eisenbahn ist — nach ständiger Rechtsprechung, die zu billigen ist — besonders gesteigert, wenn eine schienengleiche Kreuzung von Bahn und Straße nicht gesichert ist, insbesondere, wenn Bahnschranken fehlen. Der Umstand, daß die Kreuzung ohne Schrankensicherung behördlich genehmigt ist, besagt nicht, daß hier die Betriebsgefahr nicht gesteigert wäre, denn die Unterlassung der Anbringung von Schranken kann auch auf anderen — z. B. finanziellen — Gründen beruhen; das Gericht ist in jedem Falle befugt, die Höhe der Betriebsgefahr abzuschätzen, RG 6. 5. 1939 in DR 1939 S. 1446. Zutreffend sagt Wagner in JW 1937 S. 1779, daß unübersichtliche Wegübergänge eine besondere Gefahrenquelle bilden, die in erster Linie durch die Eisenbahn verursacht wird, und daß daher an die Verpflichtung der Bahn zur Sicherung besonders hohe Anforderungen gestellt werden müssen. Auch hier genügt die objektive Tatsache des Fehlens von Bahnschranken, einerlei, ob ein Verschulden der Eisenbahn bezüglich dieser Unterlassung vorliegt oder ob die Nichtsicherung des Bahnüberganges auf einer in einem gesetzlich geregelten Verfahren, insbesondere einer Planfeststellung ergangenen Anordnung beruht, RGZ Bd. 169 S. 376 (andrer Ansicht Biermann „SHG" 1953 S. 47).

RG 7. 11. 1925 in JW 1926 S. 573 hat richtig ausgeführt, daß eine starke Steigerung der allgemeinen Betriebsgefahr der Eisenbahn vorliege, wenn eine solche Kreuzung — hier zudem an einer sehr unübersichtlichen Stelle — nicht durch Schranken gesichert sei. Wenn allerdings das Urteil eine weitere wesentliche Erhöhung der Bahnbetriebsgefahr in Dunkelheit und Nebel erblicken will, so ist dazu einschränkend zu sagen, daß Dunkelheit und Nebel zugleich auch die Betriebsgefahr des mit dem Zuge zusammenstoßenden Lastkraftwagens erhöht haben, so daß insoweit ein gewisser Ausgleich stattfinden muß (siehe auch Hanow das.).

Dem trägt RG 28. 3. 1927 in JW 1927 S. 1687 Rechnung, indem zwar wegen Fehlens von Schranken und Beleuchtung, Unübersichtlichkeit der Bahnstrecke und Unterlassung von Warnungszeichen mit Dampfpfeife eine „außerordentliche Steigerung" der Eisenbahnbetriebsgefahr angenommen wird, aber das ungünstige Wetter — Regen mit Schnee — auch zu Lasten des Geschädigten berücksichtigt wird.

Aus der reichhaltigen Rechtsprechung, welche beim Fehlen von Bahnschranken eine Erhöhung der Eisenbahnbetriebsgefahr annimmt, seien folgende Entscheidungen angeführt:

RG 17. 6. 1907 in Recht 1907 Nr. 1973 = EisEntsch. 24 S. 71; RG 7. 12. 1911 in EisEntsch. 29 S. 167 = Arch. f. Eis.Wesen 1912 S. 1085;

RG 23. 9. 1907 in DJZ 1907 S. 1322 Nr. 1 (hier fehlten nicht nur Schranken, es wurde auch nicht geläutet und kein Warnungssignal gegeben);

RG 23. 11. 1914 in JW 1915 S. 200;

RG 19. 4. 1916 in EisEntsch. 33 S. 331;

RG 4. 4. 1917 in EisEntsch. 34 S. 237;

RG 28. 7. 1928 in EisEntsch. 47 S. 186;

RG 25. 10. 1928 in JRPV 1928 S. 348;

RG 21. 3. 1929 in EisEntsch. 49 S. 70;

RG 17. 10. 1929 in EisEntsch. 50 S. 209 = VR 1929 S. 562;

RG 16. 12. 1929 in EisEntsch. 50 S. 218;

RG 30. 5. 1930 in JW 1931 S. 870 = EisEntsch. 50 S. 306; in diesem Fall hatte die Eisenbahn selbst eingeräumt, daß in dem ungeschützten Übergang eine „gewisse Erhöhung der Eisenbahnbetriebsgefahr zu erblicken sein möge";

RG 15. 11. 1930 in JW 1931 S. 869;

RG 17. 1. 1931 in JW 1932 S. 797;

RG 15. 5. 1931 in JW 1931 S. 3321 = DAR 1931 Sp. 330 = EisEntsch. 51 S. 363;

RG 24. 6. 1931 in DAR 1931 Sp. 327;

RG 17. 12. 1931 in JW 1932 S. 2065 = VR 1932 Sp. 98;

RG 25. 1. 1934 in EisEntsch. 55 S. 371;

RG 26. 8. 1935 in VAE 1936 S. 41;

RG 8. 10. 1936 in VAE 1937 S. 37;

RG 17. 12. 1936 in VAE 1937 S. 158;

RG 8. 3. 1937 in JW 1937 S. 1776 = VAE 1937 S. 239;

RG 5. 2. 1938 in VAE 1938 S. 178;

RG 6. 5. 1939 in DR 1939 S. 1446 = VAE 1939 S. 283;

RG 7. 7. 1942 in VAE 1942 S. 213 = RGZ Bd. 169 S. 376;

RG 10. 10. 1944 V 54/44;

RG 7. 9. 1943 in DR 1944 S. 36;

OLG Köln 4. 2. 1926 in JW 1926 S. 2305;

OLG Naumburg in EisEntsch. 58 S. 385;

OLG Königsberg 3. 1. 1928 in VR 1928 Sp. 389;

OLG Nürnberg 19. 10. 1928 in JW 1929 S. 954;

KG Berlin 8. 6. 1932 in JW 1932 S. 3724;

OLG Stettin 4. 7. 1935 in EisEntsch. 58 S. 388;

KG Berlin in VAE 1936 S. 39; OLG Breslau in VAE 1937 S. 233;

OLG Stuttgart in VAE 1938 S. 284; hier war die Bahnbetriebsgefahr noch besonders dadurch erhöht, daß der Zug beim Befahren des unbeschrankten Bahnüberganges auch noch am Schluß 4 Paar leicht übersehbare Rollschemel mit sich führte;

KG Berlin in VAE 1938 S. 288;

OLG Königsberg in VAE 1939 S. 11;

OLG Zweibrücken in VAE 1939 S. 198;

OLG München in VAE 1939 S. 242;
OLG Celle in VAE 1939 S. 393;
OLG Köln in VAE 1939 S. 425;
OLG Braunschweig 8. 4. 1941 in VAE 1941 S. 132;
OLG Zweibrücken 3. 12. 1942 in VAE 1943 S. 107;
KG Berlin 22. 11. 1941 in VAE 1942 S. 139;
OLG Naumburg 9. 11. 1943 in VAE 1944 S. 46;
OLG Celle 14. 1. 1944 in VAE 1944 S. 48;
Ebenso neuerdings:
BGH 29. 9. 1952 in VRS 1953 S. 38;
BGH 2. 10. 1952 in VersR 1953 S. 26 = VkBl. 1953 S. 58;
OLG Tübingen 5. 7. 1951 in DAR 1951 S. 113;
OLG Tübingen 30. 10. 1951 in DAR 1951 S. 193;
OLG Hamburg 8. 4. 1952 in VersR 1952 S. 405;
OLG Neustadt 28. 5. 1953 in VkBl. 1953 S. 575;
OLG Neustadt 11. 7. 1953 in VersR 1953 S. 371 = VRS 1954 S. 117 (hier ist zutreffend gesagt, die Betriebsgefahr der Eisenbahn sei an unbeschrankten Übergängen stets und bei solchen über Bundesstraßen besonders erhöht). Vgl. auch OLG Hamm 6. 4. 1954 in VersR 1954 S. 369.

Nicht zu billigen OLG Oldenburg 1. 4. 1953 in NJW 1953 S. 1515; die dort vertretene Ansicht, die Eisenbahnbetriebsgefahr werde nicht dadurch erhöht, daß an einem Übergang wegen geringen Verkehrs Schranken nicht angebracht waren, ist abzulehnen und demgegenüber auf BGH 29. 9. 1952 in VersR 1953 S. 65 zu verweisen.

Auch dem OLG Hamburg 5. 2. 1954 in VersR 1954 S. 144 und dem OLG Bremen 20. 11. 1953 in VRS 1954 S. 120 kann nicht zugestimmt werden; das Befahren eines ungesicherten Wegübergangs durch Bahnzüge bringt immer besondere Gefahren mit sich, mag auch der Verkehr dort gering sein.

Anm. 43

Aus Eisenbahnkreisen wurden von jeher starke Bedenken gegen diese Rechtsprechung geltend gemacht. Sie sind jedoch nicht begründet. Daß ein schienengleicher, unbeschrankter Bahnübergang größere Gefahren mit sich bringt als ein mit Schranken versehener, sollte aber heute — angesichts der hohen Zahl der Zusammenstöße — nicht mehr bezweifelt werden. Vgl. z. B. „Tödliche Sparsamkeit" in Weltbild 1954 S. 3 (Tötung von 16 Theologiestudenten beim Überfahren des gefährlichen, mangelhaft gesicherten Bahnübergangs bei Herrsching am 19. 6. 1951). Es kommt nicht darauf an, ob es in Deutschland mehr unbeschrankte als beschrankte Bahnübergänge gibt — siehe Wachtel in VAE 1939 S. 348; Finger in VAE 1942 S. 86 —; daraus folgt nicht, daß die normale Betriebsgefahr nicht gesteigert wäre, wo Schranken fehlen. Bahnschranken mögen keinen absolut sicheren Schutz bilden — es kommt vor, daß sie von unvorsichtigen Kraftfahrern durchbrochen werden (RGZ Bd. 93 S. 66 = JW 1918 S. 689), aber der Schutz ist doch größer als bei ungesicherten Bahnübergängen, KG Berlin 8. 6. 1932 in JW 1932 S. 3724. Es kann Friese „RHpflG" 1950 S. 134 nicht zugegeben werden, daß, weil Kraftfahrer vielfach Schranken durchbrechen, die Bahnschranken „erfahrungsgemäß keineswegs geeignet seien, die Unaufmerksamkeit der Verkehrsteilnehmer auszuschalten". Im Gegenteil werden zahlreiche Unfälle durch geschlossene Schranken verhütet.

Ganz abwegig ist die Ansicht von Finger „Eisenbahngesetze" 1943 S. 15, das RHpflG sei hier nicht anzuwenden, denn das Fehlen von Bahnschranken sei keine Gefahr des Bahnbetriebes, sondern eine Gefahr der Anlage der Bahn!

Anm. 44

Übrigens wird bei der Abwägung nach § 254 BGB häufig zugunsten des Bahnbetriebsunternehmers zu berücksichtigen sein, daß auch den Geschädigten ein erhöhtes Verschulden treffen kann, wenn er die nach § 79 Abs. 3 EBO erforderliche erhöhte Sorgfalt beim Überfahren eines ungesicherten Bahnüberganges nicht beobachtet und das Vorfahrtrecht der Eisenbahn gemäß § 79 Abs. 1 EBO, § 13 Abs. 5 StVO nicht beachtet hat, BGH 20. 3. 1952 in NJW 1952 S. 713. Immer aber muß zu Lasten der Eisenbahn ins Gewicht fallen, daß der ungesicherte schienengleiche Bahnübergang „eine der schlimmsten Gefahrenquellen" ist, so mit Recht BayrObLG in JW 1929 S. 1485; zustimmend Goltermann in JW 1931 S. 1956; Wagner in JW 1937 S. 1779.

Anm. 45

Auch ein für den Unfall mitursächliches Verschulden des Bahnbetriebsunternehmers oder seiner Angestellten ist geeignet, die Bahnbetriebsgefahr zu steigern, und muß bei der Abwägung nach § 254 BGB zum Nachteil der Bahn in die Waagschale fallen.

Dabei kommt es nicht darauf an, ob der Betriebsunternehmer hinsichtlich der Auswahl, Leitung und Überwachung seiner Angestellten den Entlastungsbeweis nach § 831 BGB führen kann; die Betriebsgefahr ist trotzdem erhöht. Nach § 254 BGB sind alle ursächlichen Umstände abzuwägen, auch die nicht verschuldeten, rein objektiven, z. B. die Unterlassung der Anbringung von Bahnschranken an einem schienengleichen Bahnübergang, auch wenn sie nicht auf einem Verschulden des Betriebsunternehmers beruht. Die objektive Sachlage entscheidet, da es sich um Mängel des Betriebes handelt, die der Betriebsunternehmer — auch bei sorgfältiger Auswahl seiner Angestellten — nach dem Grundsatz des § 1 SHG zu vertreten hat, RG 14. 6. 1909 in EisEntsch. 26 S. 189; RG 25. 10. 1913 in JW 1914 S. 96; BGH 8. 3. 1951 in VRS Bd. 3 S. 217; OLG Tübingen 27. 4. 1950 in VkBl. 1950 S. 177; BGH 2. 10. 1952 in VersR 1953 S. 26 = VkBl. 1953 S. 58; vgl. auch BGH 20. 1. 1954 in DAR 1954 S. 59; OLG Stuttgart 7. 10. 1953 in DAR 1953 S. 213; vgl. auch RG 12. 1. 1933 in JW 1933 S. 830; RG 1. 6. 1933 in JW 1933 S. 1873 = RGZ Bd. 140 S. 386; RG 30. 1. 1936 in JW 1936 S. 1899; RG 13. 5. 1935 in EisEntsch. 58 S. 375; OLG Köln in VAE 1938 S. 59; OLG München in VAE 1939 S. 242; OLG Kassel in VAE 1937 S. 235;

Böhmer „Erhöhte Betriebsgefahr und Entlastungsbeweis nach § 831 BGB" in RdK 1950 S. 180 (gegen Biermann „SHG" 1949 S. 116, 117; siehe auch jetzt 1953 S. 51 bis 54).

Biermann will bei der Abwägung nach § 254 BGB das schuldhafte Verhalten eines Bahnangestellten, hinsichtlich dessen die Bahn den Entlastungsbeweis geführt hat, nicht — als die Betriebsgefahr erhöhend — zu Lasten der Bahn berücksichtigen, da der Begriff der erhöhten Betriebsgefahr „nicht durch das Gesetz, sondern aus Gründen der Billigkeit durch die Rechtsprechung eingeführt" sei und es unbillig sei, etwas zum Nachteil der Bahn zu berücksichtigen, wofür diese nach dem BGB nicht hafte. Hierauf ist zu entgegnen, daß die Berücksichtigung der besonderen gefahrsteigernden Umstände gerade auf dem Gesetz — nämlich § 254 BGB — beruht, das auch unverschuldete, rein objektiv kausale Umstände berücksichtigt haben will, und daß ein fehlerhaftes Verhalten eines Bahnangestellten ein Mangel des Betriebes ist, für den die Bahn nach dem SHG einzustehen hat, auch wenn er nicht verschuldet ist. Friese „RHpflG" 1950 S. 112 führt mit Recht aus, für das Maß der Mitverursachung nach § 254 BGB könne nur der Grad der tatsächlichen Mitwirkung des Bahnbediensteten am Unfall entscheidend sein — also nicht der Umstand, daß die Bahn den Entlastungsbeweis nach § 831 BGB führen kann.

Anm. 46

Die Beweislast für das Vorliegen gefahrsteigernder Umstände auf seiten der Eisenbahn trägt der Geschädigte. Insbesondere ein ursächliches Verschulden des Bahnbetriebsunternehmers oder seiner Angestellten hat der Geschädigte zu beweisen, RGZ Bd. 38 S. 162 (165);

RG 23. 11. 1908 in EisEntsch. 25 S. 380;

OLG Frankfurt 15. 12. 1927 in EisEntsch. 48 S. 79.

VII. Beispiele erhöhter Betriebsgefahr

1. Gefährliche schienengleiche Bahnübergänge

Anm. 47

Besonders groß ist die Eisenbahnbetriebsgefahr, wenn an einem früher beschrankt gewesenen Übergang die Schranken entfernt, Gabeln und Läutewerk aber stehengeblieben waren und dadurch der Irrtum erweckt wurde, der Übergang sei durch Schranken gesichert, RG 5. 2. 1938 in VAE 1938 S. 178 = SeuffArch. Bd. 92 Nr. 141; OLG Düsseldorf 13. 10. 1939 in VAE 1940 S. 24,

wenn ein Bahnübergang, der an sehr unübersichtlicher Stelle die Landstraße mit zwei selbständigen Gleisen kreuzt, nicht abgeschrankt ist, RG 7. 11. 1925 in JW 1926 S. 573,

wenn eine verkehrsreiche Straße an unübersichtlicher Stelle von mehreren Rangiergleisen gekreuzt wird, weder Warnkreuze noch sonstige Warnzeichen vorhanden und akustische Warnsignale schlecht zu hören sind, OLG Hamburg 8. 4. 1952 in VersR 1952 S. 405; zustimmend Wussow daselbst;

wenn an einem unübersichtlichen Bahnübergang nicht nur Schranken und Beleuchtung fehlen, sondern außerdem noch — bei Regen, Schnee und heftigem Wind — keine Warnungszeichen mit der Dampfpfeife gegeben werden, RG 28. 3. 1927 in JW 1927 S. 1687; zumal wenn der Zug rückwärts fährt, so daß bei der großen Entfernung der Lokomotive das Läutewerk schwerer zu hören ist, RG 17. 12. 1931 in JW 1932 S. 2065; oder wenn zwei unbeschrankte Bahnübergänge nahe hintereinander liegen und nur einer derselben durch ein Warnzeichen angekündigt ist, KG Berlin 20. 10. 1937 in VAE 1938 S. 288;

wenn an einem unbeschrankten Bahnübergang überdies noch jegliches Warnsignal unterlassen wird, RG 23. 9. 1907 in DJZ 1907 S. 1322 Nr. 1; RG 10. 10. 1944 V 54/44;

wenn an unbeschranktem Bahnübergang eine Bodenerhebung den Kraftfahrern die Lichter der Züge verdeckt, RG 6. 5. 1939 in DR 1939 S. 1446; RG 8. 3. 1937 in JW 1937 S. 1776; wenn ein Geländeeinschnitt die Bahn verdeckt, RG 17. 1. 1931 in JW 1932 S. 797; wenn aufgehäufte Schneewälle den Bahnübregang unübersichtlich machen, OLG Königsberg in VR 1932 Sp. 270;

wenn auf einem Bahnhof die schienengleichen Gleisübergänge nicht beschrankt sind, OLG Neustadt 28. 5. 1953 in VkBl. 1953 S. 575; doch kann ein Reisender, der die Verhältnisse auf dem Bahnhof kannte und trotzdem kurz vor dem einfahrenden Zug ein Gleis zu überschreiten versuchte, nur ⅓ des Schadens verlangen.

2. Starker Andrang von Reisenden

Anm. 48

Wird ein Unfall durch starken Andrang von Reisenden zum Zuge verursacht, so ist die gewöhnliche Betriebsgefahr gesteigert, RG 8. 12. 1919 in JW 1920 S.434 = EisEntsch. 37 S. 353; RG 11. 11. 1920 in LeipzZtschr. 1921 Sp. 178; RG 27. 6. 1921 in EisEntsch. 39 S. 66; RG 21. 1. 1929 in JW 1929 S. 2815 (hier hatte die Bahn unterlassen, das Einsteigen von etwa 100 Schulkindern durch einen Beamten zu beaufsichtigen und zu regeln; abweichend hier Hanow das.); OLG Stuttgart 22. 6. 1939 in VAE 1939 S. 396.

Anderer Ansicht Biermann in VAE 1943 S. 7ff. und in „SHG" 1953 S. 48.

RG 27. 6. 1921 in EisEntsch. 39 S. 66 = VR 1 Sp. 298 nimmt bei starker Besetzung der Abteile eine Betriebsgefahrerhöhung an; ebenso RG 11. 10. 1928 in EisEntsch. 48 S. 298; KG Berlin in VAE 1938 S. 446;

abweichend Biermann in VAE 1943 S. 7ff.

Großer Andrang zu einem Straßenbahnwagen und Verschulden der Angestellten des Unternehmers erhöhen die Betriebsgefahr, OGH Köln 24. 6. 1949 in JNW 1949 S. 669.

Neuerdings hat BGH 21. 11. 1953 in VersR 1954 S. 11 ausgesprochen, die — in der ersten Nachkriegszeit, 1946, zwangsläufige — Überfüllung der Züge erhöhe die Betriebsgefahr der Eisenbahn.

Auch BGH 8. 3. 1951 in NJW 1951 S. 357 nimmt an, daß „ein für normale Zeiten ganz ungewöhnlicher Andrang" im Oktober 1945 die Bahnbetriebsgefahr erheblich steigere (dagegen Tettenborn in NJW 1951 S. 480).

3. Fehlen von Bahnhofsunterführungen

Anm. 49

Daß die Reisenden, um einzusteigen, wegen Fehlens von Unterführungen über die Gleise gehen müssen, kann die Betriebsgefahr erheblich steigern, vor allem auf einem verkehrsreichen größeren Bahnhof, RG 20. 9. 1930 in JW 1931 S. 868 = EisEntsch. 51 S. 182 = SeuffArch. Bd. 85 S. 79 = VR 1931 Sp. 44: wenn auf den meisten kleinen Bahnhöfen das Publikum Bahngleise überschreiten muß, so besteht damit dort eine erhöhte Betriebsgefahr; zustimmend Seligsohn, JW 1931 S. 868; anderer Meinung Finger „Eisenbahngesetze" 1943 S. 15, der zu Unrecht ausführt, bei dem Fehlen von Bahnunterführungen handle es sich überhaupt nicht um Gefahren des Betriebs, sondern um Gefahren der Anlage der Bahn, und insoweit gelte das RHpflG nicht. Aber es kann doch füglich nicht bezweifelt werden, daß der Umstand, daß Reisende z. B., um auf dem dritten Gleis einzusteigen, zwei Gleise überschreiten müssen, auf denen gleichfalls Züge verkehren, geeignet ist, besondere Betriebsgefahren für die Reisenden herbeizuführen.

Siehe auch OLG Stuttgart in VAE 1939 S. 394; OLG Kiel 6. 8. 1940 in VAE 1940 S. 205.

Gegen erhöhte Betriebsgefahr auch Friese „RHpflG" 1950 S. 110.

4. Mangelhafte Signalgebung

Anm. 50

Die Eisenbahnbetriebsgefahr wird erhöht, wenn die erforderlichen akustischen Warnsignale nicht gegeben werden und dadurch der Unfall herbeigeführt wird, oder wenn sie zu schwach sind, um gehört zu werden.

Mangelhaftes Läutewerk einer Lokomotive erhöht die Gefahr, RG 17. 1. 1931 in JW 1932 S. 797; RG 5. 2. 1938 in JW 1938 S. 1461 = VAE 1938 S. 178;

besonders auch völliges Fehlen des Läutewerks, RG 24. 6. 1931 in DAR 1931 Sp. 327;

Ausbleiben des gewohnten Läutens einer durch die Stadt fahrenden Kleinbahn, RG 9. 1. 1922 in VR 1922 Sp. 28;

Nichtabgabe von Dampfpfeifensignalen, RG 15. 5. 1931 in DAR 1931 Sp. 330;

Fahren einer Lokomotive in den Bahnhof ohne Signal, RG 21. 9. 1909 in JW 1909 S. 667;

Unterlassen eines Warnungszeichens mit der Dampfpfeife am Bahnübergang, RG 28. 3. 1927 in JW 1927 S. 1687;

Unterlassen des Läutens an unbeschranktem Bahnübergang, RG 18. 10. 1909 in JW 1910 S. 37; Unterlassen wirksamer Signalgebung, RG 17. 12. 1931 in JW 1932 S. 2065;

mangelhaftes Warnzeichen am Bahnübergang, RG 25. 10. 1928 in JRPV 1928 S. 348; RG 7. 1. 1931 in VR 1932 Sp. 142; RG 23. 2. 1938 in VAE 1938 S. 293; OLG Königsberg 15. 2. 1932 in VR 1934 Sp. 140;

schlechte Hörbarkeit der akustischen Warnzeichen, RG 23. 2. 1905 in JW 1905 S. 229; OLG Hamburg 8. 4. 1952 in VersR 1952 S. 405.

Die Betriebsgefahr der Straßenbahn ist erhöht, wenn das Läutesignal nicht mit vollem Ton abgegeben und daher schlecht zu hören ist, RG 14. 9. 1943 in DR 1944 S. 197 = RGZ Bd. 171 S. 354 = VR 1944 S. 2321.

Rangieren ohne Signale kann die Betriebsgefahr besonders erhöhen, vor allem an unbeschranktem Übergang, OLG Celle 15. 8. 1941 in VAE 1942 S. 30;
insbesondere, wenn auf einem Verschiebebahnhof ohne Überwachung und ohne Warnung des Publikums rangiert wird, OLG Braunschweig 3. 1. 1933 in JW 1933 S. 856 = VR 1934 Sp. 663.

Die Betriebsgefahr ist gesteigert, wenn der Straßenbahnwagenführer einen achtlosen Fußgänger nicht durch Läuten warnt, RG 7. 12. 1908 in JW 1909 S. 47.

Der Geschädigte hat zu beweisen, daß der Lokomotivführer schuldhaft bei dem Übergang nicht geläutet habe, RGZ Bd. 38 S. 162 (165); RG 23. 2. 1897 in JW 1897 S. 195.

5. Fehlende oder mangelhafte Beleuchtung

Anm. 51

Sind Bahnhöfe, Unterführungen, Bahnschranken oder Bahnübergänge nicht oder zu schwach beleuchtet, so kann dadurch die Bahnbetriebsgefahr erhöht sein. Schlechte Sichtverhältnisse infolge von Beleuchtungsmängeln bringen besondere Gefahren für alle Verkehrsteilnehmer mit sich, und rufen häufig Unfälle hervor.

Mit Recht ist daher Erhöhung der Eisenbahnbetriebsgefahr angenommen, wenn am Bahnübergang die erforderliche Beleuchtung fehlt, RG 2. 10. 1913 in EisEntsch. 31 S. 67; RG 28. 3. 1927 in JW 1927 S. 1687 = VR 1927 Sp. 402;
wenn die Beleuchtung der Bahnschranken zu schwach ist (Petroleumlampe), OLG Königsberg in VAE 1937 S. 508;
vor allem, wenn bei diesigem Wetter oder Dämmerung die Beleuchtung mangelhaft ist, RG 4. 5. 1922 in VR 1922 Sp. 251;
RG 14. 9. 1943 in RGZ Bd. 171 S. 354 = DR 1944 S. 197 = VR 1944 S. 2321 (Lichter der Straßenbahn nicht deutlich erkennbar).

Anm. 52

Während des Krieges war häufig die Frage zu entscheiden, ob die behördlich angeordnete Verdunkelung im Eisenbahn- und Straßenbahnverkehr die Bahnbetriebsgefahr erhöhe.

Es bedarf keiner Ausführung, daß bei dem Betrieb der Eisenbahnen und Straßenbahnen besondere Gefahren auftreten, wenn Bahnhöfe, Bahnsteige, Züge, Straßenbahnwagen, Schranken, Signale usw. infolge der kriegsbedingten Verdunkelung nur schwach beleuchtet sind. Andererseits geht es nicht an, bei der Abwägung nach § 254 BGB die Verdunkelungsgefahren einseitig nur der Bahn zur Last zu legen. Während der Verdunkelung ist jeder Verkehrsteilnehmer zu besonderer Vorsicht verpflichtet, und wenn sie außer acht gelassen wird, hat eine gerechte Abwägung und Schadensverteilung zu erfolgen. Letztere wird sich immer nach den besonderen Umständen des einzelnen Falles zu richten haben.

Es läßt sich nicht — wie LG Berlin 7. 7. 1941 in VAE 1942 S. 29 meint — der allgemeine Satz aufstellen, daß das Verhältnis von Vorsicht des Reisenden und Verdunkelungsbetriebsgefahr sich stets gleich bleiben. Der Fall kann so liegen, daß der Reisende wegen grobfahrlässigen Verhaltens nichts oder nur einen kleinen Teil seines Schadens erhält; es kann aber auch die Bahnbetriebsgefahr so stark überwiegen, daß die Bahn den ganzen Schaden oder den größten Teil zu ersetzen hat.

Das RG hat stets Erhöhung der Bahnbetriebsgefahr durch die im Krieg angeordnete Verdunkelung angenommen,
vgl. RGZ Bd. 167 S. 325; Bd. 168 S. 304;
RG 2. 6. 1943 V 182/42; RG 14. 9. 1943 in RGZ Bd. 171 S. 354;
ebenso OLG Breslau 14. 3. 1941 in VAE 1941 S. 131;
KG Berlin in VAE 1941 S. 67; VAE 1942 S. 139 und 177;
OLG Zweibrücken 26. 1. 1944 in DJ 1944 S. 222;
LG Breslau 6. 8. 1942 in VAE 1943 S. 29.

Anderer Meinung sind Staks in VAE 1942 S. 121 und in VR 1942 Bl. 149, 150; Pittner in VAE 1943 S. 81; Wussow „Die Haftung für Verdunkelungsfälle im Straßenbahnbetrieb“ in DR 1941 S. 170ff., der annimmt, die Straßenbahn hafte hier nur wegen normaler Betriebsgefahr.

Bedenklich OLG Zweibrücken 2. 12. 1942 in VAE 1943 S. 70, wonach die Bahnbetriebsgefahr an einem unbeschrankten Übergang durch die kriegsbedingte Verdunkelung dann nicht erhöht sei, wenn der Verletzte den Übergang kannte und sich fahrlässig in Gefahr begab. Richtiger Ansicht nach ist zwar die Betriebsgefahr der Eisenbahn erhöht, aber bei der Abwägung nach § 254 BGB zu Lasten des Verletzten zu berücksichtigen, daß er trotz Kenntnis des Überganges ihn fahrlässig benutzt hat, so daß man je nach dem Grade seines Verschuldens ihm nur einen geringeren Teil seines Schadens, gegebenenfalls auch gar nichts, zusprechen kann.

Haben die Bahnbediensteten die Verdunkelung auf dem Bahnsteig ordnungswidrig zu stark vorgenommen, so ist die Bahnbetriebsgefahr erhöht, RG 17. 11. 1942 in VAE 1943 S. 24; ebenso bei Schmalheit eines Bohlenüberganges über ein Gleis bei Verdunkelung, KG Berlin 30. 4. 1942 in VAE 1942 S. 177.

6. Gefährliche Anlage der Bahn

Anm. 53

Die normale Betriebsgefahr der Bahn kann dadurch gesteigert sein, daß sie unzweckmäßig, verkehrsbehindernd oder ohne Rücksicht auf die Gefährdung der Reisenden angelegt ist, z. B. wenn an der Bahnsteigkante ein Bordstein fehlt, BGHZ Bd. 1 S. 17;

wenn Trittbretter der Straßenbahn schadhaft sind, OLG Bremen 6. 12. 1948 in VRS Bd. 1 S. 223;

wenn die Kleinbahn bei Dunkelheit auf einer nicht besonders abgesperrten Verkehrsstraße fahren muß, RG 27. 10. 1919 in JW 1920 S. 282;

bei gefährlicher Lage der Bahn unmittelbar neben einer Landstraße, RG 30. 3. 1936 in VR 1936 S. 455;

wenn Straßenbahngleise unmittelbar an einem schmalen Bürgersteige liegen, OLG Breslau 3. 7. 1924 in VR 1925 S. 587;

wenn die Schienen einer die Straße kreuzenden Hafenbahn ganz unauffällig eingebettet sind, RG 28. 7. 1928 in EisEntsch. 47 S. 186 = VR 1928 S. 474;

wenn ein behelfsmäßiges Gleis außergewöhnlich scharf gekrümmt ist, RG 22. 9. 1913 in EisEntsch. 30 S. 352; eine Kurve der Straßenbahn kann für die am Rand der offenen Plattform stehenden Fahrgäste eine besondere Gefahr bedeuten, RG 27. 10. 1919 in WarnRspr. 1920 Nr. 85; hier wird man allerdings einwenden müssen, daß Kurven in der Regel zur normalen Betriebsgefahr gehören werden;

wenn Übergänge über die Gleise fehlen, RG 23. 1. 1932 in JW 1932 S. 1728;

wenn eine Eisenbahn so unmittelbar neben einer Straße liegt, daß sie durch Ausstoßen von Wasserdampf den Verkehr gefährdet, RG 30. 3. 1936 in SeuffArch. Bd. 90 Nr. 116;

wenn eine Straßenbahn eine Doppelhaltestelle hat, OLG Köln 18. 6. 1953 in MDR 1953 S. 616;

wenn die Straßenbahnschienen nicht in der Straßenmitte liegen, sondern auf der einen Straßenseite ganz nahe am Rand, so daß in der einen Richtung die Bahn regelwidrig auf der linken Straßenseite verkehren muß, so Gülde in DR 1941 S. 208; abweichend zu Unrecht OLG Düsseldorf 21. 10. 1940 in DR 1941 S. 207; siehe auch RG 21. 9. 1938 in VAE 1938 S. 461;

wenn das Herankommen der Straßenbahn infolge des Geräusches der über die Überführung fahrenden Eisenbahnzüge nicht zu hören ist, RG 30. 5. 1907 in Eis Entsch. 24 S. 158;

wenn eine Kreuzung unübersichtlich ist, RGZ Bd. 142 S. 356; RG 7. 11. 1925 in JW 1926 S. 573; RG 28. 3. 1927 in JW 1927 S. 1687;

wenn bei zweigleisigem Betrieb Straßenbahnwagen gleichzeitig von beiden Seiten kommen, RG 23. 1. 1919 in WarnRspr. 1919 S. 112 Nr. 74; OLG Karlsruhe 28. 2. 1953 in VersR 1953 S. 368;

wenn die nach demselben Ziel fahrenden Eisenbahnzüge bald auf Gleis 1, bald auf Glas 3 einfahren und von den Reisenden wegen der Gleisanlage erst verhältnismäßig spät erkannt werden kann, auf welchem Gleis der Zug einläuft, RG 7. 2. 1941 in VR 1941 Bl. 76.

7. Mangelnde Aufsicht und unzweckmäßiges Verhalten der Bahnbediensteten

Anm. 54

In gewissen Fällen kann es erforderlich sein, durch besondere Aufsicht Gefahren zu verhüten. Fehlt es an dieser Aufsicht, so ist die gewöhnliche Bahnbetriebsgefahr gesteigert,

z. B. wenn ein Güterzug auf offener Straße rangiert und bei der Leitung des Rangierzuges die nötige Aufsicht fehlt, RG 14. 10. 1911 in JW 1911 S. 1016;

wenn bei starkem Verkehr auf dem Bahnsteig ein Aufsichtsbeamter fehlt, RG 21. 1. 1929 in JW 1929 S. 2815; RG 15. 4. 1935 in EisEntsch. 58 S. 94 = VR 1935 Sp. 391; bei kleinen Bahnhöfen dagegen ist es nicht erforderlich, den Bahnsteig schon vor dem unmittelbaren Eintreffen eines Zuges besonders zu beaufsichtigen, RG 5. 5. 1913 in JW 1913 S. 735;

wenn der Schaffner der Straßenbahn das Zeichen zur Abfahrt gibt, ohne sich zu überzeugen, ob das Aussteigen beendet ist, RG 28. 10. 1907 in JW 1907 S. 740; OLG Dresden 30. 7. 1940 in VR 1940 Bl. 66;

wenn der Zugschaffner fahrlässig den Zug abfahrfertig meldet, ohne sich zu überzeugen, ob nicht noch Personen im Aussteigen begriffen waren, OLG Stuttgart 16. 10. 1941 in VAE 1942 S. 32; siehe auch RG 14. 2. 1899 in JW 1899 S. 185 = EisEntsch. 16 S. 48; RG 4. 3. 1937 in SeuffArch. Bd. 91 Nr. 120;

bei vorzeitigem Abfahrzeichen des Bahnbeamten, RG 15. 3. 1928 in VR 1928 Sp. 286;

OLG Kolmar in EisEntsch. 34 S. 337;

OLG Köln 21. 8. 1935 in EisEntsch. 58 S. 396;

RG 15. 12. 1942 VI 125/42;

wenn Reisende von Bahnbeamten zum Umsteigen in einen anderen Wagen aufgefordert werden, obwohl die Aufenthaltszeit des Zuges zum Umsteigen zu kurz ist, RG 17. 10. 1910 in JW 1911 S. 62 = EisEntsch. 27 S. 318;

bei besonders kurzem Zugaufenthalt und dadurch bedingter Eile beim Aussteigen, RG 1. 2. 1909 in EisEntsch. 25 S. 405;

RG 12. 11. 1936 in VAE 1937 S. 92;

OLG Düsseldorf in VAE 1939 S. 136;

KG Berlin 11. 5. 1942 in VAE 1942 S. 177;

wenn der Lokomotivführer beim Einfahren in die Station um einige Wagenlängen zu früh gehalten hat und der Zug nachträglich vorgezogen wird, ohne daß die Reisenden davon verständigt wurden, daß der Zug noch nicht abfahre, so daß ein Reisender in den Irrtum versetzt wurde, der Zug fahre schon ab, RG 14. 2. 1927 in JW 1927 S. 1141 = EisEntsch. 47 S. 176; vgl. auch EisEntsch. 45 S. 319; v. d. Leyen in JW 1927 S. 1141 nimmt hier ein Verschulden der Eisenbahn an;

bei zu scharfem, ruckartigem Anfahren des Zuges, RG 22. 3. 1915 in EisEntsch. 32 S. 104; OLG Karlsruhe in VR 1934 Sp. 200;

bei sachwidrigem ruckartigem Anfahren der Straßenbahn, RG 15. 10. 1928 in JW 1928 S. 3170 = VR 1928 S. 588 Nr. 381; anderer Ansicht Biermann in VAE 1943 S. 7ff.;

wenn Bahnbeamte das Betreten der überfüllten Plattformen des Zuges dulden, so daß ein Fahrgast infolge unfreiwilligen Stoßes eines Mitreisenden aus dem Personenzug hinausstürzt, RG 12. 7. 1926 in RGZ Bd. 114 S. 292 = VR 1927 Sp. 85;

RG 28. 6. 1915 in JW 1915 S. 1016;
wenn die besonderen Verhältnisse im Berliner Vorort- und Stadtverkehr eine Warnung der auf dem Bahnsteig Wartenden beim Nahen eines Zuges unmöglich machen, RG 1. 6. 1932 in EisEntsch. 54 S. 68;
doch müssen Reisende, die diese Verhältnisse kennen, erhöhte Vorsicht anwenden;
wenn eine Straßenbahn nur mit einem Wagenführer fährt, also das Ab- und Aufsteigen nicht überwacht wird, RG 11. 11. 1907 in EisEntsch. 24 S. 281.

8. Wetterverhältnisse

Anm. 55

Die Bahnbetriebsgefahr kann gesteigert sein, wenn die Wetterverhältnisse besondere, nicht gewöhnliche Gefahren mit sich bringen.

Bloße Dunkelheit allerdings darf nicht als Erhöhung der Bahnbetriebsgefahr angesehen werden, denn daß die Züge auch bei Nacht verkehren, ist etwas durchaus Gewöhnliches.

Dagegen kann dichter Nebel die Bahnbetriebsgefahr erheblich steigern,
RG 10. 4. 1913 in EisEntsch. 30 S. 197;
RG 7. 11. 1925 in JW 1926 S. 573;
RG 12. 1. 1928 in JurRdsch. 1928 Nr. 891 = VR 1928 Sp. 525;
RG 15. 10. 1928 in JW 1929 S. 981 = EisEntsch. 48 S. 399 = VR 1929 Sp. 363;
RG 17. 1. 1931 in JW 1932 S. 797;
OLG Breslau in EisEntsch. 51 S. 74 und VAE 1938 S. 232;
ebenso starker Sturm, OLG Düsseldorf 24. 11. 1939 in VAE 1940 S. 130;
dagegen wird Regenwetter, das die Straßenbahnschienen schlüpfrig macht, doch wohl nicht als eine Steigerung der normalen Betriebsgefahr angesehen werden können;
anderer Meinung RG 27. 10. 1904 in JW 1905 S. 14 = EisEntsch. 21 S. 378.

Starkes Glatteis oder Vereisung der Schienen können die Bahnbetriebsgefahr erhöhen, ebenso starkes Schneegestöber.

Ein außerordentlich heftiger Schneesturm, der vereiste Schneemassen auf die Schienen wirft und die Lokomotive aus den Gleisen drängt, macht den Eisenbahnbetrieb besonders gefährlich — doch kann hier höhere Gewalt vorliegen, RG 13. 12. 1920 in RGZ Bd. 101 S. 94.

Die Glätte der Trittbretter der Eisenbahnwagen bei Schnee und Glatteis ist eine besondere Gefahr des Eisenbahnbetriebes wegen der steilen und schmalen Stufen, OLG Königsberg 17. 10. 1929 in Recht, 1930 S. 380.

9. Verschulden von Bahnbediensteten

Anm. 56

Hat bei der Entstehung des Unfalls ein schuldhaftes Verhalten von Bahnbediensteten mitgewirkt, so ist die dadurch erhöhte Betriebsgefahr zu Lasten der Bahn bei der Abwägung zu berücksichtigen, vgl. Seligsohn „HpflG" 1931 S. 143.

Insbesondere kann die Betriebsgefahr stark erhöht sein, wenn ein Schrankenwärter es fahrlässig unterlassen hat, die Bahnschranken rechtzeitig vor dem Eintreffen eines Zuges zu schließen, BGH 2. 10. 1952 in VkBl. 1953 S. 58; OLG Zweibrücken 2. 10. 1941 in VAE 1942;
vor allem, wenn der Vorsteher des Bahnbetriebsamts den schuldigen Schrankenwärter auf seinem Posten belassen hat, obwohl er schon wiederholt wegen Vernachlässigung seiner Wärterpflichten bestraft worden war, OLG Stuttgart 10. 9. 1942 in VAE 1942 S. 235;
Schlafen während der Dienstausübung ist ein erhebliches Verschulden, RG 27. 5. 1909 in JW 1909 S. 469;
Unachtsamkeit des Führers einer Pferdebahn, durch die der Verletzte umgerissen wird, tritt als die Betriebsgefahr verstärkendes Moment hinzu, RG 9. 11. 1903 in RGZ Bd. 56 S. 157;
Bei schienengleichen, unbeschrankten Eisenbahnübergängen ist es schuldhaft, wenn das Bahnpersonal, sobald es erkennt oder erkennen muß, daß ein Zusammenstoß mit

Straßenverkehrsteilnehmern droht, nicht jede nur mögliche Sorgfalt anwendet, BGH 5. 3. 1953 in VRS Bd. 5 S. 284, 287. Denn auch die Eisenbahn ist Verkehrsteilnehmer im Sinne des § 1 StVO, vgl. RGSt Bd. 74 S. 318; BGH in VRS Bd. 4 S. 434; BGH 19. 3. 1953 in VRS Bd. 5 S. 304; Martin in DAR 1954 S. 79.

Auch der Eisenbahn liegt daher die allgemeine Sorgfaltspflicht nach § 1 StVO ob, und ihre Vernachlässigung durch das Bahnpersonal erhöht die Betriebsgefahr.

Auch der Lokomotivführer darf den Straßenverkehr nicht gefährden, OLG Bremen 20. 11. 1953 in VRS 1954 S. 120.

VIII. Fälle normaler Betriebsgefahr

Anm. 57

Im Straßenbahnverkehr sind offene Plattformen — ohne Türen oder Sperrketten — vielfach üblich und zugelassen. Ob dadurch, daß die auf der Plattform stehenden Fahrgäste gegen ein Hinausstürzen, z. B. infolge ruckartigen Bremsens, nicht genügend gesichert sind, die Betriebsgefahr der Straßenbahn erhöht ist oder nicht, ist bestritten.

RG 6. 3. 1911 in EisEntsch. 28 S. 103; RG 1. 3. 1934 in VR 1934 Sp. 277; RG 29. 4. 1935 in JW 1935 S. 2354 = VR 1935 Sp. 450 Nr. 270 haben angenommen, daß das Fehlen jeder Plattformsicherung die Betriebsgefahr erheblich steigere.

Dagegen hat RG 10. 12. 1938 in DR 1939 S. 183 diese Auffassung ausdrücklich aufgegeben, da das Fehlen einer Sicherung überwiegend üblich und von den Aufsichtsbehörden zugelassen sei. Das RG sagt aber selbst: „Es liegt auf der Hand, daß bei Vorhandensein und Benutzung einer den Ausgang sperrenden Sicherung der Unfall nicht eingetreten wäre.“ Das Fehlen jeder Plattformsicherung ist mithin doch geeignet, Unfälle besonders zu begünstigen.

Gegen Annahme erhöhter Betriebsgefahr Abitz-Schultze in JW 1935 S. 2354;
OLG Braunschweig 11. 12. 1951 in VkBl. 1952 S. 212 = NiedersRpfl. 211 S. 69;
wohl auch Biermann „SHG“ 1953 S. 48, 49.

Die Betriebsgefahr ist nicht erhöht,

wenn der Zug bei Nacht fährt, RG 2. 7. 1908 in EisEntsch. 25 S. 188;

wenn bei der Straßenbahn zwischen den beiden Schienensträngen nur 1 m Zwischenraum ist, RG 3. 7. 1911 in EisEntsch. 28 S. 333;

wenn das Windleitblech der Lokomotive während der Fahrt verhältnismäßig nahe an das Nachbargleis gebracht wird, so daß ein Reisender eines anderen Zuges an der Hand verletzt wird — unzutreffend OLG Köln in EisEntsch. 56 S. 393; LG Nürnberg-Fürth in VAE 1938 S. 15; hier kommt doch nur die gewöhnliche Betriebsgefahr in Betracht.

Normale Betriebsgefahr dürfte vorliegen, wenn auf einer kleinen ländlichen Haltestelle mit geringem Verkehr keine besondere Absperrung der Gleise vorhanden ist, RG 16. 9. 1912 in EisEntsch. 29 S. 317.

Auch Höherlegen der Bahnsteige steigert nicht ohne weiteres die Betriebsgefahr, RG 11. 10. 1928 in EisEntsch. 47 S. 383 = LeipzZeitschr. 1928 S. 1698.

OLG Düsseldorf 21. 10. 1940 in DR 1941 S. 207 will eine Erhöhung der Betriebsgefahr nicht annehmen, wenn Straßenbahnschienen auf einer Seite der Straße liegen, zweiseitig befahren werden und die sonstige Fahrbahn der Straße 5,70 m breit ist; demgegenüber betont Guelde a. a. O. wohl mit Recht, bei der Benutzung öffentlicher Straßen durch die Straßenbahn sei es das Normale, daß die Schienen in der Straßenmitte liegen und der Betrieb zweigleisig ist: „daran ist der Straßenverkehr als an den Regelverkehr gewöhnt“.

Zweifelhaft könnte erscheinen, ob die gewöhnliche Betriebsgefahr der Straßenbahn dadurch erhöht ist, daß die Schienen infolge Regenwetters schlüpfrig sind und ein schnelles Anhalten dadurch erschwert ist.

RG 27. 10. 1904 in JW 1905 S. 14 will Erhöhung der Betriebsgefahr annehmen.

Glatteis oder starke Vereisung der Schienen aber erhöht zweifellos die Betriebsgefahr der Straßenbahn.

IX. Beweislast bei Erhöhung der Betriebsgefahr

Anm. 58

Behauptet der Geschädigte, daß bei dem Unfall besondere Umstände mitgewirkt hätten, welche die gewöhnliche Betriebsgefahr der Bahn erhöhten und daher bei der Abwägung zu ihren Lasten zu berücksichtigen seien, so muß er beweisen, daß solche regelwidrigen Umstände vorliegen, RG 21. 6. 1939 in VAE 1939 S. 359; Seligsohn „HpflG" 1931 S. 143.

Ist nicht aufgeklärt, ob solche die regelmäßige Betriebsgefahr steigernden Umstände gegeben sind, so geht dies zu Lasten des Geschädigten, RG a. a. O., nicht aber zu Lasten der Bahn, RG 3. 12. 1925 in EisEntsch. 43 S. 331.

Es genügt nicht, daß der Geschädigte auf bloße Möglichkeiten verweist; er muß die Tatsachen angeben, in denen eine Steigerung der Betriebsgefahr zu erblicken ist, und muß ihr Vorliegen beweisen, vgl. Friese „RHpflG" 1950 S. 114,

z. B. daß die Bremse mangelhaft gewesen sei und deshalb versagt habe, RG 26. 6. 1887 in EisEntsch. 6 S. 54;

daß der Lokomotivführer beim Bahnübergang nicht geläutet habe, RGZ Bd. 38 S. 162 (165) — nicht das Läuten ist von der Eisenbahn, sondern das Nichtläuten vom Geschädigten zu beweisen —; RG 23. 2. 1897 in JW 1897 S. 195.

X. Verschulden des gesetzlichen Vertreters des Geschädigten

Anm. 59

Hat bei der Entstehung des Sachschadens zwar kein Verschulden des Geschädigten, wohl aber ein solches seines gesetzlichen Vertreters, z. B. Verletzung der elterlichen Aufsichtspflicht gemäß § 832 BGB, RG 31. 5. 1920 in JW 1920 S. 965, mitgewirkt, so erhebt sich die Frage, ob auch in diesem Falle eine Abwägung und Schadensverteilung nach § 254 BGB vorzunehmen ist oder ob der Geschädigte dieses Verschulden nicht zu vertreten hat, und es daher nicht zu einer Herabminderung seiner Ersatzansprüche führen kann.

Die Rechtsprechung hat ziemlich einhellig den Standpunkt vertreten, daß der Geschädigte — wenn ihm keinerlei Verbindlichkeit oblag, die hätte erfüllt werden können — sich ein Verschulden seines gesetzlichen Vertreters — soweit dieser nicht die tatsächliche Gewalt über die beschädigte Sache ausübt, § 3 SHG —, nicht gemäß § 254 BGB entgegengehalten lassen muß,

vgl. RGZ Bd. 54 S. 404 und 407; Bd. 55 S. 316; Bd. 62 S. 346; Bd. 75 S. 257; Bd. 77 S. 211; Bd. 79 S. 312; Bd. 91 S. 134; Bd. 140 S. 7; Bd. 156 S. 205;
RG 31. 5. 1920 in JW 1920 S. 965;
BGH 8. 3. 1951 in NJW 1951 S. 477;
BGH 28. 4. 1952 in NJW 1952, S. 1050;
OLG Hamm 8. 1. 1951 in VersR 1951 S. 56;
OLG Tübingen 19. 12. 1952 in VersR 1953 S. 212;
OLG Tübingen 26. 2. 1953 in VersR 1953 S. 152;
OLG Neustadt 6. 6. 1950 in DAR 1951 S. 98;
OLG Celle 12. 11. 1952 in NJW 1953 S. 990;
Esser in JZ 1952 S. 257 und JZ 1953 S. 692; Goltermann in DAR 1953 S. 204.
Anderer Ansicht Lepenies in VersR 1951 S. 143; Voss in VersR 1952 S. 252; Gernhuber in ArchZivPr Bd. 152 S. 69; Lange in NJW 1953 S. 967.

Anm. 60

Nur wenn schon bei der Entstehung des Schadens eine vertragliche oder vertragsähnliche Beziehung des Geschädigten zu dem Ersatzpflichtigen bestand, der eine vom Geschädigten zu erfüllende Verpflichtung entsprang — z. B. wenn zwischen einem

Kinde und dem Betriebsunternehmer einer Eisenbahn ein Beförderungsvertrag abgeschlossen ist —, hat der Geschädigte gemäß § 278 BGB ein Verschulden seines gesetzlichen Vertreters zu vertreten, so daß nach § 254 BGB eine Abwägung und Schadensverteilung vorzunehmen ist, BGH 8. 3. 1951 in BGHZ Bd. 1 S. 248.

So hat BGH 29. 4. 1953 in BGHZ Bd. 9 S. 316 = NJW 1953 S. 977 = MDR 1953 S. 539 beim Bestehen eines Beförderungsvertrages, also eines Schuldverhältnisses, in dem die Mutter Vertragspflichten des deliktsunfähigen Kindes wahrnahm, die Anrechnungspflicht elterlichen Mitverschuldens gemäß §§ 254, 278 BGB bejaht. So schon Ostwald in JW 1921 S. 325; Landsberg in JW 1920 S. 966.

Zustimmend Esser „Zur Anrechnungspflicht elterlichen Mitverschuldens bei Verkehrsunfällen deliktsunfähiger Kinder" in JZ 1953 S. 691, der im übrigen betont, daß, wenn keine Vertragspflicht bestehe, nach § 254 BGB nur echtes Mitverschulden des Verletzten, nicht bloße Mitverursachung genüge.

Vgl. auch Esser in JZ 1952 S. 260; Ehrenzweig „Die Schuldhaftung im Schadensersatzrecht" 1936 S. 260: „Es geht nicht an, dem Unmündigen, der z. B. durch einen Bahnunfall Schaden erleidet, die an ihm begangene Nachlässigkeit der Aufsichtsperson als eigenes Verschulden anzurechnen, auch dann nicht, wenn die Aufsichtsperson zugleich gesetzlicher Vertreter ist, denn die persönliche Aufsicht hat mit der Vertretung nichts zu schaffen. Die ersatzpflichtige Eisenbahn mag gegen die schuldige Aufsichtsperson Rückgriff nehmen" (angeführt von Esser a. a. O.).

Den Versuchen, das schuldunfähige Kind durch den Hinweis auf die schuldhafte Verletzung der Aufsichtspflicht durch Vater oder Mutter seiner Schadenersatzansprüche gegen die Bahn zu berauben, ist auch entgegenzuhalten, daß damit eine „Sippenhaftung" eingeführt würde, die dem deutschen Recht unbekannt ist und eine krasse Ungerechtigkeit gegen das Kind darstellen würde.

XI. Verschulden des Gewalthabers

Anm. 61

Eine Abwägung der beiderseitigen Verursachung und eine entsprechende Schadensverteilung ist auch vorzunehmen, wenn zwar der Geschädigte schuldlos ist, aber bei der Entstehung des durch einen Betriebsunfall herbeigeführten Sachschadens ein Verschulden desjenigen mitgewirkt hat, „der die tatsächliche Gewalt über die Sache ausübt". Eine ähnliche Bestimmung enthält auch § 9 StVG.

„Tatsächliche Gewalt über eine Sache" ist — wie Leo Rosenberg „Sachenrecht" S. 18 richtig ausführt — „ein Verkehrsgebilde, ein Produkt der Lebens- und Verkehrsgemeinschaft"; „die tatsächliche Gewalt als ein Begriff des lebendigen Verkehrs läßt sich nicht in eine enge Formel bannen". Ob im einzelnen Falle tatsächliche Gewalt vorliegt, entscheidet also in erster Linie die Verkehrsanschauung.

Hiernach muß ein äußerlich erkennbares, tatsächliches Herrschaftsverhältnis vorliegen, das von einer gewissen Dauer und Festigkeit, nicht bloß von ganz vorübergehender Natur ist.

Es muß eine „tatsächliche Einwirkungsmöglichkeit auf die Sache" bestehen, Gierke „Sachenrecht" 1948 S. 11, die in der Regel auch eine nahe räumliche Beziehung zur Sache voraussetzt. Eine nur ganz flüchtige Sachberührung reicht nicht aus.

RGZ Bd. 77 S. 208 betont zutreffend, das tatsächliche Herrschaftsverhältnis müsse für jedermann erkennbar sein — so daß es von allen, die darauf achten, erkannt werden könne. Bei Grundstücken sind in der Regel geringere Anforderungen zu stellen als bei beweglichen Sachen, RG in SeuffArch. Bd. 64 S. 483.

Darauf, ob der die tatsächliche Gewalt über die Sache Ausübende ein Recht an der Sache hat — z. B. ob er der Eigentümer ist —, ob er berechtigt ist oder sich für berechtigt hält oder bösgläubig ist, kommt es nicht an. Es spielt keine Rolle, ob der schuldhaft handelnde Inhaber der tatsächlichen Gewalt diese ohne Zutun oder ohne den Willen des Eigentümers erlangt hat, Müller „StrVR" 1953 S. 273.

Wird z. B. bei einem Betriebsunfall eine gestohlene Sache beschädigt, und hat der die tatsächliche Gewalt ausübende Dieb schuldhaft die Beschädigung mitverursacht, so findet eine Abwägung nach § 254 BGB statt.

Auch darauf kommt es nicht an, ob derjenige, der die tatsächliche Gewalt über die Sache ausübt, in bezug auf die Sache in einem sozialen Abhängigkeitsverhältnis steht, z. B. die Sache als Angestellter, Hausangestellte, Kraftwagenführer, Arbeiter hat. Die „nackte tatsächliche Gewalt" (v. Gierke a.a.O. S. 11) reicht aus.

Es fällt also auch der bloße Besitzdiener im Sinne des § 855 BGB, der den Weisungen des Besitzers zu folgen hat, unter § 3 SHG, so auch Biermann „SHG" 1953 S. 105; Geigel „HpflProzeß" 1952 S. 226; z. B. der Dienstmann oder Gepäckträger, der das Gepäck des Reisenden in den Eisenbahnzug bringt, Geigel a.a.O.; der Führer eines Straßenbahnwagens.

Die tatsächliche Gewalt über eine Sache übt auch der Nießbraucher, Pächter, Mieter, Entleiher und Verwahrer aus.

Keine tatsächliche Gewalt liegt vor, wenn sich jemand in der Eisenbahn vorübergehend von einem Gegenübersitzenden ein Kursbuch zur Einsicht geben läßt, v. Gierke a.a.O. S. 11.

Dagegen übt z. B. eine Ehefrau die tatsächliche Gewalt über einen von ihr getragenen, ihr vom Ehemann als dem Eigentümer leihweise überlassenen Brillantring aus.

Bei mitwirkendem Verschulden eines Angestellten, der die tatsächliche Gewalt über die Sache ausübt, hat der Eigentümer der Sache nicht die Möglichkeit, einen Entlastungsbeweis nach § 831 BGB zu führen, Geigel a.a.O. Er muß sich das Verschulden des Angestellten unter allen Umständen entgegenhalten lassen, auch wenn er ihn sorgfältig ausgewählt und überwacht hat.

So auch KG 7. 7. 1933 in JW 1933 S. 2400;
OLG Hamburg 23. 10. 1934 in DAR 1936 S. 14;
OLG Naumburg in SeuffArch. Bd. 85 S. 301;
Müller „StrVR" 1953 S. 273;
Jonas in JW 1933 S. 2376.
Unrichtig KG 7. 7. 1932 in JW 1933 S. 2376.

§ 4

Der Betriebsunternehmer haftet, auch wenn durch dasselbe Ereignis mehrere Sachen beschädigt werden, nur bis zum Betrage von fünfzehntausend Reichsmark.

Sind auf Grund desselben Ereignisses an mehrere Personen Entschädigungen zu leisten, die insgesamt den Höchstbetrag von fünfzehntausend Reichsmark übersteigen, so verringern sich die einzelnen Entschädigungen in dem Verhältnis, in dem ihr Gesamtbetrag zu dem Höchstbetrag steht.

Abs. 1 und 2 gelten nicht für die Beschädigung von Grundstücken.

Anm. 1

Wie schon in § 7a und § 7b RHpflG und in §12 KFG/StVG, so ist auch im SHG die Schadensersatzpflicht des Betriebsunternehmers der Höhe nach begrenzt worden. Dies ist ein gewisser Ausgleich dafür, daß er der strengen Verursachungshaftung unterworfen ist. Dem Grundsatz der Gefährdungshaftung ist als Gegengewicht die summenmäßig beschränkte Haftung gegenübergestellt, RGZ Bd. 147 S. 355. Es handelt sich um eine auf rein praktischen Erwägungen beruhende Beschränkung des Risikos des Ersatzpflichtigen, RGZ Bd. 87 S. 402 (405). Bei Erlassen des KFG bestanden Bedenken, die strenge Verursachungshaftung unbeschränkt durchzuführen, man wollte den berechtigten Verkehr nicht lahmlegen und den Kraftfahrzeughaltern die Haftpflichtversicherung gegen bestimmte, nicht allzu hoch bemessene Prämiensätze ermöglichen;

der Anspruch des Geschädigten jedoch sollte keine andere als eine rein ziffernmäßige Höchstbeschränkung erfahren, RG a.a.O. S. 406; Floegel-Hartung „StrVR" 1953 S. 698.

Die Vorschrift über die Haftungsbegrenzung ist vom RG zutreffend „als eine singuläre und auf ganz besonderen Gründen beruhende Ausnahmevorschrift" angesehen worden, sie ist daher im strengen Wortsinn auszulegen. Dies ist von Bedeutung in dem Falle, daß der Geschädigte wegen mitwirkenden eigenen Verschuldens gemäß § 3 SHG, § 254 BGB nur Anspruch auf Ersatz eines Teils des ihm entstandenen Sachschadens hat. Hierzu bemerkt RGZ Bd. 87 S. 405 = RG 20. 12. 1915 in JW 1916 S. 591 richtig, das Gesetz wolle nach seinem klaren Wortlaut ganz allgemein und ohne Rücksicht auf die Lage des Einzelfalles und auf ein etwaiges mitwirkendes Verschulden des Verletzten die Haftung des Ersatzpflichtigen lediglich auf die Höchstsumme beschränkt wissen (zustimmend Isaac das.).

Ebenso ist in RGZ Bd. 123 S. 40 ausgesprochen, daß bei mitwirkendem Verschulden des Verletzten die ihm nach § 254 BGB zustehende Schadensquote unabhängig von der Höchsthaftungssumme errechnet und ihm voll zugesprochen werden müsse, wenn sich der errechnete Betrag innerhalb der Haftungsgrenze halte.

In RG 23. 6. 1930 in JW 1930 S. 2943 ist gesagt, die Höchstbeträge könnten voll zugebilligt werden, auch wenn die Ersatzpflicht wegen eigenen Verschuldens nur zu einem Bruchteil anerkannt sei; das RG hat hier die Meinung für unbegründet erklärt, daß, wenn eine Feststellung dem Grunde nach nur zur Hälfte des Schadens getroffen werde, auch zugleich eine Verurteilung nur zur Hälfte der Höchstsätze ausgesprochen werden müsse; die Höchstsätze stellten zahlenmäßig den Geldbetrag dar, der die Schadensersatzpflicht begrenze, und zwar unabhängig davon, ob diese Schadensersatzpflicht die Erstattung des ganzen Schadens oder nur eines Bruchteils umfasse; die Wirkung dieser Höchstsätze trete erst dem sich danach ziffernmäßig ergebenden Kapitalbetrage gegenüber ein. Zustimmend Fromherz a.a.O. S. 2945. Ebenso Böhmer „RHpflG" 1950 S. 159 Anm. 4; Friese „RHpflG" 1950 S. 225 (§ 4 nur anzuwenden, wenn der in Berücksichtigung eigenen Verschuldens zugebilligte Teilbetrag die Höchstgrenze überschreitet); Müller „StrVR" 1953 S. 298.

Anm. 2

Die Höchstsumme der Haftung des Betriebsunternehmers ist auf 15000 DM festgesetzt, soweit es sich um Schaden an beweglichen Sachen handelt. Bei der Haftung aus dem StVG ist die Höchstgrenze niedriger, sie beträgt nach § 12 Abs. 1 Ziff. 3 StVG nur 5000 DM. Bei der Sachschadenhaftung nach § 7b RHpflG ist die Höchsthaftsumme auf 25000 DM festgesetzt. Ist z. B. dem Ersatzberechtigten durch einen Betriebsunfall ein Sachschaden von 30000 DM entstanden und kann er wegen eigenen mitwirkenden Verschuldens gemäß § 254 BGB hiervon nur die Hälfte mit 15000 DM beanspruchen, so erhält er diese 15000 DM ganz. Es wäre falsch, zu sagen, der Höchstanspruch betrage nach § 4 SHG 15000 DM, und hiervon erhalte er die Hälfte, also nur 7500 DM. Das würde dem Sinn und der Bedeutung des § 4 SHG völlig widersprechen.

Anm. 3

Die Höchstgrenze gilt auch dann, wenn durch den Betriebsunfall nicht nur eine Sache, sondern mehrere Sachen beschädigt werden. Dabei kommt es nicht darauf an, ob diese Sachen sämtlich einem Eigentümer gehören oder mehreren. Für sämtliche „durch dasselbe Ereignis" beschädigten Sachen zusammen muß der Betriebsunternehmer insgesamt nicht mehr als 15000 DM bezahlen. Doch muß es sich um dasselbe Ereignis als Ursache der Schäden handeln. Die an mehreren Sachen angerichteten Schäden müssen also durch ein und denselben Betriebsunfall herbeigeführt sein, d. h. das mit dem Bahnbetrieb in Verbindung stehende Ereignis muß von außen her auf mehrere Sachen eingewirkt und dadurch den Sachschaden verursacht haben,

z. B. das Zusammenstoßen eines Eisenbahnzuges mit einem Lastkraftwagen zerstört diesen und vernichtet zugleich die wertvolle Ladung.

Anm. 4

§ 4 regelt in Abs. 2 auch die Frage, wie der Höchstbetrag zu verteilen ist, wenn die Sachen verschiedener Personen beschädigt sind und der Gesamtschaden höher als 15000 DM ist. Es dürfen sodann — bei Beschädigung beweglicher Sachen — insgesamt nicht mehr als 15000 DM beansprucht werden. Jede geschädigte Person erhält dann entsprechend weniger, und zwar im Verhältnis des Gesamtschadens zu dem gesetzlichen Höchstbetrag.

§ 5

Der Ersatzberechtigte verliert den Ersatzanspruch, wenn er nicht innerhalb von drei Monaten, nachdem er von dem Schaden Kenntnis erlangt hat, dem Ersatzpflichtigen den Unfall anzeigt. Der Rechtsverlust tritt nicht ein, wenn die Anzeige infolge eines Umstandes unterblieben ist, den der Ersatzberechtigte nicht zu vertreten hat, oder wenn der Ersatzpflichtige innerhalb der Frist auf andere Weise von dem Schaden Kenntnis erhalten hat.

Anm. 1

Die hier bestimmte kurze Anzeigefrist dient dem Schutz des Ersatzpflichtigen gegen verspätete Inanspruchnahme. Da er nach dem SHG strenger haftet als nach dem BGB, ist es billig, ihm zu ermöglichen, sich in zweckmäßiger Weise gegen diese gesteigerte Haftung zu verteidigen. Dies kann er aber in der Regel nur, wenn er durch baldige Unfallanzeige in die Lage versetzt wird, den Unfallsachverhalt schleunigst festzustellen, insbesondere auch zu erheben, ob nicht zu seinen Gunsten höhere Gewalt oder eigenes Verschulden des Geschädigten zu berücksichtigen sind. „Je mehr Zeit über den Unfall verstrichen ist, um so schwerer wird es, ihn aufzuklären" (Müller „StrVR" 1953 S. 310).

Um den Geschädigten zu einer schnellen Unfallanzeige zu veranlassen, droht § 5 ihm den Verlust seiner Rechte an, falls er nicht innerhalb der gesetzlichen Frist die Anzeige erstattet.

Anm. 2

Das RHpflG kennt einen Rechtsverlust infolge Nichtanzeige des Unfalls nicht. Dagegen ist eine solche Einschränkung der Gefährdungshaftung durch eine Ausschlußfrist auch in § 15 StVG enthalten. Bei der Kraftfahrzeughaftung beträgt die Anzeigefrist sogar nur zwei Monate, während § 5 SHG immerhin drei Monate vorsieht. Aus Gründen der Billigkeit zugunsten des Geschädigten ist hier eine etwas längere Frist gewählt worden (Amtliche Begründung).

Anm. 3

Die Verwirkungsfrist beginnt mit dem Zeitpunkt, in dem der Ersatzberechtigte von dem Schaden Kenntnis erlangt. Es genügt also nicht, daß er weiß, daß es zu einem Betriebsunfall der Eisenbahn oder Straßenbahn gekommen ist, vielmehr muß er auch wissen, daß ihm daraus ein Sachschaden entstanden ist. Es kann durchaus vorkommen, daß der Geschädigte von seinem Sachschaden nicht sofort beim Unfall Kenntnis erlangt, sondern erst zu einem späteren Zeitpunkt; dann beginnt die Ausschlußfrist erst von diesem Zeitpunkt an zu laufen.

Anm. 4

Kenntnis vom Schaden hat der Geschädigte erlangt, sobald er den — als Einheit aufgefaßten — Gesamtschaden erkannt hat, ohne daß es nötig wäre, daß er Umfang und Höhe schon völlig übersehen hätte; seine Kenntnis muß aber immerhin so weit gehen, daß er in der Lage wäre, Feststellungsklage zu erheben, RGZ Bd. 119 S. 207. Zutreffend ist in RG 8. 11. 1909 in JW 1909 S. 725 ausgeführt, der Geschädigte müsse nicht schon den Umfang des Schadens kennen; seine Ungewißheit über die Höhe sei ohne Belang (vgl. auch RG 25. 3. 1907 in JW 1907 S. 312; RG 29. 10. 1907 in JW 1907 S. 832).

Jedoch werden Schadensfolgen, die zur Zeit des Unfalls nicht voraussehbar waren und später unerwartet eintreten, von der früheren Kenntnis des Schadens nicht umfaßt; hier ist für den Fristbeginn der Zeitpunkt entscheidend, in dem der Geschädigte von diesen Spätschäden Kenntnis erhalten hat.

Anm. 5

Im Fall des § 15 StVG kommt es auch noch darauf an, wann der Ersatzberechtigte von der Person des Ersatzpflichtigen Kenntnis erlangt hat. Diese Bestimmung ist notwendig; denn es kann bei Kraftfahrzeugunfällen sehr leicht vorkommen, daß der Verletzte zunächst nicht weiß, wer der Halter und wer der Fahrer des Kraftfahrzeugs ist oder wer von ihnen als Ersatzpflichtiger in Frage kommt. Bei Bahnbetriebsunfällen i. S. des SHG aber liegt die Sache in der Regel anders, hier wird zumeist kein Zweifel darüber bestehen, wer Betriebsunternehmer der Eisenbahn oder der Straßenbahn ist, so daß es ausreichend erscheint, die Ausschlußfrist lediglich mit der Kenntnis von dem Schaden beginnen zu lassen.

Anm. 6

Die gesetzliche Bestimmung einer solchen Anzeigepflicht mit Ausschlußfrist ist — wie im Kraftfahrzeugrecht — auch bei der Haftung der Eisenbahnen und Straßenbahnen für Sachschaden geboten und zweckmäßig. Es wäre zu erwägen, ob diese Anzeigepflicht nicht auch bei der Haftpflicht nach dem RHpflG für Personenschaden gesetzlich eingeführt werden sollte. Denn gerade hier sollte der Ersatzpflichtige in die Lage versetzt werden, mit möglichster Beschleunigung den Unfallhergang aufklären und feststellen zu lassen, damit er gegebenenfalls die ihm obliegenden Entlastungsbeweise — höhere Gewalt und unabwendbares Ereignis — sich sichern und führen kann, was ihm durch den Ablauf einer größeren Zeitspanne erheblich erschwert werden kann.

RG 6. 10. 1919 in JW 1920 S. 147 (vgl. auch Isaac daselbst) führt richtig aus, die Anzeigepflicht solle „dem Interesse des Verpflichteten dienen, das er mit Rücksicht auf den ihm nachgelassenen Entlastungsbeweis an der alsbaldigen Feststellung des Sachverhalts hat", sie soll es ihm ermöglichen, „sich möglichst bald das erforderliche Verteidigungsmaterial zu sichern, was längere Zeit nach einem Unfall meist mit Schwierigkeiten verbunden ist".

Anm. 7

Der Ablauf der Ausschlußfrist ist von Amts wegen zu berücksichtigen; es handelt sich nicht um eine Einrede wie bei der Verjährung. Die Verjährungsregeln des BGB können hier nicht angewendet werden. Die Frist ist nach §§ 187, 188 BGB zu berechnen.

Anm. 8

Ist nach § 5 SHG der Rechtsverlust eingetreten, so kann der Ersatzpflichtige das, was er etwa trotzdem geleistet hat, auf Grund ungerechtfertigter Bereicherung zurückfordern (Floegel-Hartung „StrVR" 1953 S. 704), während nach §§ 222 Abs. 2 BGB das zur Befriedigung eines verjährten Anspruchs Geleistete nicht zurückgefordert werden kann, RGZ Bd. 48 S. 157 (163).

Mit Ablauf der Präklusivfrist sind die Rechte des nach § 1 SHG Ersatzberechtigten erloschen, sein schon entstandener Anspruch fällt wieder fort.

Anm. 9

Übrigens verliert der Geschädigte durch Versäumung der Ausschlußfrist nicht sämtliche Schadensersatzansprüche, die ihm auf Grund des Unfalls erwachsen sind.

Nur die aus dem SHG hergeleiteten Ansprüche fallen weg, wenn die fristgemäße Unfallanzeige versäumt ist, dagegen bleiben etwaige Ansprüche aus dem BGB — §§ 823 ff. — bestehen, da für diese eine Anzeigepflicht nicht besteht; bei diesen Ansprüchen sind nur die Vorschriften über die Verjährung — z. B. § 852 BGB — von Bedeutung. Solche Ansprüche bestehen allerdings nur, wenn der Geschädigte ein Verschulden des Betriebsunternehmers oder seiner Angestellten beweist. Daß solche Ansprüche neben denjenigen aus dem SHG oder auch, wenn diese weggefallen sind, gegeben sein können, ist in § 7 SHG ausdrücklich bestimmt worden.

Anm. 10

Die Pflicht der Anzeige bezieht sich nur auf den Unfall selbst, nicht auf den Schaden. „Unfall" ist ein plötzlich eintretendes, zeitlich bestimmtes oder bestimmbares Ereignis, das auf die Sache des Menschen einwirkt und zu einer Beschädigung derselben führt, vgl. hierzu RGZ Bd. 21 S. 77 (78); Bd. 44 S. 253 (260); Bd. 52 S. 76; Bd. 66 S. 433; RG 7. 10. 1901 in JW 1901 S. 759; RG 24. 6. 1910 in JW 1910 S. 834 = Eis Entsch. 27 S. 296; RGZ Bd. 158 S. 34 (37); RG 7. 2. 1944 in DR 1944 S. 410; Böhmer „RHpflG" 1950 S. 26 Anm. 1. Der Ersatzberechtigte hat also dem Ersatzpflichtigen Mitteilung von dem plötzlichen, ihn schädigenden Betriebsereignis zu machen sowie davon, daß dieses eine nachteilige Einwirkung auf ihm gehörige Sachen gehabt habe, z. B. ihm mitzuteilen, daß sein Haus infolge Funkenflugs aus einer vorbeifahrenden Lokomotive abgebrannt sei. Er braucht aber nicht den Sachschaden im einzelnen und in seinem ganzen Umfang zu bezeichnen und zu berechnen.

Anm. 11

Die Unfallanzeige deckt ohne weiteres auch alle zur Zeit der Anzeige noch nicht ersichtlichen oder späteren weiteren Schädigungen, die adäquate Folge des Unfalls sind (so zutreffend Müller „StrVR" 1953 S. 310).

Anm. 12

Maßgebend für die Einhaltung der dreimonatlichen Anzeigefrist ist nach § 130 BGB der Zeitpunkt, in dem die Unfallanzeige dem Ersatzpflichtigen zugeht. Für das „Zugehen" ist maßgebend der Zeitpunkt, in dem die Unfallanzeige in den Machtbereich des Betriebsunternehmers gelangt und nach den Umständen und der Verkehrssitte zu erwarten ist, daß er von ihr Kenntnis nimmt (Palandt 1953 S. 102, 103). Eine briefliche Unfallanzeige z. B. ist zugegangen, sobald der Brief in verkehrsüblicher Art in die tatsächliche Verfügungsgewalt des Adressaten oder desjenigen, der ihn in der Empfangnahme von Briefen vertreten konnte, gelangt und ihm in dieser Weise die Möglichkeit der Kenntnisnahme verschafft ist, RGZ Bd. 50 S. 194.

Anm. 13

Eine besondere Form für die Unfallanzeige hat das SHG nicht vorgeschrieben. Sie kann mündlich, durch Brief oder durch Telegramm geschehen.

Ein Telegramm ist schon dann zugegangen, wenn es dem Empfänger durch Fernsprecher zugegangen ist, RGZ Bd. 105 S. 256.

Anm. 14

Sind durch einen Betriebsunfall die Sachen mehrerer Personen beschädigt — z. B. bei einem Zugzusammenstoß einem Reisenden die Brille zertrümmert, einem anderen der Handkoffer zerstört —, so hat jeder der Geschädigten die Unfallanzeige zu erstatten. Wird sie nur von einem der Geschädigten erstattet, so wirkt dies nicht zugunsten des anderen, es sei denn, daß zugunsten des letzteren § 5 Satz 2 SHG eingreift, nämlich der ersatzpflichtige Betriebsunternehmer durch die Unfallanzeige eines der Geschädigten auch von dem Unfall des anderen Kenntnis erhalten hat.

Anm. 15

Wie § 15 Satz 2 StVG, so bestimmt auch § 5 Satz 2 SHG zwei Ausnahmen von dem Rechtsverlust durch fruchtlosen Ablauf der Anzeigefrist. Die Verwirkung soll nicht eintreten, wenn der Geschädigte es ohne Verschulden (§ 276 BGB) unterlassen hat, die Unfallanzeige fristgemäß dem Ersatzpflichtigen zu erstatten, oder wenn letzterer auch ohne Anzeige innerhalb der Frist von dem Schaden Kenntnis erhalten hat.

Z. B. verliert der Ersatzberechtigte seine Ansprüche aus dem SHG nicht, wenn er zwar die Unfallanzeige rechtzeitig abgesandt hatte, der Ersatzpflichtige sie aber ohne Verschulden des Berechtigten nicht erhalten hat, etwa wenn der Bote den Anzeigebrief unterschlagen hat (Müller a.a.O. S. 312).

Anm. 16

Was die Beweislast betrifft, so ist der Betriebsunternehmer beweispflichtig, wenn er behauptet, der Berechtigte habe die Anzeigefrist versäumt. Er muß also Tatsachen angeben und beweisen, welche ergeben, daß der Berechtigte in einem bestimmten Zeitpunkt von seinem Sachschaden Kenntnis erhalten und es unterlassen habe, innerhalb der Frist von drei Monaten von diesem Zeitpunkt an die Unfallanzeige zu erstatten.

Will demgegenüber der Ersatzberechtigte dartun, daß der Rechtsverlust dennoch nicht eingetreten sei, so muß er gemäß § 5 Satz 2 SHG Tatsachen angeben und beweisen, aus denen hervorgeht, daß er infolge eines von ihm nicht zu vertretenden Umstandes die Unfallanzeige unterlassen oder zu spät erstattet habe, oder daß der Betriebsunternehmer innerhalb der Frist auf andere Weise von dem Schaden Kenntnis erhalten habe.

Anm. 17

Zu vertreten hat der Ersatzberechtigte nach § 276 BGB Vorsatz und Fahrlässigkeit. Er müßte also beweisen, daß er die Unfallanzeige nicht vorsätzlich unterlassen hat und daß er die im Verkehr erforderliche Sorgfalt nicht außer acht gelassen hat.

Der Grad der anzuwendenden Sorgfalt ist nach objektivem Maßstab zu bestimmen, RGZ Bd. 95 S. 16; Bd. 152 S. 140. Entscheidend ist, wie sich ein normaler, ordentlicher und gewissenhafter Mensch verhalten haben würde, RGZ Bd. 152 S. 140. Schon jede, auch nur geringe, Außerachtlassung der erforderlichen Sorgfalt bei der Unfallanzeige genügt, um im Falle der dadurch verursachten Fristversäumung den Ersatzanspruch wegfallen zu lassen. Unterbleibt die Unfallanzeige, weil der Geschädigte infolge einer schweren Erkrankung außerstande war, sie zu erstatten, so hat er dies nicht zu vertreten; ebenso, wenn er zwar die Anzeige rechtzeitig abgesandt hat, der Brief jedoch den Betriebsunternehmer infolge eines Versehens der Post zu spät erreicht, vgl. Biermann „SHG“ 1953 S. 133.

Anm. 18

Kennenmüssen steht der Kenntnis von dem Schaden nicht gleich. Es genügt nicht, daß der Ersatzpflichtige von dem Unfall Kenntnis erlangt hat und sich hätte sagen müssen, daß dabei möglicherweise Sachen des Ersatzberechtigten zu Schaden gekommen seien. Er muß positive Kenntnis vom Schaden haben, nicht nur von dem Betriebsunfall.

Anm. 19

Auf den Ausgleichsanspruch nach § 17 StVG findet § 5 SHG dann keine Anwendung, wenn die Gesamtschuldner dem Geschädigten ohne Verschulden haften, BGH 21. 11. 1953 in VersR 1954 S. 60.

§ 6

Der Ersatzanspruch verjährt in zwei Jahren von dem Zeitpunkt an, in dem der Ersatzberechtigte von dem Schaden Kenntnis erhalten hat.

Schweben zwischen dem Ersatzpflichtigen und dem Ersatzberechtigten Verhandlungen über den Schadenersatz, so ist die Verjährung gehemmt, bis ein Teil die Fortsetzung der Verhandlungen verweigert.

Im übrigen richtet sich die Verjährung nach den allgemeinen Vorschriften.

I. Zweck der Verjährungsvorschrift

Anm. 1

Nach § 194 BGB unterliegen Ansprüche der Verjährung, d. h. nach Ablauf einer gewissen Zeit ist der Verpflichtete nach § 222 BGB berechtigt, die Leistung zu verweigern.

§ 6 SHG enthält eine besondere Bestimmung über die Verjährung der Ersatzansprüche aus § 1 SHG. Er läßt die Verjährung in dem Zeitpunkt beginnen, in dem der Ersatzberechtigte von dem Schaden Kenntnis erhalten hat, und setzt die Verjährungsfrist auf zwei Jahre fest.

Die Verjährungseinrede ist sowohl in öffentlichem Interesse als auch zum Schutz des Ersatzpflichtigen gegeben. Einmal soll verhindert werden, daß aus Tatsachen längst vergangener Zeit späte Rechtsansprüche hergeleitet und vor Gericht gebracht werden, was dem Rechtsfrieden nicht dienlich wäre. Zum andern aber soll auch der Ersatzpflichtige gegen veraltete Ansprüche geschützt werden, die er häufig wegen des Zeitablaufs nur unter Schwierigkeiten abzuwehren vermag.

Gerade auch die Verhältnisse der Eisenbahnen und Straßenbahnen erfordern eine klare Rechtslage. Es wäre unerträglich, wenn an die Bahnbetriebsunternehmer auf Grund weit zurückliegender Vorfälle Anforderungen in einem Zeitpunkt gestellt werden könnten, in dem sie infolge der verdunkelnden Macht der Zeit nicht mehr oder nur schwer in der Lage wären, den Sachverhalt aufzuklären, die sie entlastenden Umstände aufzufinden und die erforderlichen Beweise anzutreten. RGZ Bd. 145 S. 245 spricht zutreffend von dem auf Beweiserleichterung beruhenden Interesse des Schuldners an rechtzeitiger Klageerhebung.

Es ist auch gerecht und billig, daß ein Ersatzberechtigter seine Ansprüche einbüßt, wenn er sie nicht in angemessener Frist geltend macht. Die Lebenserfahrung zeigt, daß wirklich berechtigte Ansprüche ohne Zögern geltend gemacht werden und Ansprüche, die lange Zeit nicht erhoben werden, in der Regel nicht begründet sind. Wer seine angeblichen Ansprüche beharrlich jahrelang nicht geltend macht, trägt billig die Folgen seines geringen Interesses.

Palandt Anm. 2 Einf. zu §§ 194ff. BGB sagt zutreffend, die Verjährungseinrede gebe „dem verspätet in Anspruch Genommenen ein einfaches, von den durch den Zeitablauf verursachten Beweisschwierigkeiten unabhängiges Schutzmittel gegen vermutlich unbegründete Ansprüche“.

Vgl. hierzu auch RGZ Bd. 136 S. 193; Bd. 145 S. 244; Bd. 157 S. 381; OLG Tübingen 6. 3. 1952 in VersR 1952 S. 224.

Auch der Umstand, daß der Bahnbetriebsunternehmer nach dem SHG einer strengen Erfolgs- oder Verursachungshaftung unterliegt, rechtfertigt es, seine Haftung auf einen kurzen Zeitraum zu beschränken, vgl. Böhmer „RHpflG“ 1950 S. 161 Anm. 1.

Wie RG 24. 10. 1885 in JW 1885 S. 358 zutreffend ausführt, darf der Betriebsunternehmer nicht mit der Unsicherheit belastet bleiben, daß gegen ihn noch nach Jahren weitgehende Ansprüche erhoben werden.

Anm. 2

§ 6 SHG — wie auch § 8 RHpflG und § 14 StVG/KFG — stellen den Geschädigten ungünstiger, als dies für die Ansprüche aus unerlaubter Handlung in § 852 BGB geschehen ist: sie setzen eine kurze Verjährungsfrist von nur zwei Jahren fest, während § 852 BGB immerhin eine solche von drei Jahren bestimmt. Noch günstiger ist der Geschädigte gestellt, wenn er seine Ansprüche auf Vertrag stützen kann: dann gilt nach § 195 BGB die regelmäßige Verjährungsfrist von 30 Jahren, RG 17. 4. 1942 in VAE 1942 S. 136.

II. Beginn der Verjährung

Anm. 3

Was den Beginn der Laufes der Verjährungsfrist betrifft, so bestimmt § 6 SHG, daß der Lauf mit dem Zeitpunkt beginnt, in dem der Ersatzberechtigte von dem Schaden Kenntnis erhält.

Es kommt also darauf an, wann der Geschädigte erfahren hat, daß seine Sache beschädigt worden, ihm ein Schaden im Sinne des § 1 SHG entstanden ist.

Diese Regelung weicht von der des § 8 RHpflG ab, der bestimmt, daß die Verjährung „von dem Unfall an" läuft, ohne daß es darauf ankommt, wann der Unfallverletzte von dem Schaden Kenntnis erlangt. Erleidet also jemand einen Bahnbetriebsunfall, bei dem er körperlich verletzt wird, so beginnt die Verjährungsfrist mit dem Tage zu laufen, an dem sich z. B. die Zugentgleisung oder der Sturz aus dem Zuge zugetragen hat, auch wenn sich erst später herausstellt, daß der Betriebsunfall eine körperliche Verletzung herbeigeführt hat, RG 13. 3. 1884 in JW 1884 S. 149 = Eis Entsch. 3 S. 195. Es ist z. B. möglich, daß sich erst nach Jahren nach dem Unfall schädliche körperliche Folgen des Unfalls bemerkbar machen; dennoch greift, wenn seit dem Unfall zwei Jahre verstrichen sind, nach § 8 RHpflG die Einrede der Verjährung durch, falls nicht der körperlich Verletzte innerhalb dieser Frist gegen den Bahnbetriebsunternehmer Klage auf Feststellung der Verpflichtung zum Ersatz etwa künftig entstehenden Schadens gemäß § 256 ZPO erhoben hat,

vgl. RG 5. 2. 1881 in EisEntsch. 1 S. 38;
RG 13. 3. 1884 in JW 1884 S. 149 = EisEntsch. 3 S. 195;
RG 29. 11. 1884 in EisEntsch. 3 S. 419;
RGZ Bd. 61 S. 164 (168);
RG 3. 1. 1914 in JW 1914 S. 408 = EisEntsch. 31 S. 92.

RG 7. 10. 1912 in JW 1913 S. 22 bezeichnet zutreffend die Meinung als rechtsirrig, daß der Lauf der Verjährung nach § 8 RHpflG nicht vor der Entstehung des Schadens beginnen könne. Selbst wenn der auf Grund des RHpflG Ersatzberechtigte sich im Irrtum darüber befindet, welcher Betriebsunternehmer ihm haftpflichtig sei, und eine falsche Person verklagt, so hindert dieser Irrtum, selbst wenn er entschuldbar wäre, die Verjährung nach § 8 RHpflG nicht, RG 5. 4. 1882 in EisEntsch. 2 S. 255.

§ 6 SHF stellt den Sachgeschädigten in dieser Beziehung günstiger: es kommt weder auf den Zeitpunkt des Unfalls noch auf den Zeitpunkt des Eintritts des Sachschadens an, vielmehr beginnt die kurze, zweijährige Verjährungsfrist des § 6 SHG erst in dem Zeitpunkt zu laufen, in dem der Geschädigte von dem Schaden — nicht von dem Betriebsunfall — Kenntnis erhalten hat.

Anm. 4

Es wird Kenntnis erfordert — ein Kennenmüssen genügt nicht, eine fahrlässige Unkenntnis ist ohne Belang, vgl. RGZ Bd. 76 S. 63; Bd. 124 S. 114; RG 15. 3. 1912 in JW 1912 S. 640.

§ 6 SHG stellt nicht — anders § 852 BGB und § 14 StVG/KFG — auch auf die Kenntnis von der Person des Ersatzpflichtigen ab. Wenn eine Eisenbahn oder eine Straßenbahn einen Sachschaden verursacht, wird es dem Geschädigten ohne Schwierigkeiten möglich sein festzustellen, welcher Betriebsunternehmer als Ersatzpflichtiger nach § 1 SHG in Frage kommt (amtliche Begründung), während dies bei Ansprüchen aus §§ 823ff. BGB unter Umständen erschwert sein kann, und auch bei Ansprüchen aus dem StVG/KFG der Geschädigte manchmal nicht sogleich in der Lage ist, z. B. den Halter des Kraftwagens festzustellen, vgl. den Fall OLG Stuttgart 9. 2. 1954 in VersR 1954 S. 135.

Anm. 5

Hat der Geschädigte alsbald von dem gesamten Sachschaden Kenntnis erhalten, klagt er aber innerhalb der Zweijahresfrist nur einen Teil des Schadens ein, so steht den nicht innerhalb der Verjährungsfrist erhobenen Teilansprüchen die Einrede der Verjährung entgegen; denn eine Klage unterbricht die Verjährung nur insoweit, als der Anspruch rechtshängig gemacht ist und die Möglichkeit einer rechtskräftigen Entscheidung gegeben ist, vgl. RGZ Bd. 57 S. 372; Bd. 75 S. 305; Bd. 77 S. 215; RG 7. 10. 1912 in JW 1913 S. 22; RG 6. 5. 1935 in DAR 1935 S. 95.

Die Einklagung bestimmter einzelner Forderungen hindert nicht die Verjährung der übrigen, RG in JW 1891 S. 151 = EisEntsch. 8 S. 219. Der Ansicht von Josef Kohler in JW 1918 S. 415, daß bei Einklagung eines Teils des Anspruchs die Klage auch nach Ablauf der Verjährung hinsichtlich des nicht eingeklagten Teils gemäß § 268 Ziff. 2 ZPO auf den Mehrbetrag ausgedehnt werden könne, kann nicht beigetreten werden, Fuchs in JW 1918 S. 439; übrigens ist auch Kohler mit Recht der Ansicht, daß nach Einklagung eines Teils des Anspruchs nicht nach Ablauf der Verjährung ein weiterer Teil in einem zweiten neuen Prozeß geltend gemacht werden könne.

Anm. 6

Wird der ursprüngliche Klageantrag, der nur einen Teil des Schadens umfaßte, im Laufe des Rechtsstreits um einen weiteren Schadensteilbetrag erweitert, so tritt hinsichtlich des letzteren die Unterbrechung der Verjährung erst mit der Anspruchserweiterung ein, nicht schon mit der Klageerhebung, die diesen Teil noch gar nicht umfaßte und ihn noch nicht der richterlichen Entscheidung unterbreitete, RGZ Bd. 57 S. 372; Bd. 65 S. 398; Bd. 66 S. 366; Bd. 75 S. 302; Bd. 77 S. 213; Bd. 90 S. 290; Seligsohn „RHpflG“ 1931 S. 321.

Anm. 7

Der kurzen zweijährigen Verjährung nach § 6 SHG unterliegt nur der aus § 1 SHG sich ergebende Schadensersatzanspruch, der dem Geschädigten gegen den Betriebsunternehmer wegen des ihm aus einem Betriebsunfall entstandenen Sachschadens zusteht. § 6 SHG bezieht sich nicht auf Schadensersatzanprüche, die auf anderen gesetzlichen Bestimmungen beruhen und die nach § 7 SHG unberührt bleiben, z. B. nicht auf Ansprüche auf Grund der §§ 823ff. BGB oder auf vertragliche Ansprüche

Anm. 8

Haben z. B. der Bahnbetriebsunternehmer oder seine Angestellten vorsätzlich oder fahrlässig einen Betriebsunfall nebst Sachschaden verursacht, so gelten hier — unabhängig davon, ob die Ansprüche aus § 1 SHG nach § 6 SHG verjährt sind — die Verjährungsvorschriften des § 852 BGB — bei unerlaubten Handlungen — oder des § 195 BGB — bei Verträgen, insbesondere bei dem Beförderungsvertrag.

Zutreffend ist in RG 26. 11. 1917 in EisEntsch. 36 S. 76 ausgeführt, daß, wenn der Klageanspruch nicht nur auf das RHpflG gestützt sei, sondern auch auf §§ 823ff. BGB, die Verjährung der Ansprüche aus RHpflG nicht die Folge habe, daß nun auch die Ansprüche aus BGB verjährt wären; die Verjährung der letzteren gehe ihre eigenen Wege.

Leitet der Geschädigte seine Ansprüche gegen den Bahnbetriebsunternehmer sowohl aus dem SHG als auch aus dem Beförderungsvertrage her, so verjähren die vertraglichen Ansprüche nach § 195 BGB erst in dreißig Jahren, RG 17. 4. 1942 in VAE 1942 S. 136.

Anm. 9

Naturgemäß findet die in § 6 SHG vorgesehene kurze Verjährung keine Anwendung, wenn der Schaden überhaupt nicht durch einen Betriebsunfall verursacht ist, also nicht in solchen Fällen, auf die das SHG gar nicht berechnet ist (vgl. zum RHpflG RG 16. 11. 1894 in JW 1894 S. 592.

Anm. 10

Ausgleichungs- oder Regreßansprüche eines dem Geschädigten haftenden Bahnbetriebsunternehmers gegen einen Mithaftenden gemäß § 8 Abs. 1 Satz 1 SHG verjähren nach § 195 BGB in dreißig Jahren, die kurze Verjährung nach § 6 SHG findet auf sie keine Anwendung, denn es handelt sich hier überhaupt nicht um Schadensersatzansprüche, vgl. hierzu RG 16. 11. 1908 in RGZ Bd. 69 S. 422 = JW 1909 S. 18; RG 20. 1. 1910 in JW 1910 S. 235 = EisEntsch. 26 S. 427; RGZ Bd. 90 S. 290; RG 29. 11. 1934 in RGZ Bd. 146 S. 97 = JW 1935 S. 854.

Zutreffend führt Cranz in JW 1937 S. 2256 aus, der Ausgleichsanspruch finde seine Grundlage in der zwischen den Gesamtschuldnern bestehenden Rechtsgemeinschaft und sei deshalb kein Schadensersatzanspruch.

§ 6 SHG kann daher hier auch nicht entsprechend angewendet werden.

III. Berechnung der Verjährungsfrist

Anm. 11

Die zweijährige Verjährungsfrist des § 6 SHG wird nach den Vorschriften der §§ 187 ff. BGB berechnet.

Nach § 187 Abs. 1 BGB wird bei der Fristberechnung der Tag nicht mitgerechnet, an dem der Ersatzberechtigte von dem Schaden Kenntnis erhalten hat.

Nach § 188 Abs. 2 BGB endigt die zweijährige Frist mit dem Ablauf desjenigen Tages des letzten Monats, der durch Benennung oder Zahl dem Tage entspricht, an dem die Kenntnis vom Schaden erlangt ist. Hat der Ersatzberechtigte z. B. am 9. März 1954 von dem Schaden erfahren, so verjährt sein Anspruch mit dem Ablauf des 9. März 1956.

Fällt der so errechnete letzte Tag der Frist auf einen Sonntag oder staatlich anerkannten allgemeinen Feiertag, so erhebt sich die Frage, ob dann nach § 193 BGB der Anspruch erst mit dem Ablauf des nächstfolgenden Werktages verjährt.

Zwar gilt § 193 BGB nicht unmittelbar für Verjährungsfristen, RG 11. 6. 1936 in RGZ Bd. 151 S. 345. Dies hat schon RG 7. 2. 1906 in BayZ 1906 S. 123 ausgesprochen, ohne jedoch zu erörtern, ob § 193 BGB auf Verjährungsfristen nicht wenigestens entsprechend anzuwenden sei. RGZ Bd. 151 S. 345 hat sich mit Recht dahin ausgesprochen, daß die Verjährung unterbrochen werde, wenn die Verjährungsfrist an einem Sonntag ablaufe und die Klage am folgenden Tage zugestellt werde; die rechtsähnliche Anwendung des § 193 BGB sei im Hinblick auf den Zweck der Bestimmung — größere Heilighaltung der Sonn- und Festtage — geboten.

Für entsprechende Anwendung des § 193 BGB auch Staudinger, Staub-Gadow, Enneccerus-Nipperdey, Finger, Palandt in Anm. 1 zu § 193, Achilles-Greiff in Anm. 7, Friese „RHpflG" 1950 S. 231, Biermann „SHG" 1953 S. 138. Dagegen Planck, Oertmann, Seligsohn „RHpflG" S. 317 Anm. 6.

IV. Hemmung der Verjährung durch Verhandlungen

Anm. 12

Es kommt häufig vor, daß zwischen dem Geschädigten und dem Haftpflichtigen, ehe die Schadensersatzklage erhoben wird, darüber verhandelt wird, ob die Sache nicht durch eine gütliche Vereinbarung erledigt werden kann. Wenn derartige Verhandlungen sich über eine längere Zeit hinziehen, kann es vorkommen, daß inzwischen die kurze Verjährungsfrist von zwei Jahren abläuft, der Ersatzpflichtige also nunmehr die Einrede der Verjährung erheben könnte.

Dies will § 6 Abs. 2 SHG — ähnlich wie § 14 Abs. 2 StVG/KFG — verhüten. Er bestimmt, daß in solchen Fällen die Verjährung gehemmt ist, bis ein Teil die Fortsetzung der Verhandlungen verweigert.

In dieser Bestimmung hat der Gedanke Ausdruck gefunden, daß es Treu und Glauben widerspricht, wenn der Ersatzpflichtige, nachdem infolge der eingeleiteten Verhandlungen die rechtzeitige Erhebung der Klage unterblieben ist, sich nunmehr auf die Verjährung beruft.

Anm. 13

Obwohl das RHpflG eine dem § 6 Abs. 2 SHG entsprechende Bestimmung nicht kennt, war doch schon bisher in der Rechtsprechung anerkannt, daß die Erhebung der Verjährungseinrede unter Umständen gegen Treu und Glauben verstoßen und eine arglistige, unzulässige Rechtsausübung darstellen könne. In RGZ Bd. 78 S. 130; Bd. 87 S. 28; Bd. 57 S. 376; Bd. 109 S. 309; Bd. 144 S. 378; Bd. 145 S. 244 ist ausgeführt, daß die Verjährungseinrede durch die Gegeneinrede der Arglist entkräftet werden kann, wenn der Ersatzpflichtige mit der Geltendmachung der Verjährung eine Haltung einnimmt, die mit seinem früheren Verhalten — insbesondere mit seinem Einlassen auf Vergleichsverhandlungen — nach Treu und Glauben unvereinbar ist. Vgl. auch RG 18. 2. 1927 in JW 1927 S. 794; RG 16. 11. 1940 in DR 1941 S. 641. Auch OLG Celle 20. 11. 1953 in VRS 1954 S. 178 hat ausgesprochen, daß die Geltendmachung der Verjährungseinrede gegen Treu und Glauben verstoße, wenn die Parteien über eine gütliche Regelung korrespondieren.

Anm. 14

Nicht erforderlich ist, daß der Ersatzpflichtige den Geschädigten absichtlich hingehalten und so eine fristgemäße Erhebung der Klage vereitelt hätte; es genügt für den Einwand der unerlaubten Rechtsausübung, daß sein bisheriges Verhalten, wenn auch unbeabsichtigt, dem Geschädigten berechtigten Anlaß gegeben hat, von fristgerechter Erhebung der Klage abzusehen und darauf zu vertrauen, daß die Verjährungseinrede nicht erhoben werde, RG 17. 12. 1926 in RGZ Bd. 115 S. 135. Vgl. auch Geigel „Der Haftpflichtprozeß" 1954 S. 125.

Das auf Beweiserleichterung beruhende Interesse des Ersatzpflichtigen an rechtzeitiger Klageerhebung darf nicht auf Kosten von Treu und Glauben gewahrt werden, RGZ Bd. 145 S. 244, 245.

Die Verjährungseinrede ist vor allem auch dann — als gegen Treu und Glauben verstoßend — unzulässig, wenn der Ersatzpflichtige, z. B. durch seine Versicherungsgesellschaft, bei den Verhandlungen erklärt hat, der Einwand der Verjährung werde nicht erhoben werden, OLG Tübingen 6. 2. 1952 in VersR 1952 S. 224. Anders ist es aber, wenn die Versicherungsgesellschaft klar dahin Stellung genommen hat, daß sie die Zahlung eines Schmerzensgeldes ablehne und alle Verhandlungen sich nur auf den Vermögensschaden beziehen sollten, OLG Nürnberg 31. 3. 1952 in VersR 1954 S. 197.

Allerdings kann die Berufung auf Treu und Glauben die Einrede der Verjährung nicht dauernd, sondern nur auf eine nach Treu und Glauben zu bestimmende Zeit ausschließen, RGZ Bd. 143 S. 250; Bd. 153 S. 112; Bd. 157 S. 22.

§ 6 Abs. 2 SHG stellt auf den Zeitpunkt ab, in dem ein Teil die Fortsetzung der Verhandlungen über den Sachdenersatz verweigert.

Anm. 15

Verhandlungen schweben schon dann, wenn der Geschädigte Anforderungen an den Ersatzpflichtigen stellt und dieser nicht sofort erklärt, daß er den Ersatz des Schadens ablehne, sondern sich auf Erörterungen einläßt, RG 17. 3. 1932 in JW 1932 S. 2022; zustimmend Lechner daselbst; siehe auch RG 18. 3. 1929 in HRR 1929 Nr. 1365; Floegel-Hartung „StrVR" 1953 S. 703.

Anm. 16

Für die Replik der Arglist gegenüber der Verjährungseinrede kann es auch keinen Unterschied machen, ob das Sicheinlassen des Ersatzpflichtigen darin besteht, daß die Erörterungen alsbald sachlich beginnen, oder darin, daß für den sachlichen Beginn eine spätere Zeit vorgeschlagen wird, z. B. die Beendigung eines anderen, über den Unfall geführten Rechtsstreits; es kommt auch nicht darauf an, ob der Ersatzpflichtige solchem Vorschlage ein Bestreiten der Ersatzpflicht vorausschickt, solange er nur nicht klar ablehnt oder die Verhandlungen abbricht, RG 17. 3. 1932 in JW 1932 S. 2022.

Anm. 17

Daß die Verjährung durch die Verhandlungen über den Schadensersatz „gehemmt" ist, bedeutet nach § 205 BGB, daß der Zeitraum der Hemmung in die Verjährungsfrist nicht eingerechnet wird.

Während der schwebenden Verhandlungen läuft also nach § 6 Abs. 2 SHG die Verjährung nicht, erst nach dem Abbruch beginnt der beim Eintritt des Hemmungsgrundes noch vorhandene Rest der Verjährungsfrist zu laufen. Hemmung ist ein zeitweiliges Ruhen des Fristablaufs. Die gesetzlich bestimmte, normale Verjährungsfrist verlängert sich um den Zeitraum der Hemmung. Eine Verjährungshemmung bei einem von mehreren Gesamtschuldern wirkt nicht ohne weiteres auch zu Lasten der übrigen Gesamtschuldner.

§ 7

Unberührt bleiben die reichsgesetzlichen Vorschriften, wonach der Betriebsunternehmer für den Schaden in weiterem Umfang haftet oder die Haftung eines anderen begründet ist.

Anm. 1

Die Bestimmung des § 1 SHG, wonach der Betriebsunternehmer, wenn bei dem Betrieb einer Eisenbahn oder einer Straßenbahn eine Sache beschädigt ist, dem Geschädigten den Schaden ersetzen muß, ist nicht so gemeint, daß der Geschädigte unter allen Umständen nur Ansprüche aus diesem Gesetz und in dessen Rahmen sowie nur gegen den Betriebsunternehmer erheben könnte. § 7 erklärt ausdrücklich, daß neben den Ansprüchen aus dem SHG auch weitergehende Ansprüche auf Grund anderer Gesetze erhoben werden können, wie dies auch in §§ 9, 9a RHpflG und in § 16 StVG/KFG angeordnet ist.

Die Haftung aus dem SHG ist also eine Mindesthaftung unter erleichterten Voraussetzungen zugunsten des Geschädigten; dieser ist nicht unter allen Umständen auf das SHG beschränkt und an seine Haftungsgrenzen — Höchstbetrag nach § 4 15000 DM, Verlust des Ersatzanspruchs bei nicht fristgemäßer Unfallanzeige nach § 5, kurze Verjährung in zwei Jahren nach § 6 — gebunden. Aus anderen Bundesgesetzen können ihm weitere Ansprüche zustehen, wenn deren Voraussetzungen vorliegen. Daß die Tatbestandsmerkmale des § 1 SHG gegeben sind, schließt also nicht aus, daß auf Grund dieses Tatbestandes — bei Hinzutreten weiterer Tatsachen — weitergehende Ansprüche erhoben werden können, wenn dieser Tatbestand zugleich die Voraussetzungen anderer Gesetze enthält, oder zusätzlich andere Tatbestandsmerkmale gegeben sind, die die Anwendung auch noch anderer Haftungsvorschriften rechtfertigen.

Anm. 2

Der Geschädigte kann dann seine Schadensersatzansprüche auf mehrere Gesetze stützen. So auch Seligsohn „HpflG" 1931 S. 328. Z. B. kann der Schadensersatzanspruch zugleich nach den drei rechtlichen Gesichtspunkten des SHG, der unerlaubten Handlung und des Vertrages zu würdigen sein, RGZ Bd. 66 S. 15; Bd. 88 S. 317.

Er kann aber auch davon absehen, Ansprüche aus dem SHG herzuleiten, und sich lediglich z. B. auf §§ 823ff. BGB stützen, deren Anwendung durch das Sondergesetz nicht ausgeschlossen wird (vgl. RGZ Bd. 94, S. 102, 103 zum KFG). Er wird dies z. B. dann tun, wenn zweifelhaft ist, ob ein Bahnbetriebsunfall im Sinne des § 1 SHG vorliegt.

Anm. 3

Voraussetzung dafür, daß Ansprüche über die Grenzen des SHG hinaus erhoben werden können, ist aber unter allen Umständen, daß nicht lediglich der Tatbestand des § 1 SHG gegeben ist; liegt nur dieser vor, so können auch nicht im Wege der Analogie weitergehende Ansprüche geltend gemacht werden, RGZ Bd. 57 S. 53.

In RGZ Bd. 57 S. 54 ist klar ausgesprochen: für den Bereich des Sondergesetzes „können, was die Art und den Umfang des Schadensersatzes anlangt, nur die in diesem Spezialgesetz — in ausschließender und erschöpfender Weise — getroffenen Normen maßgebend sein. In anderen als den dort bestimmten Richtungen darf der Richter nicht auf Schadensersatz erkennen, falls nicht aus einem gleichzeitig gegebenen weiteren Schuldgrund ein Ersatzanspruch nach allgemeinem bürgerlichen Recht oder etwa aus einem sonstigen Sondergesetz begründet ist." Es handelt sich um ein „die Schadensersatzpflicht für sein Gebiet selbständig normierendes Sondergesetz".

Die Rechtsprechung zu §§ 9, 9a RHpflG und zu § 16 StVG/KFG ist auch für § 7 SHG von Bedeutung.

Anm. 4

Daß die Schadensersatzansprüche gegen einen anderen, der nicht Betriebsunternehmer der Bahn ist und auf Grund anderer Gesetze neben diesem für den Schaden haftet, durch das SHG nicht ausgeschlossen werden, ist im Grunde eine Selbstverständlichkeit, es ist aber in § 7 SHG auch noch ausdrücklich ausgesprochen. Ist z. B. ein Sachschaden durch eine Eisenbahn und ein Tier verursacht, so kann der Geschädigte selbstverständlich auch Ansprüche gegen den Tierhalter nach § 833 BGB erheben.

I. Ansprüche aus § 823 BGB

Anm. 5

Wenn die Vernichtung oder Beschädigung einer Sache durch einen Bahnbetriebsunternehmer verursacht ist, so liegt darin eine „Verletzung des Eigentums" im Sinne des § 823 BGB. Will der Geschädigte Ansprüche aus § 823 BGB erheben, so muß er berücksichtigen, daß § 823 BGB vom Verschuldungsprinzip ausgeht, also insofern höhere Anforderungen stellt als § 1 SHG, vor allem beweismäßig, denn der Geschädigte muß nicht nur den tatsächlichen Hergang und den adäquaten ursächlichen Zusammenhang, sondern auch das Verschulden des Betriebsunternehmers beweisen. Diese Beweislast wird ihm unter Umständen erleichtert, wenn der Fall so liegt, daß der Beweis des ersten Anscheins ein Verschulden dartut.

Anm. 6

Der Bahnbetriebsunternehmer hat nach § 276 BGB Vorsatz und Fahrlässigkeit zu vertreten. Er handelt fahrlässig, wenn er die im Bahnverkehr erforderliche Sorgfalt außer acht läßt. Erforderlich ist vor allem, daß der Betriebsunternehmer die Verkehrssicherheit nicht nur in den Zügen und auf den Bahnsteigen, sondern auch in den Wartesäälen usw. gewährleistet. Z. B. kann ein Unfall eines Reisenden im Wartesaal, der kein Betriebsunfall im Sinne des § 1 SHG ist, sehr wohl eine Haftung der Eisenbahn wegen schuldhafter Vernachlässigung ihrer Verkehrssicherungspflicht begründen, vgl. RG 18. 2. 1916 in JW 1916 S. 737 (wo allerdings ein Verschulden verneint wurde); v. d. Leyen daselbst.

Es genügt jede Fahrlässigkeit, auch eine leichte. Das Maß der von dem Bahnbetriebsunternehmer anzuwendenden Sorgfalt richtet sich nach dem, was im Bahnverkehr erforderlich ist, nicht nach dem, was vielleicht „üblich" ist — denn Nachlässigkeiten und Unsitten, die eingerissen sind, können nicht gebilligt werden; es muß verlangt werden, daß der Bahnbetriebsunternehmer die Sicherheit des Verkehrs mit allen möglichen und ihm zuzumutenden Mitteln herstelle und aufrecht erhalte.

Doch können Sicherungsmaßnahmen, die für den Betriebsunternehmer wirtschaftlich völlig untragbar sein würden, nicht verlangt werden.

Eine Fahrlässigkeit des Bahnbetriebsunternehmers kann z. B. vorliegen, wenn er es unterläßt, einen schienengleichen Bahnübergang, auf dem sich schon zahlreiche Zusammenstöße von Zügen mit Kraftwagen ereignet haben, durch Schranken zu sichern. Wenn die Eisenhahn anläßlich des Omnibusunglücks bei Worms vom 24. 7. 1954, bei dem 26 Menschen den Tod fanden, erklärt, das Geld für die Anbringung von Schranken stehe nichr zur Verfügung, so ist das keine Entlastung,

Anm. 7

Das Gericht ist in jedem einzelnen Fall befugt zu prüfen, ob ein Verschulden des Bahnbetriebsunternehmers darin zu erblicken ist, daß er es unterlassen hat, bei einem schienengleichen Bahnübergang eine Schrankensicherung anzubringen, vgl. BGH 21. 11. 1953 in VersR 1954 S. 81; RGZ Bd. 169 S. 378; OLG Tübingen 31. 10. 1951 in DAR 1951 S. 193; Guelde in DAR 1952 S. 104; Böhmer in „RHpflG" 1950 S. 85 Anm. 11.

Dieses Prüfungsrecht erstreckt sich darauf, ob der unbeschrankte Übergang mit Recht genehmigt ist, ob die Bahn trotz der Genehmigung Schranken hätte anbringen müssen, und ob die Unterlassung der Schrankensicherung auf einem Verschulden der Bahn beruht.

Das Urteil RG 6. 5. 1939 in DR 1939 S. 1446 sagt nichts anderes, es hatte nur in seinem Falle keinen Anlaß, diese Frage zu prüfen, verneint aber nicht das Prüfungsrecht des Gerichts; in RGZ Bd. 169 S. 378 ist klargestellt, wie das Urteil v. 6. 5. 1939 gemeint war. Letzteres ist vielfach mißverstanden worden, z. B. von Meyer in VAE 1939 S. 284 und VAE 1942 S. 213. Unrichtig auch Meyer in VAE 1943 S. 1 ff.; Abitz-Schultze in VAE 1937 S. 440ff.; Wachtel in VAE 1937 S. 213 und VAE 1939 S. 345; Finger in VAE 1942 S. 86. OLG Neustadt 11. 7. 1953 in VersR 1953 S. 372 läßt die Frage offen, ob das Gericht die Anordnungen der Aufsichtsbehörde, insbesondere die Planfeststellung auf ihre Zweckmäßigkeit nachprüfen kann. Verneinend OLG Düsseldorf 6. 12. 1938 in VAE 1939 S. 136; LG Breslau in VAE 1937 S. 461; wohl auch Biermann „SHG" 1953 S. 152, 153; Friese „RHpflG" 1950 S. 129 (ohne die völlig abweichende Rechtsprechung des RG zu erwähnen!).

Grundsätzlich ist zu sagen, daß es Sache des Gerichts ist, festzustellen, ob der Eisenbahnbetriebsunternehmer bei der Sicherung eines schienengleichen Übergangs die im Verkehr erforderliche Sorgfalt beobachtet hat. Unbeschrankte Bahnübergänge sind, wie die Erfahrung lehrt, ganz besonders gefährlich, es muß daher auch von der Bahn hier ein besonders hohes Maß von Sorgfalt verlangt werden. Ob der Bahnbetriebsunternehmer hier fahrlässig gehandelt hat, muß der Richter entscheiden. An die Ansicht der Bahnaufsichtsbehörden ist er nicht gebunden. Eine Planfeststellung kann sich als unzweckmäßig erweisen oder durch die Verkehrsentwicklung überholt sein. Wenn im Laufe der Zeit eine starke Zunahme des Verkehrs über einen unbeschrankten Bahnübergang eingesetzt hat, ist es fahrlässig, wenn der Bahnbetriebsunternehmer nicht prüft, ob nicht Schranken erforderlich geworden sind und nunmehr angebracht werden müssen. Er kann sich nicht damit entlasten, daß die vor langer Zeit angelegten Sicherungsmaßnahmen der früheren Planfeststellung entsprächen und seitdem von der Aufsichtsbehörde nicht beanstandet worden sind, RG 14. 12. 1910 in EisEntsch. 27 S. 340 = WarnRspr. Bd. 4 S. 125; KG Berlin 10. 6. 1909 in EisEntsch. 27 S. 155; LG Frankfurt 27. 5. 1927 in VR 1927 Sp. 366; OLG Braunschweig 8. 4. 1941 in VAE 1941 S. 132; Bosch in JW 1926 S. 2305. Eine Fahrlässigkeit der Bahn kann insbesondere dann vorliegen, wenn sie wegen der starken Zunahme des Kraftwagenverkehrs hätte erkennen müssen, daß die Anbringung von Schranken nötig sei, RG 30. 5. 1930 in JW 1931 S. 870 = EisEntsch. 50 S. 306. Die Bahn muß, auch wenn keine Anordnung der Aufsichtsbehörde vorliegt, selbständig prüfen, ob ein Bahnübergang abzuschranken sei, RG 18. 10. 1909 in JW 1910 S. 37; RGZ Bd. 148 S. 303 = JW 1935 S. 3536.

Mit Recht hat neuerdings BGH 2. 11. 1953 in VersR 1954 S. 81 betont, gerade wenn die Stellungnahme der Aufsichtsbehörde viele Jahre zurückliege, sei es Aufgabe der verfassungsmäßig berufenen Vertreter der Eisenbahn, sorgfältig zu prüfen, ob die Sicherungsmaßnahmen noch ausreichen oder ob eine wesentliche Zunahme des Verkehrs weitere Sicherungen notwendig mache, und es sei fahrlässig, wenn die Bahn vor dem Unfall nichts getan habe, um den Wegübergang besser zu sichern; RG 7. 9. 1943 in DR 1944 S 36 stehe dem nicht entgegen; denn in diesem Sonderfall habe die Aufsichtsbehörde erst kurz vor dem Unfall die Notwendigkeit von Sicherungsmaßnahmen an dem Wegübergang ausdrücklich verneint, so daß von einem Verschulden der verfassungsmäßig berufenen Vertreter der Bahn nicht die Rede sein könne.

Daß ein Verschulden der Bahn fehlen könne, wenn die Aufsichtsbehörde Schranken nicht für nötig erachtet hat, ist in RG 18. 10. 1909 in JW 1910 S. 37 = EisEntsch. 26 S. 314; RG 30. 5. 1930 in JW 1931 S. 870 = EisEntsch. 50 S. 306 und RG 16. 12. 1929 in JW 1931 S. 867 ausgesprochen.

Wenn aber OLG Köln 4. 2. 1926 in JW 1926 S. 2305, trotzdem die Anordnung der Aufsichtsbehörde schon 20 Jahre zurückliegt und der Verkehr sich im Laufe der Jahre verstärkt hat, ein Verschulden der Bahn verneint, so muß das Bedenken erregen. Vgl. auch Bosch daselbst.

Allerdings kann daraus allein, daß sich an einem nicht verkehrsreichen Eisenbahnübergang weitere Unfälle ereignet haben, noch nicht ein Verschulden des Betriebsunternehmers gefolgert werden, OLG Köln 23. 5. 1951 in VRS Bd. 3 S. 385 (387).

Anm. 8

Für ein Verschulden ihrer verfassungsmäßig berufenen Vertreter haften Eisenbahn und Straßenbahn nach §§ 31, 89 BGB, für ein Verschulden ihrer Angestellten nach § 831 BGB.

Anm. 9

Ist der Schadensersatzanspruch zugleich auch aus dem Beförderungsvertrage begründet, so haftet die Bahn insoweit nach § 278 BGB für ein ursächliches Verschulden ihrer Angestellten und Arbeiter und kann sich nicht nach § 831 BGB entlasten, RGZ Bd. 55 S. 335; RG 10. 7. 1911 in JW 1911 S. 824; RG 26. 10. 1917 in JW 1918 S. 171; RG 5. 12. 1918 in JW 1919 S. 316. Vgl. auch § 5 EVO, der die Haftung der Eisenbahn auf Grund Beförderungsvertrages für ihre Bediensteten und andere Personen, deren sie sich bei Ausführung der von ihr übernommenen Beförderung bedient, auch ohne deren Verschulden anordnet; er regelt jedoch nicht die Haftpflicht aus unerlaubter Handlung, RG 20. 1. 1916 in JW 1916 S. 488.

Anm. 10

Liegt aber kein Vertrag vor, so hat bei der Haftung aus unerlaubter Handlung die Eisenbahn gemäß § 831 BGB die Möglichkeit, den Entlastungsbeweis zu führen, z. B. wenn ein Schrankenwärter schuldhaft vergessen hat, die Schranke zu schließen, RGZ Bd. 162 S. 364, oder wenn ein Schaffner das Zeichen zur Weiterfahrt des Zuges gibt, ohne sich zu überzeugen, ob jemand aussteigen will, RG 4. 3. 1937 in JW 1937 S. 2190.

Anm. 11

Hat der Bahnbetriebsunternehmer ein Schutzgesetz im Sinne des § 823 Abs. 2 BGB verletzt, so muß er sich entlasten. Denn wenn der äußere Tatbestand der Verletzung eines Schutzgesetzes gegeben ist, so erscheint eine solche schon an und für sich schuldhaft und legt dem Betriebsunternehmer den Widerlegungsbeweis auf, daß er alles getan habe, was geeignet war, die Ausführung des Schutzgesetzes zu sichern; er muß also alle Umstände darlegen, die ihn von dem Verschulden zu entlasten geeignet sind, RGZ Bd. 91 S. 76; Bd. 113 S. 293; Brabant in JW 1937 S. 3291.

§ 823 Abs. 2 BGB gibt allerdings nur demjenigen einen Schadensersatzanspruch, dessen Schaden unmittelbar auf der Beeinträchtigung der durch das verletzte Schutzgesetz geschützten Interessen beruht; z. B. schützen die Schutzvorschriften über Eisenbahnbetriebsgefährdung nur Gesundheit und Eigentum der vom Verkehr unmittelbar berührten Personen, RG 19. 6. 1940 in DR 1940 S. 1779; zustimmend Herschel das.

Schutzgesetze sind z. B. die §§ 18, 46 EBBO, RGZ Bd. 169 S. 376.

Ein Schutzgesetz zugunsten der Eisenbahn ist § 316 StGB.

II. Ansprüche aus § 831 BGB

Anm. 12

Der Eisenbahn- und der Straßenbahnbetriebsunternehmer ist „Geschäftsherr" im Sinne des § 831 BGB hinsichtlich aller seiner Beamten, Angestellten und Arbeiter, die er zu den im Eisenbahnbetriebe erforderlichen Verrichtungen bestellt hat.

Fügt eine solche Person in Ausführung der Verrichtungen einem Dritten widerrechtlich Schaden zu, so ist der Betriebsunternehmer nach § 831 BGB zum Ersatz verpflichtet.

Hier handelt es sich nicht um eine Erfolgshaftung, vielmehr wird ein Verschulden des Betriebsunternehmers — bei der Auswahl, Beaufsichtigung und Leitung seines Angestellten — vermutet, RGZ Bd. 78 S. 107. Während § 278 BGB bei vertraglicher Haftung eine solche für fremdes Verschulden bestimmt, haftet nach § 831 BGB der Betriebsunternehmer für eigenes — vermutetes — Verschulden, RGZ Bd. 139 S. 304; Bd. 140 S. 392; Bd. 142 S. 368; Bd. 151 S. 297.

Ob die zur Verrichtung bestellte Person selbst schuldhaft gehandelt hat oder nicht, ist unerheblich: es genügt, wenn sie objektiv widerrechtlich gehandelt hat, RGZ Bd. 50 S. 65; RG 6. 10. 1911 in JW 1911 S. 979; RG 24. 9. 1934 in JW 1934 S. 2973; RGZ Bd. 70 S. 76; Bd. 91 S. 66; Bd. 129 S. 60; Bd. 135 S. 155; Bd. 142 S. 356 (362). Zu einer Verrichtung bestellt ist jemand, wenn er von den Weisungen des Geschäftsherrn abhängig ist, also über Zeit und Umfang seiner Tätigkeit oder Arbeit nicht selbst frei bestimmen kann. Dies wird auf die Beamten, Angestellten und Arbeiter der Eisenbahnen und Straßenbahnen in aller Regel zutreffen.

Beauftragt dagegen die Eisenbahn eine selbständige Baufirma mit der Vornahme von Bauarbeiten, so kommt § 831 BGB nicht zur Anwendung.

Eine selbständige Firma ist nicht Verrichtungsgehilfin im Sinne dieser Bestimmung, BGH 24. 6. 1953 in VersR 1953 S. 358; OLG Stuttgart 7. 1. 1954 in VersR 1954 S. 89.

Eine Haftung des Geschäftsherrn ist auch nur dann begründet, wenn der Schaden „in Ausführung der Verrichtung" zugefügt ist, d. h. die Betätigung des Verrichtungsgehilfen muß in innerem Zusammenhang mit dem Kreis der ihm übertragenen Aufgaben und Geschäfte stehen. Es ist aber nicht etwa erforderlich, daß die schädigende Handlung selbst dem Angestellten aufgetragen wäre, sondern nur, daß sie in den Kreis der Maßnahmen falle, durch die er die Verrichtung ausführt, RGZ Bd. 73 S. 434 (436).

Anm. 13

Der Bahnbetriebsunternehmer kann sich gemäß § 831 Abs. 1 Satz 2 BGB entlasten. Er ist nicht schadensersatzpflichtig, wenn er beweist, daß er den Angestellten mit der im Bahnverkehr erforderlichen Sorgfalt ausgewählt, geleitet und überwacht hat.

Wie in allen Betrieben, die mit besonderen Gefahren verbunden sind, in dieser Hinsicht besonders strenge Anforderungen an den Geschäftsherrn gestellt werden müssen, z. B. die Rechtsprechung mit Recht strengste Anforderungen an die Überwachungspflicht des Kraftfahrzeughalters stellt — vgl. RGZ Bd. 120 S. 161; Bd. 128

S. 149 (153); Bd. 135 S. 156; Bd. 136 S. 11; Bd. 142 S. 356; Bd. 159 S. 312; RG 22. 2. 1937 in JW 1937 S. 1964; OLG München 16. 10. 1940 in DR 1941 S. 274 —, so muß auch von dem Bahnbetriebsunternehmer verlangt werden, daß er seine Angestellten hinsichtlich ihrer fachlichen Eignung und Zuverlässigkeit besonders sorgfältig auswähle. Ein körperlich oder geistig ungeeigneter oder charakterlich unzuverlässiger Bahnangestellter kann sehr erheblichen Schaden anrichten, z. B. ein Bahnwärter, der aus grober Nachlässigkeit die Schranken vor einem herannahenden Zuge nicht schließt und dadurch einen Zusammenstoß mit einem Kraftomnibus verursacht, RGZ Bd. 142 S. 356. Der Bahnbetriebsunternehmer darf daher nur solche Leute auswählen, die außer den erforderlichen technischen Kenntnissen auch die notwendigen sittlichen Eigenschaften, wie Pflichttreue, Nüchternheit und Besonnenheit besitzen.

Der Bahnbetriebsunternehmer hat seine Leute ferner laufend zu überwachen und wiederholt planmäßig und unauffällig in ihrem Dienst kontrollieren zu lassen, und so festzustellen, ob sie auch weiterhin noch über die technischen Fähigkeiten und moralischen Eigenschaften, über die notwendige Besonnenheit, Charakterstärke und das Bewußtsein der Verantwortlichkeit gegenüber dem Publikum verfügen; die Kontrolle hat sich auf den Genuß von Alkohol zu erstrecken, RGZ Bd. 158 S. 356. Das Erfordernis der Achtung vor der öffentlichen Ordnung und vor der Persönlichkeit anderer bei dem Angestellten betont mit Recht RG 10. 7. 1919 in JW 1919 S. 824; zustimmend Hedemann daselbst. Unterläßt er dies, so kann der Entlastungsbeweis aus § 831 BGB nicht als geführt angesehen werden.

Was RG 16. 2. 1920 in JW 1920 S. 492 ausgeführt hat, muß heute, in einer Zeit der ungeheuren Zunahme des motorisierten Verkehrs, erst recht gelten: der Bahnbetriebsunternehmer muß hinsichtlich des Straßenbahnwagenführers zu seiner Entlastung nach § 831 BGB nachweisen, daß er „noch zur Zeit des Unfalls alle die Eigenschaften besaß, die einem tüchtigen Wagenführer einer elektrischen Bahn zu eigen sein müssen: daß er sich die nötige technische Geschicklichkeit angeeignet hatte, aber auch über die für diese Tätigkeit erforderliche Umsicht und Besonnenheit verfügte, und weiter, daß er, nachdem er darüber bei seiner Anstellung sich vergewissert, fortdauernd durch gehörige Beaufsichtigung sich überzeugte, daß der Wagenführer sich als tüchtig und zuverlässig im Dienst erprobte“, RGZ Bd. 78 S. 107; Bd. 79 S. 101; Bd. 87 S. 1. An einen Straßenbahnwagenführer sind eben besondere Anforderungen in bezug auf Kaltblütigkeit, Aufmerksamkeit, Besonnenheit, Umsicht und Achtung vor der Ordnung zu stellen, sonst ist er dem modernen Straßenverkehr nicht gewachsen.

Zustimmend Seligsohn daselbst.

Daß die Anforderungen an den Geschäftsherrn zu hoch und „ungewöhnlich scharf“ seien — Gülde in JW 1937 S. 1964 — kann nicht zugegeben werden. Wenn Biermann „SHG“ 1953 S. 143 meint, die „übertrieben hohen Anforderungen“ an den Entlastungsbeweis nach § 831 BGB fänden im Gesetz keine Stütze, im Gesetz stehe kein Wort davon, daß der Geschäftsherr den Angestellten ständig und heimlich überwachen müsse, so ist dazu zu sagen, daß § 831 BGB sorgfältige Auswahl verlangt, und daß dies nicht so gemeint sein kann, daß eine einmalige, in der Vergangenheit liegende Auswahl nun für alle Zeiten genügen würde, vielmehr lehrt die Erfahrung, daß auch anfangs tüchtige und zuverlässige Angestellte im Laufe der Zeit nachlassen können, daß ihre Leistungen sich infolge von Krankheit oder gar von Alkoholismus verringern können usw.; bleibt dies dem Geschäftsherrn infolge von Nachlässigkeit in der Überwachung verborgen, so kann der Angestellte nicht mehr als sorgfältig ausgewählt gelten. Mit Recht ist daher in RGZ Bd. 87 S. 4 und RG 2. 8. 1935 in JW 1935 S. 3540 gesagt, nur eine fortdauernd wohl überwachte Hilfsperson könne als im Sinne des § 831 BGB sorgfältig ausgewählt erachtet werden. Auch BGH 21. 6. 1951 in VRS Bd. 3 S. 401 hält daran fest, daß grundsätzlich an die Auswahl und planmäßige, dauernde Beaufsichtigung besonders strenge Anforderungen gestellt werden müssen, doch sollen hier keine starren Regeln aufgestellt werden und sollen stets die besonderen Verhältnisse des einzelnen Falles maßgebend sein, auch sollen die Anforderungen nicht überspannt werden; es müsse gewährleistet werden, daß der Angestellte noch im Zeitpunkt der Schadenszufügung den Anforderungen entspreche.

Bei einem Lokomotivführer genügt nicht der Beweis, daß die Lokomotivführer allgemein durch die Bahn überwacht werden, sondern es ist zu beweisen, daß gerade der einzelne am Unfall beteiligte Lokomotivführer sorgfältig überwacht worden sei, RG 26. 8. 1935 in JW 1935 S. 3536 = RGZ Bd. 148 S. 303. Abweichend Abitz-Schultze in JW 1935 S. 3537, der dies für „übertrieben" hält. RGZ Bd. 169 S. 376 hält den Entlastungsbeweis nach § 831 BGB für erbracht, wenn die Bahn ihre Beamten — Lokomotivführer und Heizer — fortdauernd planmäßig überwacht, auch ihre Tätigkeit unerwartet nachgeprüft hat, sich seit langem keine Beanstandungen ergeben haben und in der Dienstanweisung Vorschriften über das Verhalten vor unbeschrankten Wegübergängen enthalten sind.

Anm. 14

War der zu der Verrichtung Bestellte objektiv ungeeignet, so hängt die Haftbarkeit des Geschäftsherrn nach § 831 BGB nicht davon ab, ob gerade die fehlerhafte Eigenschaft des Bestellten für den Schaden ursächlich geworden ist, vielmehr ist der Entlastungsbeweis dahin zu richten, daß auch eine sorgfältig ausgewählte Person den Schaden angerichtet haben würde, RG 24. 9. 1934 in JW 1934 S. 2973.

III. Ansprüche aus § 836 BGB

Anm. 15

Wenn durch den Einsturz eines Gebäudes oder eines anderen mit einem Grundstück verbundenen Werkes oder durch die Ablösung von Teilen des Gebäudes oder des Werkes eine Sache beschädigt wird, so ist nach § 836 BGB der Besitzer des Grundstücks dem Geschädigten schadensersatzpflichtig, wenn der Einsturz oder die Ablösung die Folge fehlerhafter Errichtung oder mangelhafter Unterhaltung ist.

Die Bahn haftet z. B. nach § 836 BGB, wenn sich das Erdreich eines vom Regen aufgeweichten Bahndammes senkt, deshalb die Schienen brechen und der Zug entgleist, RG 13. 1. 1908 in JW 1908 S. 196. Der Bahndamm war objektiv mangelhaft, was seinen Einsturz zur Folge hatte. Ein Fall des § 836 BGB würde auch vorliegen, wenn z. B. ein Schaden durch ein vom Bahnhofsgebäude herabstürzendes Fenster entstehen würde, vgl. RGZ Bd. 113 S. 286, oder wenn vom Bahnhofsdach eine Schieferplatte herabfällt und jemanden schädigt, RG 24. 1. 1929 in Recht 1929 Nr. 1456.

Der Geschädigte braucht hier ein Verschulden des Bahnbetriebsunternehmers nicht zu beweisen, vielmehr ist es Sache des letzteren, zu beweisen, daß er zur Abwendung der Gefahr die im Verkehr erforderliche Sorgfalt beobachtet hat.

Auch gilt hier — soweit aus § 836 BGB geklagt wird — eine längere Verjährungsrist: während sie nach § 6 SHG zwei Jahre beträgt, ist sie nach § 852 BGB auf drei Jahre zu bemessen.

IV. Ansprüche aus Vertrag

Anm. 16

Fahrgäste der Eisenbahn wie auch der Straßenbahn werden bei Betriebsunfällen in der Regel neben den Sachschadensersatzansprüchen aus dem SHG auch solche aus dem mit dem Bahnbetriebsunternehmer der Eisenbahn geschlossenen Beförderungsvertrage geltend machen können.

Sie können dann die Klage auf beide Haftgründe stützen. Ergibt sich aus den tatsächlichen Behauptungen des Klägers, daß seine Sachen beim Zusammenstoß eines Zuges, in dem er als Fahrgast war, beschädigt worden sind, so kann das Gericht in seiner rechtlichen Beurteilung annehmen, daß die Ansprüche außer auf das SHG auch auf den Beförderungsvertrag gestützt werden sollen, RG 3. 6. 1912 in JW 1912 S. 873; es genügt, wenn der Kläger die entsprechenden tatsächlichen Behauptungen aufstellt, ohne die rechtliche Beurteilung daran zu knüpfen.

Anm. 17

Der Beförderungsvertrag ist ein Werkvertrag im Sinne des § 631 BGB. Er verpflichtet den Bahnbetriebsunternehmer u. a. auch, den Reisenden unbeschädigt — auch ohne Sachschaden — an das Reiseziel zu bringen, also geeignete Vorkehrungen zu treffen, daß er und seine Sachen weder durch Betriebsvorgänge noch durch Betriebsmittel und Einrichtungen beschädigt werden,

RGZ Bd. 4 S. 192; Bd. 55 S. 335; Bd. 62 S. 119; Bd. 66 S. 12; Bd. 83 S. 343; RG 13. 1. 1908 in JW 1908 S. 196; RG 19. 3. 1912 in JW 1912 S. 686; RG 10. 7. 1914 in EisEntsch. 31 S. 371; RG 4. 3. 1937 in JW 1937 S. 2190.

Eine Schadensersatzpflicht der Eisenbahn aus dem Beförderungsvertrage kann auch dann gegeben sein, wenn ein Betriebsunfall im Sinne des § 1 SHG nicht vorliegt, die Bahn also nicht aus dem SHG haftet, OLG Stuttgart 20. 4. 1928 in JW 1928 S. 1756.

Ansprüche aus dem Beförderungsvertrag kann der Geschädigte auch dann erheben, wenn die Eisenbahn bei einer Zugentgleisung wegen Bahndammbruchs auch nach § 836 BGB haftet, RG 13. 1. 1908 in JW 1908 S. 196; es gilt dann eine Verjährungsfrist von 30 Jahren. Der Abschluß eines Beförderungsvertrages enthält nicht den Ausschluß etwaiger weiterer Schadensersatzansprüche aus unerlaubter Handlung der Eisenbahn gemäß §§ 823, 831 BGB, RGZ Bd. 88 S. 317; Bd. 89 S. 341; die EVO regelt nur die Haftpflicht aus dem Transportvertrage; über dessen Beschränkungen hinaus kann aber eine Haftung für außervertragliches Verschulden gegeben sein, OGH Köln 22. 9. 1950 in Archiv der DRsp Nr. 1101.

Der nähere Inhalt und Umfang der Vertragspflichten, die der Eisenbahnunternehmer gegenüber dem Fahrgast durch den Abschluß des Beförderungsvertrages übernimmt, bestimmt sich nach Treu und Glauben unter Berücksichtigung der Verkehrssitte, § 242 BGB ist hier anzuwenden, RGZ Bd. 69 S. 357; RG 14. 7. 1914 in EisEntsch. 31 S. 371.

Die vertragliche Haftung der Eisenbahn beginnt mit dem Abschluß des Beförderungsvertrages mit dem Reisenden; dieser Vertrag ist mit dem Ankauf der Fahrkarte durch den Fahrgast abgeschlossen, von diesem Augenblick an haftet ihm die Bahn für sichere und unbeschädigte Beförderung, RGZ Bd. 4 S. 192; RG 23. 1. 1908 in EisEntsch. 24 S. 389; RG 30. 1. 1910 in EisEntsch. 28 S. 165; RG 19. 9. 1910 in EisEntsch. 27 S. 214. So auch Biermann „SHG“ 1953 S. 148. Friese „RHpflG“ 1950 S. 249 ist der Meinung, der Beförderungsvertrag sei noch nicht in dem Zeitpunkt abgeschlossen, in dem der Fahrgast am Schalter eine Fahrkarte löse, sondern erst nach Durchschreiten der Bahnsteigsperre, vorher hafte die Bahn aus culpa in contrahendo. Dem ist nicht beizutreten. Der Fahrgast genießt Vertragsschutz schon beim Gang zur Bahnsteigsperre, wenn er eine Fahrkarte gelöst hat, RG 9. 2. 1933 in JW 1933 S. 1390. Hinsichtlich der Straßenbahn vgl. OLG Bremen 6. 12. 1948 in VRS Bd. 1 S. 223; OLG Köln 24. 6. 1949 in VRS Bd. 1 S. 227.

Die Haftung der Eisenbahn aus dem Beförderungsvertrage endet, sobald der Reisende nach Beendigung der Fahrt den Bahnhofsausgang durchschritten hat, RG 6. 11. 1912 in EisEntsch. 29 S. 339 = GruchBeitr. Bd. 57 S. 94. Hieraus ergibt sich, daß der Eisenbahnbetriebsunternehmer auch vertraglich verpflichtet ist, für die Verkehrssicherheit der Zugänge zu den Zügen und der Ausgänge zu sorgen, RGZ Bd. 55 S. 335; Bd. 86 S. 321; RG 1. 7. 1904 in JW 1904 S. 484; RG 2. 2. 1905 in JW 1905 S. 185; RG 24. 5. 1905 in JW 1905 S. 426; RG 23. 1. 1908 in EisEntsch. 24 S. 389; RG 10. 7. 1911 in JW 1911 S. 824; RG 10. 5. 1915 in JW 1915 S. 703; RG 26. 10. 1917 in JW 1918 S. 171 = EisEntsch. 35 S. 271; RG 1. 12. 1918 in JW 1919 S. 316 = EisEntsch. 37 S. 170.

So ist die Eisenbahn aus Beförderungsvertrag schadensersatzpflichtig, wenn ein Reisender nach dem Verlassen des Zuges auf dem Bahnsteig infolge von Glatteis, weil die Stationsarbeiter schuldhaft nicht gestreut hatten, zu Fall kommt. Die Eisenbahn haftet für ihre Arbeiter nach § 278 BGB und kann sich nicht nach § 831 BGB entlasten, RGZ Bd. 55 S. 335, weil sie eine Vertragspflicht verletzt hat; die Reisenden stehen auf dem Bahnsteig noch unter dem Schutz des Vertragsverhältnisses.

Auch nach dem Durchgang durch die Sperre endet der Beförderungsvertrag nicht unter allen Umständen, z. B. dann nicht, wenn der Reisende nach Verlassen des Bahnhofs auf einem eisglatten Ausgangsweg der Eisenbahn, den er benutzen muß, stürzt, RG 26. 10. 1917 in JW 1918 S. 171; zustimmend v. d. Leyen das. Die Verpflichtung der Bahn zur Gewährung eines ungefährdeten Zuganges und Abganges der Reisenden ist eine vertragliche Nebenleistung, RGZ Bd. 86 S. 321; RG 2. 2. 1905 in JW 1905 S. 185.

Anm. 18

Die Ansprüche aus dem Beförderungsvertrage stehen, wenn die Ehefrau geschädigt ist, dieser und nicht dem Ehemann zu, da nur erstere Vertragspartei ist, RG 24. 5. 1905 in JW 1905 S. 426; eine Ehefrau erwirbt aus dem Beförderungsvertrage nicht auch das Recht, daß ihr Ehemann und ihre Tochter unversehrt befördert werden; diese haben eigene Ansprüche, die Ehefrau hat nur das Recht, daß sie selbst ungeschädigt befördert werde, RG 24. 9. 1934 in JW 1934 S. 2973.

Anm. 19

Wird Sachschadensersatz aus dem Beförderungsvertrag verlangt, so gilt nicht die kurze Verjährung des § 638 BGB, sondern die dreißigjährige Verjährungsfrist des § 195 BGB, RGZ Bd. 66 S. 12, soweit es sich nicht um Ansprüche aus einem Frachtvertrag handelt, für die § 94 EVO gilt (ein Jahr bzw. drei Jahre).

Anm. 20

Hat die Bahn ihre Vertragspflicht, den Reisenden ungeschädigt an das Ziel zu befördern, verletzt, so haftet sie, wenn sie nicht nachweist, daß ihr kein Verschulden zur Last fällt, RG 4. 3. 1937 in JW 1937 S. 2190.

Anm. 21

Stürzt eine Reisende im Bahnhof vor Erreichen des Fahrkartenschalters, so ist, da sie noch keine Fahrkarte gelöst und daher noch keinen Beförderungsvertrag abgeschlossen hatte, eine Haftung der Eisenbahn aus Vertrag nicht begründet, OLG Stettin 21. 1. 1930 in Recht 1930 Nr. 2053.

§ 8

Wird ein Schaden durch mehrere Eisenbahnen oder Straßenbahnen verursacht, und sind die Betriebsunternehmer einem Dritten kraft Gesetzes zum Schadenersatz verpflichtet, so hängt im Verhältnis der Betriebsunternehmer zueinander die Verpflichtung zum Ersatz sowie der Umfang des zu leistenden Ersatzes von den Umständen, insbesondere davon ab, inwieweit der Schaden überwiegend von dem einen oder dem anderen Teil verursacht worden ist. Das gleiche gilt, wenn der Schaden einem der Betriebsunternehmer entstanden ist, von der Haftpflicht des einen gegenüber dem anderen.

Abs. 1 gilt entsprechend, wenn neben dem Betriebsunternehmer ein anderer kraft Gesetzes für den Schaden haftet.

I. Ausgleichung unter mehreren einem Dritten ersatzpflichtigen Betriebsunternehmern

Anm. 1

In Absatz 1 Satz 1 regelt § 8 SHG die Frage, in welchem Quotenbetrage mehrere Bahnbetriebsunternehmer — die einem dritten Geschädigten als Gesamtschuldner ersatzpflichtig sind — den Schadensbetrag untereinander zu verteilen haben. Ist z. B. bei einem Zusammenstoß zwischen einem Eisenbahnzuge und einem Straßenbahnwagen einem Dritten ein Schaden entstanden, so bedarf es einer gesetzlichen Bestimmung darüber, in welchem Verhältnis die beiden Betriebsunternehmer — nicht dem Dritten gegenüber, sondern — im Innenverhältnis den Schaden zu tragen haben.

§ 8 weicht in dieser Hinsicht von § 426 BGB ab. Während letzterer die Gesamtschuldner im Verhältnis zueinander zu gleichen Anteilen — also nach Kopfteilen — verpflichtet, macht § 8 SHG die Anteile der Betriebsunternehmer an der Ersatzpflicht, also die endgültige Schadensverteilung unter den Schädigern — wie in § 17 KFG — von den Umständen, insbesondere von dem Ausmaß der Schadensverursachung abhängig. Der Verteilungsgrundsatz des § 426 BGB — gleiche Anteile — scheidet hier also aus, RGZ Bd. 92 S. 143. Vielmehr ist, ähnlich wie in § 254 BGB, eine Abwägung der jeweiligen Verursachung durch die einzelnen Betriebsunternehmer vorzunehmen. Es kommt darauf an, wer den Schaden überwiegend verursacht hat, daneben ist in zweiter Linie auch das Maß des beiderseitigen Verschuldens zu berücksichtigen. In erster Linie entscheidet das Verhältnis der verschiedenen Betriebsgefahren zueinander. Dabei sind alle Umstände in die Waagschale zu werfen, welche die Betriebsgefahr erhöht haben. Vgl. hierzu RGZ Bd. 112 S. 286; Bd. 141 S. 353 (357); Bd. 156 S. 193 (202); Bd. 169 S. 84 (95); BGH 11. 12. 1950 in NJW 1951 S. 11; BGH 14. 10. 1953 in VersR 1954 S. 59. Biermann „SHG“ 1953 S. 160, 161.

Der Schaden ist so zu verteilen, daß derjenige Betriebsunternehmer, der die erste und wichtigste Ursache für den Unfall gesetzt hat, den größeren Teil des Schadens auf sich zu nehmen hat, RG 11. 7. 1944 V 156/43, oder — wie Alving in JW 1933 S. 809 zutreffend ausführt: das Schwergewicht ist auf denjenigen zu legen, der primär die Verkehrsregeln verletzt hat, der die anormale verkehrsgefährliche Lage erst geschaffen hat, vgl. OLG Stuttgart 15. 12. 1953 in RdK 1954 S. 6.

Mathematisch läßt sich natürlich der Prozentsatz der Mitverursachung überhaupt nicht berechnen; die üblichen Maßstäbe von $1/2 : 1/2$ oder $1/4 : 3/4$ oder $1/3 : 2/3$ geben in der Tat nur sehr grobe Maßstäbe (Alving a.a.O.).

Ein Sachschaden kann derart überwiegend durch einem Beteiligten verursacht sein, daß er zur alleinigen Tragung des gesamten Schadens verurteilt werden muß, vgl. OLG Karlsruhe 28. 1. 1953 in RdK 1953 S. 153.

Anm. 2

§ 8 Abs. 1 Satz 1 SHG begründet einen Ausgleichungsanspruch, keinen Haftpflichtanspruch. Dieser Ausgleichungsanspruch setzt voraus, daß auf anderer Grundlage schon kraft Gesetzes eine Schadensersatzverpflichtung der verschiedenen Bahnbetriebsunternehmer gegenüber einem Dritten besteht. § 8 SHG begründet also nicht aus sich selbst einen Schadensersatzanspruch. Er regelt nur die innere Ausgleichung unter den Betriebsunternehmern, falls sie einem Dritten kraft Gesetzes Schadensersatz leisten müssen.

Die Betriebsunternehmer müssen kraft Gesetzes haften. Eine nur vertragliche Haftung genügt nicht, RGZ Bd. 82 S. 436; Bd. 84 S. 415 (421).

Dem geschädigten Dritten gegenüber bleibt die gesamtschuldnerische Haftung der Bahnbetriebsunternehmer gemäß §§ 840 Abs. 1, 421—425 BGB bestehen, falls die Ersatzpflicht denselben Unfall betrifft, RGZ Bd. 82 S. 436; Bd. 84 S. 415; Bd. 92 S. 143.

Anm. 3

Da der Ausgleichungsanspruch der mehreren Betriebsunternehmer untereinander ein von dem gesetzlichen Schadensersatzanspruch des geschädigten Dritten verschiedener, selbständiger Anspruch ist, so unterliegt er auch nicht der kurzen — zweijährigen — Verjährung des § 6 SHG, sondern selbständiger Verjährung. Es gilt für ihn die ordentliche Verjährung des § 195 BGB, also die regelmäßige Verjährungsfrist von 30 Jahren, RGZ Bd. 90 S. 290 (293); vgl. auch RGZ Bd. 69 S. 422; Bd. 146 S. 101.

Auf diesen selbständigen Ausgleichungsanspruch findet auch § 5 SHG — Pflicht der Unfallanzeige innerhalb von 3 Monaten — keine Anwendung, BGH 21. 11. 1953 in VersR 1954 S. 60 (zu § 17 StVG).

Anm. 4

Ein vom Verletzten gegen einen der Gesamtschuldner erwirktes Urteil schafft nach § 322 ZPO keine Rechtskraft für den selbständigen Ausgleichungsanspruch nach § 8 SHG, den einer der gesamtschuldnerisch dem verletzten Dritten haftenden Betriebsunternehmer gegen den anderen Gesamtschuldner geltend macht, vgl. RGZ Bd. 146 S. 97 (101).

„Kraft Gesetzes" heißt „kraft irgendeines Gesetzes", nicht nur „nach dem SHG". Die Ausgleichung unter mehreren Bahnbetriebsunternehmern, die einem Dritten schadensersatzpflichtig sind, findet also auch dann statt, wenn der eine dem geschädigten Dritten nach § 1 SHG, der andere aus § 823 BGB haftet. Immer aber muß aus einer — außerhalb des § 8 SHG gelegenen — gesetzlichen Bestimmung die Haftung der verschiedenen Betriebsunternehmer dem Dritten gegenüber gegeben sein.

BGH 20. 12. 1951 in VRS 1952 S. 164 hat zutreffend ausgeführt, der Rechtsgedanke des Schadensausgleichs sei auch dann anzuwenden, wenn ein Beteiligter nur aus unerlaubter Handlung wegen schuldhafter Schädigung hafte.

Nicht ausgleichungspflichtig ist eine beteiligte Eisenbahn, wenn sich die Sachbeschädigung nicht bei dem Bahnbetriebe im Sinne des § 1 SHG ereignet hat und der Bahn ein Verschulden nicht nachgewiesen ist.

II. Haftpflicht des einen Betriebsunternehmers gegenüber dem andern

Anm. 5

Absatz 1 Satz 2 des § 8 SHG behandelt eine ganz andere Frage als Satz 1, und es handelt sich um einen ganz anderen Anspruch. Hier ist nicht ein Dritter geschädigt, sondern einer der an dem Betriebsunfall beteiligten Betriebsunternehmer — oder beide. Hierher gehört z. B. der Fall, daß ein Eisenbahnzug und ein Straßenbahnwagen auf einer unbeschrankten Kreuzung zusammenstoßen und Sachschaden an der Lokomotive oder am Straßenbahnwagen oder an beiden entsteht.

Die Bedeutung des Abs. 1 Satz 2 liegt darin, daß hier die dem § 254 BGB entsprechende Abwägung und Schadensverteilung auch für den Fall vorgeschrieben ist, daß auf seiten des geschädigten Bahnbetriebsunternehmers nicht ein Verschulden, sondern nur die von seiner Bahn ausgehende Betriebsgefahr mitgewirkt hat, RGZ Bd. 114 S. 73 (76); Bd. 130 S. 129 (130). Hier besteht ein echter Haftpflichtanspruch des einen Betriebsunternehmers gegen den andern oder beider gegeneinander gemäß § 1 SHG. Nur wenn einer der beteiligten Betriebsunternehmer nicht haftet — z. B. weil er höhere Gewalt oder ein unabwendbares Ereignis bewiesen hat, also seine Ersatzpflicht nach § 2 SHG ausgeschlossen ist —, kann er seinen Sachschaden voll von dem andern Betriebsunternehmer verlangen.

Zutreffend führt Biermann „SHG" 1953 S. 159 aus, § 8 könne nicht angewendet werden, wenn sich der geschädigte Eisenbahnunternehmer mit Erfolg auf § 2 SHG berufen könne, vgl. BGH 14. 7. 1952 in VRS Bd. 4 S. 503. Sind aber beide haftbar, so muß eine Abwägung der beiderseitigen Verursachung und eine entsprechende Schadensverteilung gemäß § 8 SHG vorgenommen werden.

Ist z. B. der Eisenbahn ein Sachschaden von 10000 DM und der Straßenbahn ein solcher von 2000 DM entstanden und wird der Schaden ½ : ½ verteilt, so hat die Straßenbahn der Eisenbahn 5000 DM, die Eisenbahn der Straßenbahn 1000 DM zu ersetzen. Denn die entstandenen Schäden sind nicht als Rechnungsposten eines Gesamtschadens, sondern als selbständige Schadensfälle zu werten, OLG Karlsruhe 29. 3. 1933 in JW 1933 S. 1667 (anders Volkmann das. S. 1668). Auch hier kommt es nicht darauf an, ob die Haftung der Betriebsunternehmer auf dem SHG beruht oder ob einer von ihnen z. B. nach § 823 BGB haftet, sofern es sich nur um eine gesetzliche — nicht vertragliche — Haftpflicht handelt.

Voraussetzung ist immer, daß der geschädigte Betriebsunternehmer, wenn nicht er selbst geschädigt wäre, sondern ein Dritter, diesem schadensersatzpflichtig sein würde, z. B. ihm mangels Nachweises von höherer Gewalt oder eines unabwendbaren Zufalls nach § 1 SHG haften würde, vgl. RGZ Bd. 90 S. 290 (295); Bd. 123 S. 164 (165); Bd. 130 S. 129 (130).

Anm. 6

Die Abwägung und Schadensverteilung hat auch dann stattzufinden, wenn nur den Schädiger ein Verschulden trifft, den Geschädigten aber nicht. Es kann gegenüber einem Verschulden des Schädigers die Gefährdungshaftung des geschädigten Betriebsunternehmers nicht völlig unberücksichtigt bleiben, sondern sie muß zur Abwägung der Ursächlichkeit führen, BGH 9. 6. 1952 in DAR 1952 S. 183 = NJW 1952 S. 1015 = VkBl. 1952 S. 346.

Anm. 7

Werden Tiere durch die Eisenbahn verletzt, so tritt neben die Haftung der Bahn auch die eigene Haftung des Halters der verletzten Tiere, sofern der Tierhalter unter denselben Umständen auch einem Dritten nach § 833 BGB haften würde, OLG Hamm 4. 11. 1952 in JZ 1953 S. 730 (zustimmend Wussow daselbst).

III. Schadensverteilung bei Mithaftung eines Dritten

Anm. 8

§ 8 Abs. 2 SHG schreibt die Abwägung der beiderseitigen Verursachung und die entsprechende Schadensverteilung auch für den Fall vor, daß neben dem Betriebsunternehmer noch ein Dritter kraft Gesetzes für den Schaden haftet, z. B. auf Grund des § 823 BGB, des § 7 StVG/KFG oder des § 833 BGB.

In § 17 Abs. 2 StVG/KFG sind als mithaftende Dritte Tier und Eisenbahn ausdrücklich genannt. Es muß aber eine Schadensersatzpflicht des Dritten gesetzlich begründet sein. Hat z. B. der den Schaden mitverursachende Kraftfahrzeughalter den Entlastungsbeweis nach § 7 Abs. 2 StVG/KFG oder der Tierhalter den Entlastungsbeweis nach § 833 Satz 2 BGB geführt, so kommt für sie eine Anwendung des § 8 SHG nicht in Frage. Wie die Ausgleichspflicht nach § 17 Abs. 2 StVG/KFG nur besteht, wenn eine Schadensersatzpflicht begründet ist, und die Ausgleichspflicht nur eine Wirkung der letzteren ist, § 17 Abs. 2 also nicht etwa eine an sich nicht begründete Schadensersatzpflicht neu einführt (RGZ Bd. 84 S. 431; Bd. 123 S. 165; Bd. 129 S. 55; (59), so ist es auch bei § 8 Abs. 2 SHG.

Hat bei einem Eisenbahnbetriebsunfall ein Kraftwagen Schaden erlitten, so hat die Abwägung und Schadensverteilung nach § 8 SHG, nicht nach § 3 SHG oder nach § 254 BGB zu geschehen. § 8 SHG ist Sondervorschrift und geht daher den genannten Bestimmungen vor, so mit Recht Biermann „SHG" 1953 S. 163; ähnlich hat RG 30. 1. 1933 in JW 1933 S. 832 bei einem durch ein Tier und einen Kraftwagen verursachten Schaden angenommen, daß die gesamte Abwägung nur nach § 17 KFG, nicht nach § 254 BGB vorzunehmen sei, und in RG 12. 10. 1933 in JW 1933 S. 2949 ist gesagt, bei einem Zusammenstoß zweier Kraftfahrzeuge sei nach § 17 KFG, nicht nach § 254 BGB abzuwägen, § 17 KFG ist Sondervorschrift gegenüber § 9 KFG und § 254 BGB; so auch RG 1. 3. 1937 in JW 1937 S. 1312; zustimmend Carl das. S. 1314; vgl. auch RGZ Bd. 142 S. 359.

Ist ein Sachschaden durch eine Eisenbahn und ein Tier verursacht, so ist die Tiergefährdung gegenüber der Betriebsgefahr der Eisenbahn nach § 8 SHG abzuwägen.

§ 9

Das Gesetz findet keine Anwendung auf Schäden, die durch Einwirkungen der im § 906 des Bürgerlichen Gesetzbuches genannten Art verursacht worden sind.

Anm. 1

Das SHG regelt die Haftung des Bahnbetriebsunternehmers für Sachschaden, der durch einen Betriebsunfall verursacht ist.

Unter Unfall ist ein augenblickliches Geschehnis, eine plötzliche Einwirkung des Bahnbetriebes auf Sachen zu verstehen, nicht aber kann von einem Unfall gesprochen werden, wenn es sich um regelmäßige, sich auf eine längere Zeit verteilende nachteilige Einwirkungen handelt, vgl. Seligsohn „HpflG" 1931 S. 47, 48; Böhmer „RHpflG" 1950 S. 26; auch Finger „Eisenbahngesetze" 1952 S. 48 unterscheidet zwischen dem Unfall als einem einmaligen sachbeschädigenden oder zerstörenden Ereignis und den fortdauernden, wiederholten Einwirkungen nach § 906 BGB.

Anm. 2

Werden einem Grundstück fortgesetzt Gase, Dämpfe, Gerüche, Rauch, Ruß, Wärme, Geräusch und Erschütterungen zugeführt oder erleidet es ähnliche von einem anderen Grundstück ausgehende Einwirkungen, sogenannte Immissionen i. S. des § 906 BGB, so handelt es sich nicht um einen Unfall i. S. des SHG.

Mit Recht ordnet daher § 9 ausdrücklich an, daß die Bahn für solche Immissionen nicht nach dem SHG hafte. Ob insoweit eine Schadensersatzpflicht besteht, bestimmt sich daher nach den Vorschriften des BGB.

Anm. 3

Die amtliche Begründung zum SHG erwähnt unter den Einwirkungen der in § 906 BGB genannten Art auch den Funkenflug aus Lokomotiven und führt aus, hierauf beziehe sich das SHG nicht. Das ist mißverständlich ausgedrückt. Soweit eine Sachbeschädigung durch Funkenflug aus einer Lokomotive Unfallcharakter hat — z. B. es wird durch Funkenflug ein Wohnhaus in Brand gesetzt —, hat die Bahn selbstverständlich den Geschädigten nach dem SHG zu entschädigen. Zu Unrecht folgern Koffka in DJ 1940 S. 539; Däubler in DJ 1940 S. 997; Mayer in DAR 1940 S. 63 aus der amtlichen Begründung, daß die Bahn für Funkenflugschäden niemals aus dem SHG hafte. Richtiger Ansicht nach findet das SHG Anwendung, wenn ein Betriebsunfall durch Funkenflug vorliegt, dagegen nicht, wenn es sich um eine fortdauernde Beeinträchtigung eines Grundstücks ohne Unfallcharakter handelt. Die Folgen des Funkenflugs haben nicht immer Unfallcharakter, sondern können auch Immissionscharakter haben, z. B. eine Gastwirtschaft verliert infolge der fortgesetzten Belästigung durch Rauch und Funken von Lokomotiven ihre Gäste.

Vgl. hierüber zutreffend und eingehend OLG Schleswig 24. 4. 1952 in NJW 1953 S. 106: hier war ein Haus durch Funkenflug einer Lokomotive eingeäschert, die Bahn ist für schadensersatzpflichtig aus § 1 SHG — trotz § 9 — erklärt worden, weil es sich um einen Unfall handelt und § 9 die Unfallhaftung nicht ausschließt. Auch Finger a.a.O. hält Funkenflug für einen Unfall und meint, er sei in der amtlichen Gesetzesbegründung zu Unrecht bei den Immissionen genannt. Genrich in DR 1940 S. 985 sagt richtig, das SHG sei ein reines Unfallgesetz, ein einmaliges Ereignis wie Schädigung durch Funkenflug falle unter das SHG. Ebenso Biermann „SHG" 1953 S. 169, und neuerdings BGH 28. 4. 1954 in VersR 1954 S. 297.

Anm. 4

Voraussetzung der Haftung aus § 1 SHG bei Funkenflugschaden ist, daß eine Sache „bei dem Betrieb" einer Bahn beschädigt worden ist. Funkenflug aus einer Lokomotive ist ein typischer Betriebsvorgang, ein innerhalb des Betriebskreises der Bahn entspringendes und ihr eigentümliches Geschehen. Daß hier ein Betriebsunfall vorliegt, wird mit Recht allgemein angenommen,

vgl. RG 13. 4. 1910 in JW 1910 S. 619 (Wohnhaus durch Funkenauswurf aus der Lokomotive einer staatlich genehmigten Kleinbahn in Brand gesetzt); RG 21. 11. 1910 in JW 1911 S. 93 (Brand durch Funkenflug); OLG Dresden 28. 5. 1948 in NJW 1949 S. 627 = JR 1949 S. 282 = VRS Bd. 1 S. 58 (Funkenflug setzt Stückgutwagen in Brand); KG Berlin 15. 7. 1949 in NJW 1949 S. 908 = VRS Bd. 1 S. 217 (Funkenflug setzt Eisenbahnwagen in Brand); OLG Gera 23. 9. 1949 in VRS Bd. 2 S. 144 (Waggon infolge Funkenflugs ausgebrannt); OLG Schleswig 24. 4. 1952 in NJW 1953 S. 106 (Haus durch Funkenflug eingeäschert); BGH 28. 4. 1954 in VersR 1954 S. 297;

vgl. Seligsohn „HpflG“ 1931 S. 109;
Friese „RHpflG“ 1950 S. 46, 88;
Böhmer „RHpflG“ 1950 S. 11, 22, 39, 42;
Finger „Eisenbahngesetze“ 1952 S. 16;
Genrich in DR 1940 S. 985.

Anm. 5

Allgemein wird auch angenommen, daß Funkenflug niemals höhere Gewalt ist, denn es handelt sich um kein betriebsfremdes und außergewöhnliches Ereignis, sondern ein Funkenflugunfall hat seinen Grund im regelmäßigen Bahnbetriebe und den damit verbundenen eigentümlichen Gefahren, er ist nichts Ungewöhnliches, der Betriebsunternehmer muß damit rechnen, vgl. schon RG 13. 4. 1910 in JW 1910 S. 619; Finger a. a. O. S. 20; Goltermann „EVO“ 1950 S. 335, 343.

RG 21. 11. 1910 in JW 1911 S. 93 führt zutreffend aus, Funkenflug sei recht eigentlich eine spezifische Betriebsgefahr des Eisenbahnbetriebes, stehe in natürlichem Zusammenhang mit ihm und sei daher keine höhere Gewalt.

Nach RG 22. 2. 1940 in DR 1940 S. 984 sind — als mittelbarer Schaden — auch die Löschungskosten für einen durch Funkenflug einer Lokomotive verursachten Brand zu ersetzen.

§ 10

Das Gesetz findet keine Anwendung auf die Beschädigung von Sachen, die die Eisenbahn oder die Straßenbahn zur Beförderung oder zur Aufbewahrung angenommen hat.

Das Gesetz findet auch keine Anwendung auf die Beschädigung von Sendungen, die dritte Personen bei der Reichspost aufgeben und die von der Eisenbahn oder der Straßenbahn befördert werden.

Anm. 1

§ 10 SHG bestimmt einige Ausnahmen von der in § 1 festgesetzten allgemeinen Schadensersatzpflicht der Bahn für Beschädigung von Sachen. Werden bei dem Betrieb einer Eisenbahn oder einer Straßenbahn Sachen beschädigt, die der Bahn vertraglich — sei es zur Beförderung oder zur Aufbewahrung — übergeben sind, so haftet die Bahn nicht nach § 1 SHG, sondern auf Grund Vertrages, gegebenenfalls auch auf Grund unerlaubter Handlung i. S. der §§ 823ff. BGB.

Die vertragliche Haftung kann auf einem Werkvertrag über die Beförderung von Sachen oder auf einem Verwahrungsvertrag i. S. des § 688 BGB beruhen.

Anm. 2

Werden Handgepäck oder Gegenstände, die der Reisende an sich trägt, bei dem Betrieb einer dem öffentlichen Verkehr dienenden Eisenbahn beschädigt, so haftet die Eisenbahn auch nach dem SHG, vgl. § 21 Abs. 5 Satz 3 EVO, die Straßenbahn ebenfalls, diese auf Grund von § 1 der VO vom 6. 5. 1941, der ausdrücklich anordnet, daß das SHG insoweit auch für Straßenbahnen und für Eisenbahnen, für welche die EVO nicht gilt, anzuwenden sei.

Anm. 3

Hat eine dem öffentlichen Verkehr dienende Eisenbahn einen Werkvertrag über die Beförderung von Reisegepäck mit einem Reisenden abgeschlossen, so gilt die EVO. Die Eisenbahn haftet für Reisegepäck (§ 25 EVO) nach §§ 31, 81—83 EVO.

Für das den Gepäckträgern übergebene Reise- oder Handgepäck haftet die Eisenbahn wie für das ihr zur Beförderung übergebene Gepäck, § 35 Abs. 4 EVO.

Hat jemand der Aufbewahrungsstelle der Eisenbahn Reise- oder Handgepäck zur Aufbewahrung übergeben, so haftet die Eisenbahn für dieses Gepäck nach § 36 Abs. 2 EVO als Verwahrer, also nach §§ 688, 276 BGB. Für die von der Eisenbahn auf Grund Frachtvertrages gemäß § 53 EVO zur Beförderung angenommenen Güter haftet die Eisenbahn vertraglich gemäß §§ 82—83 EVO.

Vgl. hierzu auch §§ 454—456 HGB.

Anm. 4

§ 82 EVO bestimmt in Abs. 1: „Die Eisenbahn haftet für den Schaden, der durch gänzlichen oder teilweisen Verlust oder durch Beschädigung des Gutes in der Zeit von der Annahme zur Beförderung bis zur Ablieferung entsteht, es sei denn, daß der Schaden durch ein Verschulden oder eine nicht von der Eisenbahn verschuldete Anweisung des Verfügungsberechtigten, durch besondere Mängel des Gutes, namentlich durch inneren Verderb, Schwinden, gewöhnlichen Rinnverlust oder durch höhere Gewalt verursacht ist".

§ 83 EVO schließt die Haftung der Eisenbahn aus für Schäden, die aus den dort im einzelnen aufgeführten Ursachen entstehen. Es handelt sich hier um einen Haftungsausschluß bei besonderen Gefahren. Doch kann auch hier eine Befreiung der Eisenbahn von der Haftung nicht geltend gemacht werden, wenn der Schaden durch Verschulden der Eisenbahn entstanden ist.

Anm. 5

Neben der beschränkten vertraglichen Haftung der Eisenbahn nach der EVO kann eine unbeschränkte Haftung der Bahn für unerlaubte Handlungen ihrer Verrichtungsgehilfen nach § 831 BGB bestehen, z. B. wenn ein Arbeiter der Gepäckabfertigung einen von einem Reisenden als Reisegepäck aufgegebenen Koffer entwendet, OGH Köln 22. 9. 1950 in Arch. der D. Rspr. Nr. 1101.

Anm. 6

Werden Postsendungen beschädigt, die dritte Personen bei der Post aufgegeben haben und die durch die Eisenbahn oder Straßenbahn befördert werden, so können, wie § 10 Abs. 2 bestimmt, gegen die Eisenbahn oder die Straßenbahn keine Ansprüche aus dem SHG erhoben werden. Hier sind lediglich die nach dem Postgesetz vom 28. 10. 1871 (RGBl. S. 347) und der Postordnung vom 30. 1. 1929 (RGBl. S. 33) bestehenden Ansprüche gegeben. Der Umstand, daß die Post sich zur Beförderung von Postsendungen der Eisenbahn oder einer Straßenbahn bedient, rechtfertigt es nicht, weitergehende Ansprüche als die nach dem Postgesetz begründeten zuzulassen.

Der Geschädigte kann mithin seine Sachschadenansprüche nicht gegen die Eisenbahn oder Straßenbahn, sondern nur gegen die Post richten.

Anm. 7

Die Haftungstatbestände des Postgesetzes und der Postordnung schließen gegenüber der Post auch die Anwendung der §§ 823ff. BGB aus. Für den Verlust von Postsendungen kann z. B. nicht nach § 839 BGB Schadensersatz gefordert werden. Eine weitere Haftung, über die Postbestimmungen hinaus, findet nicht statt, vgl. RGZ Bd. 57 S. 153; Bd. 67 S. 182; Bd. 107 S. 42; Bd. 127 S. 12.

§ 11

Für Klagen, die auf Grund dieses Gesetzes erhoben werden, ist auch das Gericht zuständig, in dessen Bezirk das schädigende Ereignis stattgefunden hat.

Anm. 1

Das RHpflG enthält eine ähnliche Bestimmung nicht, dagegen § 20 StVG/KFG. Doch hat die Rechtsprechung bei Klagen auf Grund des § 1 RHpflG bisher schon angenommen, daß hier § 32 ZPO Anwendung finde, die Klage also vor dem forum delicti commissi, d. h. demjenigen Gericht erhoben werden könne, in dessen Bezirk sich der Betriebsunfall ereignet hat.

Dies wird damit begründet, daß Klagen aus unerlaubten Handlungen im Sinne des § 32 ZPO auch solche aus Tatbeständen seien, bei denen eine rein objektive Haftung für Schadenszufügung, ohne Verschulden, gegeben sei, z. B. aus §§ 829, 833, 836 BGB, und demgemäß auch aus § 1 RHpflG.

In RGZ Bd. 50 S. 408 war noch angenommen worden, daß Klagen aus dem RHpflG nicht unter § 32 ZPO fielen, da der Begriff der „unerlaubten Handlung" nicht so weit ausgedehnt werden dürfe; grundsätzlich solle eine unerlaubte Handlung ohne, sei es positiv festzustellendes, sei es vermutetes, Verschulden nicht angenommen werden. Später war dann — in RGZ Bd. 53 S. 120; Bd. 58 S. 335; Bd. 61 S. 54 (63) — der Ausdruck „unerlaubte Handlung" wenigstens im Sinne des § 840 BGB in einem weiteren Sinn verstanden worden, so daß auch die Fälle einer Haftung ohne Verschulden, wie z. B. aus dem RHpflG, dahin gerechnet wurden. In RGZ Bd. 60 S. 300 endlich ist dann ausgesprochen worden, daß für Klagen aus dem RHpflG auch das Gericht zuständig sei, in dessen Bezirk sich der Betriebsunfall ereignet habe: der gesetzgeberische Gedanke des § 32 ZPO sei die Erleichterung der Untersuchung, „die prozessuale Feststellung der Klagetatsachen kann gerade bei demjenigen Gericht, in dessen Bezirk die Handlung begangen worden ist, am besten, sichersten und mit den geringsten Kosten erfolgen". Dies trifft bei Klagen aus § 1 RHpflG und aus § 1 SHG ganz besonders zu.

§ 11 SHG hat nun ausdrücklich angeordnet, daß für Sachschadensersatzklagen nach § 1 auch das Gericht zuständig sei, in dessen Bezirk das schädigende Ereignis — also der Betriebsunfall mit seinen Schadensfolgen — stattgefunden hat.

Anm. 2

Da § 11 bestimmt, das forum delicti commissi sei „auch" zuständig, so ist nicht zu bezweifeln, daß der Kläger, wenn daneben andere Gerichtsstände bestehen, nach § 35 ZPO die Wahl hat, in welchem der verschiedenen Gerichtsstände er klagen will. § 11 SHG begründet also keinen ausschließlichen Gerichtsstand. Der Kläger kann z. B., wenn Eisenbahnbetriebsunternehmer der Fiskus ist, diesen auch am Sitz der Behörde verklagen, die berufen ist, den Fiskus in dem Rechtsstreit zu vertreten, § 18 ZPO.

Anm. 3

Das schädigende Ereignis kann sich auch in den Bezirken mehrerer Gerichte zugetragen haben. Auch dann kann der Kläger eines der zuständigen Gerichte wählen. Eine unerlaubte Handlung ist an jedem Ort begangen, an welchem ein wesentliches Merkmal des Tatbestandes hervorgetreten ist, RGZ Bd. 72 S. 41. Dies kann an mehreren Orten der Fall sein.

Anm. 4

Zur Begründung der Zuständigkeit ist nur erforderlich, daß das Vorbringen des Klägers bei sinngemäßer Auslegung und richtiger rechtlicher Würdigung als Klage aus dem SHG aufzufassen ist und daß die tatsächlichen Vorgänge, in denen nach der

Behauptung des Klägers der Betriebsunfall bestehen soll, sich — sämtlich oder zum Teil — im Gerichtsbezirk abgespielt haben.

Ob in der Tat ein Unfall beim Eisenbahnbetriebe vorliegt und ob der Betriebsunternehmer für den Schaden haftet, berührt die örtliche Zuständigkeit nicht.

§ 12

Dieses Gesetz tritt mit Wirkung vom 1. April 1940 in Kraft. Es findet auf Schadenfälle, die vorher eingetreten sind, keine Anwendung; für diese Fälle bleiben die bisher geltenden Vorschriften maßgebend.

Mit dem Inkrafttreten dieses Gesetzes treten die Bestimmungen über die Haftpflicht der Eisenbahnen und Straßenbahnen im Artikel 105 des Einführungsgesetzes zum Bürgerlichen Gesetzbuch und in den danach geltenden landesrechtlichen Vorschriften außer Kraft.

Anm. 1

Das SHG vom 29. 4. 1940 legt sich eine gewisse Rückwirkung bei, es gilt für alle Schadensfälle, die seit dem 1. 4. 1940 eingetreten sind. Es gilt nicht für Unfälle, die sich vor diesem Tage ereignet haben. Für letztere gelten die Landesgesetze, soweit solche erlassen waren, oder die Vorschriften des BGB.

Art. 105 EGBGB lautet: „Unberührt bleiben die landesgesetzlichen Vorschriften, nach welchen der Unternehmer eines Eisenbahnbetriebs oder eines anderen mit gemeiner Gefahr verbundenen Betriebs für den aus dem Betrieb entstehenden Schaden in weiterem Umfang als nach den Vorschriften des Bürgerlichen Gesetzbuches verantwortlich ist".

Dadurch waren die Landesgesetze hinsichtlich der Haftung der Unternehmer gefährlicher Betriebe zu Abweichungen von den Vorschriften des BGB — nicht aber anderer Reichsgesetze — insofern befugt, als sie den Umfang der Haftung des Eisenbahnbetriebsunternehmers für Sachschaden erweiterten; nicht aber durften sie die Haftung gegenüber den Vorschriften des BGB einschränken. Die Landesgesetze konnten also — abweichend vom § 823 BGB — dem Eisenbahnunternehmer eine verschärfte, von seinem Verschulden unabhängige Haftung auferlegen oder den ihm nach § 831 BGB zustehenden Entlastungsbeweis einschränken oder ganz ausschließen oder die Höhe der Ersatzpflicht über die Bestimmungen des § 249 BGB hinaus ausdehnen. Solche Haftungserweiterungen, z. B. Ausnahmen vom Verschuldensgrundsatz, durften die Landesgesetze naturgemäß nur insoweit vornehmen, als keine reichsgesetzliche Regelung — wie im RHpflG oder im KFG — vorlag.

Anm. 2

Tatsächlich galten denn auch bis zum 1. 4. 1940 in den verschiedenen deutschen Ländern für die Sachschädenhaftung der Eisenbahnen vielfach landesrechtliche Vorschriften, die oft stark voneinander abwichen, nämlich:

in Preußen § 25 des Eisenbahngesetzes vom 3. 11. 1838,
in Bayern Art. 58 AGBGB,
in Württemberg Gesetz vom 4. 5. 1903,
in Hessen Art. 74 AGBGB,
in Braunschweig § 28 AGBGB,
in Anhalt Art. 29 AGBGB,
in Thüringen § 54 AGBGB,
in Bremen Gesetz vom 6. 7. 1913,
in Lübeck §§ 60, 62 AGBGB.

Anm. 3

Während in Preußen die Eisenbahnen — nicht aber Kleinbahnen und Straßenbahnen — für Sachschäden unbeschränkt hafteten, wenn der Schaden nicht durch einen unabwendbaren äußeren Zufall oder durch eigene Schuld des Beschädigten verursacht worden war, ließ Bayern den Eisenbahnunternehmer für Schäden an fremden Sachen unbeschränkt haften, wenn die Bahn öffentliche Straßen und Plätze benutzt, doch war bei höherer Gewalt oder Verschulden des Inhabers der Sache die Haftung ausgeschlossen. In Hessen galt das gleiche. In Württemberg haftete der Eisenbahnbetriebsunternehmer unbeschränkt, wenn nicht höhere Gewalt oder eigenes Verschulden vorlag, ähnlich in Thüringen, Braunschweig, Anhalt und Lübeck. In Bremen haftete der Straßenbahnunternehmer für den Schaden, den ein Angestellter bei dem Betriebe der Bahn in Ausführung seiner Dienstverrichtung einer fremden Sache schuldhaft zufügte.

In denjenigen Ländern, die die Sachschadenhaftung der Eisenbahnen und Straßenbahnen nicht landesgesetzlich geregelt hatten, galten die Vorschriften des BGB, der Geschädigte mußte also den Nachweis eines Verschuldens der Bahn führen, und die Bahn konnte sich unter Umständen hinsichtlich eines Angestellten gemäß § 831 BGB entlasten. So war es z. B. in Sachsen und Baden, wo landesrechtliche Vorschriften überhaupt nicht ergangen waren.

Dieser „Buntscheckigkeit" — amtliche Begründung — wollte das SHG ein Ende machen. Es hat alle landesgesetzlichen Vorschriften, die nach Art. 105 EGBGB noch in Kraft waren, mit Wirkung vom 1. 4. 1940 an beseitigt, soweit sie sich auf die Haftpflicht der Eisenbahnen und Straßenbahnen beziehen.

§ 8 SHG betrifft nicht die Vorschriften über „andere mit gemeiner Gefahr verbundenen Betriebe". Die Vereinheitlichung der Sachschadenhaftung durch das SHG beschränkt sich auf Eisenbahnen und Straßenbahnen.

Ein bezeichnendes Beispiel für die Rechtsverschiedenheit vor dem SHG ist der Fall AG Erfurt 31. 5. 1929 in Recht 1930 Nr. 620: Die Eisenbahn haftete nicht für Kleiderschaden infolge Verschüttens im fahrenden Speisewagen des D-Zuges Stuttgart—Berlin, weil der Unfall sich bei Arnstadt ereignete, wo landesrechtliche Sachhaftungsvorschriften nicht erlassen waren!

§ 13

Der Reichsminister der Justiz erläßt die zur Durchführung und Ergänzung dieses Gesetzes erforderlichen Vorschriften.

Von dieser Befugnis ist durch Erlassung der Verordnung vom 6. 5. 1941 (RGBl. S. 252) Gebrauch gemacht worden.

Diese Verordnung regelt die Haftpflicht derjenigen Eisenbahnen und Straßenbahnen, für welche die EVO nicht gilt, für die Beschädigung von Sachen, die ein Fahrgast an sich trägt oder mit sich führt. Der Personenbeförderungsvertrag schließt die Mitnahme von Handgepäck ohne Nebenvertrag ein, Goltermann „EVO" 1950 S. 100. Für solche Beschädigungen soll hiernach die Haftpflicht nach dem SHG gelten.

Die Verordnung bezieht sich mithin auf die nicht dem öffentlichen Verkehr dienenden Eisenbahnen — wie Privatanschlußbahnen, Arbeitsbahnen, Feldbahnen, Hafenbahnen usw. — sowie auf die Straßenbahnen, da für diese sämtlich die EVO nicht gilt, § 1 EVO.

Wird bei dem Betrieb einer Eisenbahn, für welche die EVO gilt — also einer dem öffentlichen Verkehr dienenden Eisenbahn — eine Sache beschädigt, die ein Fahrgast an sich trägt oder mit sich führt, so gilt § 21 Abs. 5 Satz 3 EVO, d. h. auch hier haftet die Eisenbahn nach dem SHG. Diese Bestimmung des § 21 Abs. 5 Satz 3 EVO ist durch die Verordnung vom 6. 5. 1941 ausdrücklich für unberührt bleibend erklärt worden. Dem öffentlichen Verkehr dienen alle Bahnen, die von jedermann benutzt werden können, Goltermann a.a.O. S. 29.

Zu den Gegenständen, die „ein Fahrgast an sich trägt", gehören z. B. Kleidungsstücke, Brille, Brieftasche, Taschenuhr, Schlüsselbund u. ä.

Unter den Gegenständen, die der Fahrgast „mit sich führt", sind zu verstehen das Handgepäck — nach § 21 Abs. 1 EVO leicht tragbare Gegenstände — sowie die in § 21 Abs. 2 EVO genannten „Traglasten" u. ä.

Vorbehalt der Inkraftsetzung

§ 14

Die Inkraftsetzung dieses Gesetzes in der Ostmark und im Reichsgau Sudetenland bleibt vorbehalten.

Diese Bestimmung bedarf — wie die amtliche Begründung bemerkt — keiner Erläuterung, um so weniger heute, da sie jetzt jeder praktischen Bedeutung entbehrt.

Doch mag angefügt werden, daß das SHG in den genannten Gebieten erst am 1. 10. 1940, nicht schon am 1. 4. 1940 in Kraft getreten ist (VO vom 25. 9. 1940). Für Schadensfälle, die sich vor dem 1. 10. 1940 ereignet haben, fand das bisher in diesen Gebieten geltende Recht Anwendung.

Sachregister

(die Zahlen bezeichnen die Seiten)

FSC
www.fsc.org
MIX
Papier | Fördert gute Waldnutzung
FSC® C083411

Kolibri 360 GmbH
Ferdinand-Jühlke-Straße 7
99095 Erfurt, Deutschland
produktsicherheit@kolibri360.de